「山の教会」・
「海の教会」の誕生

長崎カトリック信徒の移住とコミュニティ形成

叶堂隆三

九州大学出版会

序

　本書のキーワードの類縁（affinity）とは、何らかのつながりを意味する語である。目にすることは少ないと思われるが、S. ラッシュがコミュニティに関する議論の中で言及した用語で、さまざまなつながりのある人びとやつどいを把握するには便利である[1]。本書は、宗教に関わる類縁関係を研究対象にして、開拓地・移住地における信徒の宗教コミュニティの形成と展開に焦点を当てるものである。とりわけ宗教コミュニティの形成・社会資源の関与・移住後の宗教コミュニティの変容に着目し、その具体的状況の解明をめざしている。

鉄川与助とマルコ・マリー・ド・ロ神父

　長崎県には教会群と呼べるほど多くの教会が存在し、都市の中心だけでなく山の中、海辺にも立地している。鉄川与助は、こうした著名な教会を数多く創りあげている。また長崎市外海地区の出津教会の設立者としてド・ロ神父の名前があげられる。ド・ロ神父は、自ら設計した出津教会を拠点にして地域の農業振興・授産事業を行い、さらに開拓地を見つけ信徒を送り出したことで著名な外国人神父である。

　鉄川とド・ロ神父は、まさに長崎の教会建設や外海地区の信徒の恩人である。しかし大人気ない指摘ではあるが、教会は設計者や建築家が創ったものと言っていいのだろうか。鉄川やド・ロ神父が教会の設計や建設に熱心に取り組んだのは、事実である。しかし信徒が教会を建設することを切望し、厳しい経済的・身体的負担を承知で建設を依頼したことが、やはり教会設立の端緒といえないだろうか。この点で、自宅を新築した際に「創ったのは自分です」と答えるのと同様に、「教会を創ったのは信徒です」という回答も正解といえよう。なお鉄川の評価が高いのは、著名な教会だけでなく、信徒の思いを受け止めて、海辺や山間の小さな教会の建設にも着手したためであ

i

る。そうした教会の中には、残念ながら、すでに建て替わっている教会も多い。一方、ド・ロ神父は出津教会等、一部の教会の設計・建築を手がけた。しかし自らが主導した開拓移住地（平戸市田平・平戸市木ヶ津坊主・大村市竹松村）では、信徒の生活基盤は提供しているものの、教会の設立は主導していない。

意図的コミュニティの形成（再生）の志向性

ところで、条件不利地に開拓移住した長崎の半島・離島出身の信徒は、厳しい生活にもかかわらず、自分たちの教会を設立する意図をもって宗教コミュニティの形成をめざした。すなわち教会は自分たちの信仰を顕現するものであり、信仰の集合（コミュニティ）であった。本書が基盤とする観点は、長崎の半島・離島出身の信徒が保持するこうした宗教コミュニティ形成の志向性である。

本書では、長崎の半島・離島のカトリック集落を「意図的コミュニティ」と見ることにする[2]。意図的コミュニティとは、同じ信仰をもち同業関係にある人たちのコミュニティのことで、その特徴は、信仰と生産関係の重複を基盤にして、信仰を中心に生活全般にわたる信徒間の共同性が存在していることである。さらに意図的コミュニティに育った人は、意図的コミュニティの生活経験を移住地で再生（形成）しようとする傾向にあると推測される。とりわけ教会の設立は、意図的コミュニティ再生（形成）を象徴するものに位置づけられよう。

関連する海外の移民の例をあげれば、欧州の農村出身者が、移住先のアメリカの開拓地や都市で民族村や民族街を設立して、教会を拠点に信仰と出身地の文化を維持してきたことである。余談であるが、イタリア料理であるピザの日本への到来は、イタリアから直接もたらされたのではなくこうした民族街を経由したものといわれる。

本書の第1の目的は、上述の基本的観点に基づき、長崎の半島・離島の出身者やその系譜者の新たな宗教コミュニティ形成の経緯と状況を解明することである。すなわち、事例調査を通して、宗教コミュニティ形成の志向性を確認し、さらに形成の過程を把握することである。

序

　ここで、宗教コミュニティの形成について説明が必要である。宗教コミュニティの形成が何を指すものであるのかに関して、さまざまな立場から定義することが可能である。本書では、教会堂が設立された段階をもって宗教コミュニティの形成ととらえることにする。その理由は、第1に、教会の設立が、移住信徒の間で集合的目標として共有されていたこと、第2に、建物の建設という物理的に確認できる指標によって、宗教コミュニティ形成の共通の段階（民家御堂・仮教会・教会）を設定することが可能になるからである。そして共通の段階を設定することで、さまざまな移住地における宗教コミュニティの展開を比較することが可能になるからである。

集落外の関与 ── 社会関係・社会資源

　江戸末期・明治初期の草分けの開拓移住後、わずかな信徒世帯に子ども世代の分家が創出され、さらに新たな世帯の来住で信徒世帯が増加していく中で、宗教コミュニティ形成の志向は高まっていく。実際、多くの開拓地で、移住後の数年から数十年のうちに民家御堂・仮教会の段階に到達する。しかし教会堂の設立に第二次世界大戦後まで時間がかかった移住地がある一方で、移住後のわずかな世帯規模のうちに教会が設立されたり、信徒の志向と異なる形で、教会が設立された移住地もある。

　筆者は、こうした宗教コミュニティの形成までの年数の差や教会の建築と信徒の思いの離齬には、社会資源の関与の有無が影響すると見ている。本書では、集落外の類縁関係による支援や社会制度の利用を「脱埋め込みの社会資源」と呼ぶことにする。平たく言えば、外国人神父・外国修道会等の主導や資金援助、さらに行政のさまざまな施策等である[3]。

　本書の第2の目的は、それぞれの宗教コミュニティにおける社会資源の関与の状況の把握に基づき、宗教コミュニティ形成における信徒と外部の社会組織・社会資源との多様な関係性の解明をめざすことである。同時に、脱埋め込みの社会資源が不在の宗教コミュニティの場合、コミュニティがどのような状況に至って教会の設立が可能になったのか、また集落外との社会（類縁）関係の関与等の解明をめざす。

宗教コミュニティの展開・派生

　草分けの移住から何十年も経過すると、移住地をとり巻く地域社会や教会の信徒層に変化が生じる。信徒の開拓移住地が郊外地の一角に組み込まれたり、工業地域に転じる場所も生じる。そうした場合、非農業の職業に従事する分家の出現や来住の信徒世帯の増加という状況が現れる。その結果、移住地の意図的コミュニティの2つの社会関係のうち職業関係に分化が生じ、しばしば教会内に会社や業種単位の小集団が誕生する。本書の第3の目的は、移住初期の意図的コミュニティの変容過程を把握し、コミュニティの社会的特徴を明らかにすることである。

　さらに、教会が次々と誕生していった地域に関して、教会誕生の要因を単に信徒の増加や教会までの地理的距離に帰すことなく、都市化・郊外化に伴い信徒層が分化していったという観点から把握をめざすことにする。また新たに誕生した教会と既存の教会の間に生じた教会間関係にも着目する。すなわち本教会に「子」教会、「子」教会に「孫」教会が派生する複雑な展開や主教会と巡回教会の位置づけの転換の状況を明らかにする。本書の第4の目的は、こうした宗教コミュニティの信徒間および教会間の関係と展開を解明することである。

信仰の「飛び地」

　長崎の半島・離島の信徒が移住地で形成する宗教コミュニティは、長崎県内にとどまらず県外の教会の設立にも関わっている。企業の進出に伴い配置転換となった従業員が中心になって、長崎県外に新しい教会が設立された事例はよく知られている。しかし長崎県外にも開拓移住者や炭鉱労働者の移住地が存在し、宗教コミュニティが形成された事例がある。そのうち長崎県外に開拓移住が生じた経緯および宗教コミュニティの形成について把握をめざす。

　注
　1）C. F. フィッシャーは、地域の一定層が社会関係を形成することで生じる社会事象を「下位文化（subculture）」と名付けている。フィッシャーは、下位文化を国籍・宗教・職業あるいはライフサイクルにおける特定の段階といった共通性や趣味・疾

序

病・性的選好・イデオロギー等の顕著な特徴を共有する人びとを結びつける内容に比重を置く概念としている。さらに、こうした住民が全体社会・地域社会から分化し、幅広いエリアにおけるネットワーク型のコミュニティを形成する傾向にあると見ている。

　一方、本研究のキー概念である「類縁（affinity）関係」は、下位文化と同様に共通の特性や内容を包含する概念であるものの、成員の間の結びつき —— 関係性 —— に比重を置くものである。実際、類縁関係が他の関係性に付加した集団・共同体の形成事例が示されつつある。つまり類縁関係と下位文化は類似した概念であるものの、下位文化は全体社会から特定の内容に基づく分化に、一方、類縁関係は成員の間の関係性の強化に力点を置く概念と見ることができよう。

2）意図的コミュニティに関しては、第 1 章第 4 節で詳述する。

3）脱埋め込みの社会資源に関しては、第 1 章第 3 節で詳述する。

目　　次

序　i

第1章　開拓移住地における宗教コミュニティの形成 ………… 1

第1節　長崎の半島・離島出身の信徒の移動と宗教コミュニティ
　　　　形成の志向性　2

第2節　宗教コミュニティの形成の過程と派生的展開　6

第3節　脱埋め込み（disembedding）の社会資源　13
　　　　── 外国修道会・長崎教区・公的制度 ──

第4節　宗教コミュニティの類型と地域社会　15

第5節　本研究の期間・調査方法　18

第6節　本書の構成　19

第2章　拠点教会の転換と周辺教会の誕生 ……………………… 23

第1節　紐差への拠点教会の転換と平戸島中南部の諸教会・
　　　　新小教区の誕生　24

第2節　拠点教会の転換と島から半島への宗教コミュニティの展開　41
　　　　── 伊王島馬込教会・大明寺教会と小榊神ノ島教会・木鉢教会 ──

第3節　補論 ── 北松地区の拠点教会（黒島）──　53

第3章　明治中期の拠点教会 …………………………………… 57
　　　　── 外国人神父と外国修道会主導の教会 ──

第1節　周辺に設立された拠点教会 ── 上神崎教会 ──　57

第2節　旅をつづけた教会　62
　　　　── 児童救護施設併設から温泉施設まで（大村市植松教会）──

第4章　田平教会の設立と周辺の教会の誕生 …………………… 73

第1節　ド・ロ神父の開拓移住地に創られた教会　73
　　　　── 田平地区田平の田平教会 ──

第2節　北松浦半島の開拓地に生まれた諸教会　85
　　　　── 西木場教会・岳崎教会・福崎教会・江迎教会 ──

第3節　北松浦半島から福岡市能古島への展開　89
　　　　── 能古島教会の誕生 ──

第5章　信徒の計画と長崎司教の意向 …………………………… 91
　　　　── 邦人司教の宣教戦略 ──

第1節　城下町のランドマーク ── 平戸市平戸ザビエル記念教会 ──　92

第2節　県下第2の都市の顔 ── 佐世保市三浦町教会 ──　96

第3節　信徒十数世帯の拠点教会 ── 諫早市諫早教会 ──　101

第4節　空白地区の教会設立 ── 大村市水主町教会 ──　108

第6章　地域生活の拠点の教会 ── 社会館と同業組織 ── …………117

第1節　平戸口社会館に建てられた教会 ── 平戸口教会 ──　118

第2節　社会館と同業組織 ── 神崎教会 ──　121

第3節　教会と漁業 ── 褥崎教会 ──　127

第4節　共助組合と長崎の教会　131

第5節　公民館・社宅の集会所と保育園の教会　135

第7章　佐世保市の都市展開と宗教コミュニティの派生と変容 ── 複雑な系譜・教会間関係 ── …………………141

第1節　三浦町教会の子教会　141
　　　　── 俵町教会・天神教会・船越教会と鹿子前教会 ──

第2節　俵町教会の子教会 ── 皆瀬教会・大野教会 ──　150

第3節　相浦の宗教コミュニティの複雑な展開　154
　　　　── 相浦教会・大崎教会・浅子教会 ──

第4節　産炭地の教会 ── 大加勢教会・潜竜教会 ──　158

第8章　条件不利地における宗教コミュニティの
　　　　形成と解体………………………………………………165
　第1節　長崎市内の山間の教会 —— 大山教会・善長谷教会 ——　166
　第2節　平戸島の半島・山間の教会　171
　　　　　—— 古江教会・獅子教会・木ヶ津教会 ——
　第3節　第二次世界大戦後の開拓地の教会　176
　　　　　—— 烏帽子教会・牟田ノ原教会・横浦教会・松尾教会・築城教会 ——
　第4節　上五島の半島・小離島の教会の廃堂と教会の新設　181
　　　　　—— 折島教会・樽見教会・熊高教会と青方教会 ——

第9章　長崎県外における信仰の「飛び地」………………191
　第1節　教区主導の外国修道会の誘致と宗教コミュニティの
　　　　　形成 —— 福岡県行橋市新田原教会 ——　191
　第2節　開墾助成法による教会の設立と外国修道会の訪問　198
　　　　　—— 宮崎市田野教会 ——
　第3節　団地の造成・分譲による教会の設立　202
　　　　　—— 福岡市城南区茶山教会 ——

第10章　結　論………………………………………………207
　　　　　—— カトリック・コミュニティの形成と展開の社会的特徴 ——
　第1節　カトリック・コミュニティ形成に関する基本的観点と
　　　　　分析視点　207
　第2節　カトリック・コミュニティの形成と変容　208
　　　　　—— その社会的特徴 ——
　第3節　宗教コミュニティと地域コミュニティの今後　216

　文献一覧　219
　あとがき　225
　索　引　227

第1章
開拓移住地における宗教コミュニティの形成

　長崎県は、全国で最もカトリック信徒の比率が高く、教会数や出身の司祭数も多い「カトリック県」である。こうした信徒の状況は潜伏キリシタンの歴史に結びつけられているものの、一方でこの現況は、潜伏キリシタン時代の歴史だけで説明できるものではない。

　本書の基本的な観点は、江戸末期、長崎市外海地区や五島、黒島等から、長崎県内外の条件不利地（小離島・半島・山間地等）に開拓移住が生じ、明治以後、開拓移住地の信徒の子ども世代の増加とその後の来住世帯の継続によって、長崎県内外に信徒の居住圏が拡大したとする認識である。

　その上で、潜伏キリシタンやカトリックの世帯が移住した地でも信仰が維持され、さらに展開が見られたと想定している。それは多くの移住地で、移住後に教会の設立（信仰の制度化）の端緒が生まれ、一定の年数を経て教会が設立されているからである。本書では、こうした過程および結果を宗教コミュニティの形成ととらえることにする。加えて宗教コミュニティが、地域状況および信徒状況の変化に随伴して変容する状況をコミュニティの変容としてとらえることにする。

　本章では、本書の基本的観点およびそれに関連するいくつかの分析視点を提示する。まず第1節で、長崎の半島・離島出身信徒の移動の社会的背景にふれ、移動におけるコミュニティ志向性を概略する。次に第2節で、教会設立に関する社会学的観点にふれた上で、移住から教会の設立までを時期区分する。なお教会設立後の信徒役割に関する組織論的視点、信徒間関係および教会間関係を把握するための社会的視点にも言及する。さらに第3節で、教会の設立に関する信徒以外の関与を把握するための社会学的視点を提示する。第4節で、信徒の信仰と生活および信徒と地域社会の関係を視野

に入れた宗教コミュニティの類型を提案する。第5節で本研究の調査方法にふれ、最後の第6節で、本書の構成を紹介する。

第1節　長崎の半島・離島出身の信徒の移動と
　　　　宗教コミュニティ形成の志向性

　まず、長崎の半島・離島出身信徒の間で開拓移住が生じた背景をさぐり、若干の資料を用いて開拓移住が有効な世帯対策および地域対策であった状況を紹介する。次に開拓移住者の間で一般的であった信仰と生活の融合した状況を紹介し、さらに信徒の開拓移住が宗教コミュニティ形成の志向性と一体化したものであったという本書の基本的観点を提示する。

信徒の移動の背景

　表1-1は、明治中期から大正期の各教区の信徒数である。当時の長崎教区は、九州一円を管轄とし、明治後期、とりわけ奄美大島で受洗者の増加が著しい。とはいえ長崎教区の信徒急増の主因は、「増え続けている信者の子供の数に由来する」（パリ外国宣教会年次報告3 212頁）とされている。実際、長崎県内の信徒の人口状況は「人口爆発」と呼べる水準であった[1]。

　その一方で、長崎市外海地区出津小教区では、子どもの出生数が信徒数の増加に反映されない奇妙な状況がつづく。すなわち「ほとんど毎年、人口過密のこの地域から、耕す土地を求めて人々が大勢平戸の方に移ってしまうので、信者の数は目に見えて増えない。こうして、この年度（＝1896年、引用者）には、出津から34人、黒崎から11人の信者が去っていった」（パリ外国宣教会年次報告2 104頁）と、信徒の他出が常態化していた状況が報告されている。

　なぜ、このような事態になったのだろうか。それは次のような経緯として説明できよう。すなわち江戸末期・明治初期に誕生した子どもの多くが、明治中期に分家して、集落内で独立する。しかし信徒世帯では均分相続の慣習が一般的であったため、子ども世代が独立して分家した結果、斜面や丘陵等といった条件不利地の狭小の農地がさらに細分化される。そのことで本家・

第 1 章　開拓移住地における宗教コミュニティの形成

分家ともに生活基盤が著しく不安定になり、他出が常態化するようになった
ためである。

　出津小教区の主任司祭であったマルコ・マリー・ド・ロ神父は小教区のこ
うした事態に直面して、信徒の開拓移住を計画・実行する。ド・ロ神父の貢
献を『パリ外国宣教会年次報告 1』は「師が苦労して出来るだけ多くの信者
を地区外に追い出して他所で開拓集団を作り、今の場所では持てない耕作地
をそこで得ることができるようにした」（326 頁）と評している。外国人神
父による信徒の開拓移住の主導は、黒島教会主任司祭のエミール・ラゲ神父
らの他の小教区を担当する外国人司祭にも見られるものであった。

　しかし、半島・離島の信徒集落における信徒世帯の増加はすさまじく、最
も積極的に開拓移住に取り組んだド・ロ神父の出津小教区の場合でさえ、
「気付いてみると、まだ教会に入りきれない程大勢の人が残っていた」（パリ
外国宣教会年次報告 1 326 頁）という状況がつづく。

表 1-1　日本の各教区の信徒数

西暦 （年号）	1891 年 （明治 24）	1895 年 （明治 28）	1900 年 （明治 33）	1905 年 （明治 38）
長崎	27, 900	32, 655	37, 101	42, 055
東京	9, 600	9, 016	9, 053	9, 453
大阪	3, 115	4, 432	4, 294	3, 611
函館	3, 821	4, 199	4, 643	4, 235

西暦 （年号）	1910 年 （明治 43）	1915 年 （大正 4）	1920 年 （大正 9）	1925 年 （大正 14）	1891-1925 年の 増加率（％）
長崎	47, 104	51, 545	56, 339	62, 584	224. 3
東京	9, 700	10, 285	10, 502	10, 801	112. 5
大阪	3, 872	4, 126	4, 555	4, 629	148. 6
函館	4, 431	2, 819	2, 884	2, 790	73. 0

注）『パリ外国宣教会年次報告』1・2・3・4 の記載から抽出した。
　　1890 年までは南緯代牧区・北緯代牧区・中部代牧区で、1891 年から南緯代
　　牧区（長崎）となる。
　　南緯代牧区（長崎）・長崎の管轄は九州全体、北緯代牧区（東京）は東日本、
　　中部代牧区（大阪）は西日本、函館は北海道・東北・新潟である。

3

本書では、これらの資料に基づいて、信徒の開拓移住の背景にあったのが、江戸後期以降、とりわけ明治以後の信徒の子どもの出生数の急増であると見ている。

信徒の信仰と生活

　次に、長崎の半島・離島の信徒の信仰と生活の特徴を概略したい。

　1960 年代末から 1970 年代に上五島のカトリック集落を調査した丸山孝一によれば、条件不利地のカトリック信徒集落の社会的特徴にあげられるのは、第 1 に、信仰が家族ぐるみ、地域共同体ぐるみであるという点、第 2 に、頻繁で日常的な類縁（宗教）関係を基盤にして、宗教領域を超えた生活の諸領域で社会関係が形成されている点である。

　社会関係の観点から補足すれば、「村の大部分の住民が、性、年齢の違いを問わず、毎週一回、かならず集まる」（丸山 11 頁・82 頁）と丸山が紹介する第 1 の状況は、集落の住民が強い類縁（affinity）関係で結ばれ、さらに類縁（同業）関係、時には親族関係が重複する強い社会関係が集落に存在する状況である。

　次に「ミサの前後に人々が話しあっている話題は、漁業のこと、子どもの教育のこと、集団就職で都会へ出て行った娘たちのことであり、むしろ宗教とか信仰と直接には無関係のことの方が多いくらいである」「世俗的な情報交換の場を（ミサが＝引用者）提供しているともいえるし、最も厳粛な宗教的儀礼としてのミサが、経済、政治、教育、娯楽などの次元にまで関係している」（丸山 46 頁・82 頁）と丸山が紹介する第 2 の状況は、重複した社会関係を基盤にして、集落生活の諸領域 ―― 信仰・自治組織・生産活動・社会教育 ―― において共同が存在する状態といえよう。

　丸山の紹介する状況には、禁教時期から続く類縁的結束や厳しい生活剥奪に対する共同的対応という社会背景が関係しよう。しかし、その場の状況からは、信徒間の重複する関係性の存在が背景にあったと見る方が妥当であろう。集落の住民の間で信仰と生活が一致するこうした状況は、意図的コミュニティ（intentional community）と呼ばれている[2]。

　近年、コミュニティ概念は広義化する傾向にある。広義のコミュニティの

第 1 章　開拓移住地における宗教コミュニティの形成

成員は、地縁関係、趣味・疾病・性的選好・イデオロギー等の類縁関係、親族関係等の何らかの社会関係で結ばれるとされる。

　同じ趣味やファンといった類縁関係は、ジグムント・バウマンによれば、個人を近隣（地縁）関係から越境させて類縁者同士を結びつける 1 本の掛け釘（ペグ）の役目を果たす。こうした単数の関係で結ばれたコミュニティを「ペグ・コミュニティ」とバウマンは呼称する（Z. バウマン 100 頁）。一方、意図的コミュニティの成員は、少なくとも宗教と職業という 2 つの類縁関係で結ばれている。時として、親族関係も重複する強固な関係性によって地域および地域の人びとと結びついているのが特徴である。

移動した信徒の宗教コミュニティ形成の志向性

　本研究は、意図的コミュニティにおける社会関係や生活の共同の経験が台木になって、信徒の他出地の選定や他出地における生活共同や信仰の持続・展開が接ぎ木されるという見方を基本的観点としている。この観点に関して、若干整理しておきたい。

　一般に、同郷者の集住地では、出身地の生活・文化・慣習が移築される傾向にある。アメリカの各都市の「民族街」が、現在も出身国の生活様式や文化で彩られていることから想像ができよう。ポーランド農民のアメリカ社会への同化の研究で有名な W. I. トーマスは、こうした出身国の文化や生活のアメリカ社会への移植を "old world traits transplanted" と名付ける。日本でも沖縄系譜者のコミュニティが関西にあり、沖縄以上に沖縄的と言われることから、想像ができる状況である。

　地縁関係・類縁（宗教・同業）関係・親族関係に基盤づけられた意図的コミュニティでは、そこに生まれ育った信徒が自分の身の回りの社会関係や生活・文化を当然視し、内面化する傾向がとりわけ強い[3]。そのため定住を当然視しながらも過剰人口状況によって他出を余儀なくされた場合でも、他出先で意図的コミュニティの再生（形成）をめざす傾向にあると見ることは無理がなかろう。

　さらに、意図的コミュニティからの他出自体も、生活の共同の延長に位置づけられるものと想定できよう。それは、意図的コミュニティの信徒の他出

5

の特徴として次の3点が推測可能なためである。第1に、移動は世帯の一員ではなく、世帯全体（挙家）あるいは複数の世帯員を単位とし、さらに複数の世帯の間で集団的・連鎖的に取り組まれる傾向である。第2に、明治以降の近代化（都市化・工業化）の趨勢の中で、農村―都市間の第2次産業をめざすものではなく、農村―開拓地を含む農山村間の第1次産業、とりわけ農業を志向することである。すなわち出身地での生活の共同や職業の一致が移住先の選定や就業の選択に波及する傾向である。第3に、移住地における信仰の顕在化、言い換えれば、教会の設立が集合的な目標とされることである。

これらの想定を整理すれば、信徒の移住は出身地の生活が持続されやすい家族単位で、出身地と同じ生業を志向し、同じ生活目標をもつ、いわば意図的コミュニティの共同の一つに位置づけられるものといえる。そのため意図的コミュニティの信徒の移住の特徴は、従来の開拓地研究で議論された母村―枝村関係にとどまらず、トーマスにならえば、"old community traits transplanted"と推定できるものであろう。

長崎の半島・離島の意図的コミュニティの出身者の移住は、日本の近代化に合致した農村―都市への個人移動という大きな流れから分岐する表立たない渦の一つといえるかもしれない。とはいえ農村（開拓地）への集団的移動を志向し、出身のコミュニティと同様に、信仰関係と同業関係に結ばれた意図的コミュニティの形成を移住地でめざす志向性が強いと想定できるものであり、さらに移住地における生活の共同とりわけ信仰の共同が、教会の設立に顕在化する点で、その志向性および共同の実状の把握が可能である研究事例といえよう。

第2節　宗教コミュニティの形成の過程と派生的展開

次に、移住地における生活の共同の象徴といえる信仰の顕在化（教会の設立）を信徒の社会関係の制度化としてとらえる観点を提示したい。その上で、移住から教会の設立までの段階区分を提案する。また教会の信徒に関し

第 1 章　開拓移住地における宗教コミュニティの形成

て、教会内の役割や負担を概略し、信徒間の関係性および信徒の教会内の分節化を把握する視点を提示する。さらに教会間の関係性を派生的展開としてとらえることにする。

社会関係の制度化

　宗教コミュニティの形成にはさまざまな定義や判断が下されていよう。しかし、本書では、長崎県内外の移住地に教会（教会堂・聖堂）が設立された時を宗教コミュニティの形成時期とみなすことにする。すなわち教会の設立は、成員にとって信仰の証し（コミュニティ・シンボルの形成）であるとともに信徒組織の形成につながるからである。この指標の利点は、各地区・集落の宗教コミュニティの形成過程が比較できる点、宗教コミュニティ形成の各過程に関与する主体の把握が可能である点である。

　さらに、教会の設立を信徒間の類縁（宗教）関係の制度化ととらえることにする。C. F. フィッシャーは、社会関係の制度化の主要な要因として、関係する人口規模を指摘している。すなわち人口規模の大きな都市では、一定数の人口が参集するため、それぞれの社会関係が制度化（組織・施設）しやすいと見ている。フィッシャーによれば、都市に多様な下位文化が開花するのは、都市がさまざまな人口を有するためである（C. F. フィッシャー134-146 頁）。

　一方、信徒の移住地である農山村における教会の設立は、フィッシャーの社会関係の制度化理論では説明できない事例である。本書では、長崎の信徒の類縁（宗教）関係の制度化は、第 3 節で議論するように、現実には、関係する人口規模に加えて多様な宗教関係の社会資源・社会関係の関与によって実現されると想定している。

宗教コミュニティの形成過程

　次に移住から教会の設立までの段階を区分する。その前に、教会組織に関して若干の整理をしておきたい。

　第 1 に、「教会」の定義である。「教会」は建物（教会堂・聖堂）と同義であるものの、同時に宗教組織（教会組織・信徒組織）を指すことが一般的

である。こうした事情を考慮すれば、教会堂・聖堂（建造物）の設立を宗教コミュニティの形成の指標とするものの、さらに教会の組織（具体的には、信徒組織の形成・改編や信仰教育の実践等）を宗教コミュニティの形成・維持の要件に含める必要があろう。

　第2に、宗教コミュニティが小教区（parish）単位に形成されるという実態である。小教区は、東京大司教区等の世界の各教区の下部単位である。しかも小教区（教会）を信徒が「うちの会社」、主任司祭を「うちの社長」と隠語で呼ぶことがあるように、独立性が高い単位である。

　一方、小教区には、（本）教会に加えて巡回教会・集会所が所属することがある。巡回教会等の場合、自前の建物は存在するものの、宗教組織は独立・単独ではなく、小教区（本教会）に従属することが多い。

　本書では、小教区を宗教コミュニティとする一般的な認識に立たず、さまざまな教会の設立（教会堂の建設）を一義的な指標とする。そのため、必ずしも独立の教会とはいえない巡回教会等の設立も宗教コミュニティの形成と見なすことにする。その理由は、第1に、巡回教会もコミュニティ要素を持つ移住地に設立されることが多いこと、第2に、小教区内の本教会と巡回教会の関係性が変化することである。すなわち、本教会と巡回教会の位置づけが逆転したり、巡回教会の独立が見られるためである。こうした事情から、巡回教会等を含めることが、教会間の多様な組織間関係を把握するために不可欠であると見ている。

　次に、信徒の移住から教会設立までの形成過程を3つの共通の段階に区分することにしたい。すなわち教会設立までを段階区分することによって、多様な宗教コミュニティの展開状況を比較することが可能になると見ている。一般的に、初代教会（教会堂）が設立されるまでの間に、多くの移住地に共通する信仰施設が存在している。こうした施設の設立によって、表1-2のように、教会の設立までを3段階（時期）に区分している。

① 民家御堂・家御堂

　最初の段階は「民家御堂」や「家御堂」と呼ばれる時期である。しかしすべての地区に共通する用語ではなく、集会（祈り）の場といわれることもある。移住地に居住する信徒の家（プライベート・スペース）や移住後に信徒

第 1 章　開拓移住地における宗教コミュニティの形成

表 1-2　教会設立までの段階

	1	2	3	その後
教会建造物	民家御堂 家御堂 集会所	仮聖堂 仮教会	（初代）教会	2 代目以降の教会 教会の改修
宗教儀礼			献堂式	
（付加建造物）			司祭館・信徒会館	
信仰組織	信仰教育 （教え方）	信仰教育 （教え方）	要理教育（教え方・教役者）	
	宿老	宿老	信徒組織	使徒信徒評議会
独立性			巡回教会・小教区	巡回教会・小教区

が他出した空き家が、民家御堂・家御堂（パブリック・スペース）に利用・転用されている。

② 仮聖堂・仮教会

次の段階が「仮聖堂」や「仮教会」と呼ばれる時期である。独立した建物であるものの、教会堂として建設されたり、本格的な建造物でないことが多い。集落の民家の転用や改築あるいは小規模な施設を建築する場合もあり、けいこ（稽古）部屋（子供の公教要理のための教室）を兼ねる場合もある。この段階の施設は専用のパブリック・スペースとして利用され、祭壇が設置されている。

③ 教会（教会堂）

最後の段階が、教会堂の設立である。司祭の巡回や常駐のための司祭館や信徒会館が同時期に設立される場合が多い。司祭が献堂式を司式し、正式に認められたものである。さらに付設・関連施設として、幼稚園・保育園等が設立される場合がある。

宗教コミュニティにおける信徒の役割

宗教コミュニティの維持および形成に関して、信徒はさまざまな役割を担っている。とりわけ教会堂の建設は負担の大きい事業とされる。

① 信徒組織と維持費

信徒組織は、小教区単位で設立されるのが一般的である。使徒信徒評議会や教会委員会、信徒会等の名称・通称で呼ばれる。

信徒は小教区の維持と諸活動のために、世帯単位で維持費を納入する。維持費は、町内会等と同様に世帯単位の均等割りが多く、かつては宿老（役職者）、その後は信徒組織の下部単位の地区や班の担当者が集金していた。しかし都市の教会の信徒には、いわゆる「一人信者」も多い。そのため世帯単位の定額にしにくい事情もあり、収入の一定の比率が「教会の掟」に記載されているものの、信徒の自由に任せる教会も多い。

維持費に基づく宗教活動は、主日・平日・祝日のミサ、各世代の公教要理教育、入信やライフコース上の秘蹟、葬儀等である。

小教区に巡回教会が所属する場合、小教区の下部単位（地区・班）として位置づけられる。その一方、巡回教会を単位として信徒組織が設立される場合もある。巡回教会の信徒組織は会計を含めて独立・単独に組織している場合と小教区一括の組織・会計としている場合がある。

② 宗教教育

信徒の役割には、信仰教育（公教要理）が含まれる。公教要理とは、カトリック信徒が子ども期や初聖体・堅信・結婚等の秘蹟を受ける前に学ぶ信仰教育である。長崎では子ども期の信仰教育を一般にけいこ（稽古）と呼称してきた。子どもや成人の信仰（要理）教育は、信徒（教え方）が長く担当してきた。教え方の担当・選出は、教会全体で数人を選出する場合、あるいは教会の下部単位の地区・班から選出する場合がある。かつては未婚女性が学校卒業後、伝道婦学校を経て子どもの教育を担当するケースが多く存在した。しかしその後、女部屋（修道院）等が設立された教会では「姉さん」「童貞さん」が担当するようになり、現在では教役者（司祭・修道女等）が担当するのが一般的になっている。

③ 教会設立における役割

教会堂の設立は、通常の会計および活動以外の事象とされる。そのため信徒組織内に建設委員会等の特別部会が設立される。一般信徒の分担は、主として教会用地・建物の資材・費用等に関する金銭的負担で、かつては労働奉

仕も加わっていた。

　そのうち経済的負担は、寄付金等の名称で通常の維持費以外に求められ、それは一般に世帯単位で集金されるものであった。時として業種単位による集金等も行われる。かつて寄付金額は、信徒世帯の経済状況を推定して割り当てる見立割りが一般的で、市町村税の納税額を参考に金額を設定する場合もあった。その一方で、教会堂設立の経済的重圧のために、信徒世帯の他出も多く生じた。実際、それが新たな移住地の誕生や宗教コミュニティ形成の契機となったケースが存在する。

　教会用地の確保に関して、信徒による土地の提供や交換がしばしば見られた。また建物の資材は、材木の購入に加えて廃材の利用、教会・信徒の所有地の木材が活用されたこともある。施工に関して、資材の運搬や基礎工事等の労力を信徒が提供した場合も多い。通常、普請の分担は世帯単位で、かつては「一丁（成人男性一人）で何人分」と計算したという。

　さらに、一信徒（世帯）による土地建物の提供・新築によって教会堂が設立されたことがある。こうした教会は、寄付教会と呼ばれることがある。

宗教コミュニティの派生的展開

　本研究では、教会内の信徒間の関係にも着目している。さらに教会内の信徒間の関係の展開として、新しい教会の設立を位置づけている。こうした観点に立って、教会間の関係をとらえることにする。

　しばしば、宗教コミュニティの内部で、信徒の分節化が生じる。信徒の分節化が新たなコミュニティの分離・独立へと展開する場合もある。こうした宗教コミュニティ内の分節化の直接の契機の主なものとして、信徒規模・利便性（距離・交通手段）があげられよう。実際、信徒規模の急増は、一般に、教会堂の増築や新築等に発展する。小教区が広域である場合、教会堂の増改築や建て替えではなく、教会の分離（新教会の設立）が議論されることも推測されよう。

　さらに、移住地に来住した信徒が、その住所や社会的属性等において既存の信徒と異質である場合、新たな教会・小教区の形成が促進されると想定される。こうした想定に立つならば、分節化の隠れた社会的要因として、来住

時期・同郷性・信徒間の職業の変容をあげることができよう。

① 移住時期

信徒の間で、移住時期（および居住地）が大きく分離する場合、居住年数を軸に古い信徒・新しい信徒という社会的区分が発生すると推測されよう。古い信徒の社会的威信は、宗教コミュニティの形成と教会の建設・維持を担ってきた年月に由来する。新来の信徒は、以前に所属した教会で一定の役割を担っていても、教会内では新参に位置づけられる場合が多いと推測される。

② 同郷性

大規模な宗教コミュニティの信徒の一部が同郷関係で結ばれている場合、類縁（宗教）関係の中で類縁（同郷）関係が分節化される傾向が想定されよう。一定数の同郷世帯が集住する場合、同郷者を中心に新たなコミュニティの形成を志向する可能性もあろう。

③ 職業的変容

（開拓）移住地の大半の信徒は、農業従事者である。しかし地域状況が変化（都市化・産業化）した場合、宗教コミュニティの成員の間に職業的多様性が生じる傾向が現れよう。また分家（子ども世帯）等の職業の変容に加えて、非農業の来住世帯が一定数に増加する場合、しばしば信徒組織内に同業団体や広域の同業団体支部が結成される傾向があり、職業的分節化の顕在化およびその規模の拡大の結果、新たな宗教コミュニティが志向される傾向が想定されよう。こうした小教区の分節化は、いわば小教区の「自然史」といえる小教区の展開と見ることができよう。加えて、教区の方針による宗教コミュニティの分離・独立の可能性も指摘できよう。

新たな宗教コミュニティの分節化は、しばしば小教区内の巡回教会の創設というかたちで生じる傾向が推測される。その一方、信徒規模の拡大によって主教会から独立し、新たな小教区が形成される場合も多いと想定され、さらにこの新しい教会から次の巡回教会が誕生する可能性もあろう。

第 1 章　開拓移住地における宗教コミュニティの形成

第 3 節　脱埋め込み（disembedding）の社会資源
—— 外国修道会・長崎教区・公的制度 ——

　移住地における信徒の宗教コミュニティは、多様な宗教の社会資源・社会関係の関与によって形成される。本書では、教会設立に関して移住地の信徒以外の関与を脱埋め込み（集落住民以外）の社会資源・社会関係として把握していく[4]。長崎の教会の設立に関わる社会資源といえるのは、外国修道会や長崎教区、さらに開拓移住に関係する行政の制度等であろう。ここでは、こうした社会関係・資源概要および特徴を略述する。

外国修道会
　外国修道会は、江戸末期以後、日本各地、とりわけ開拓地等の条件不利地での宗教コミュニティの形成において計り知れない寄与をしている。外国修道会、とりわけパリ外国宣教会の果たした役割は大きい。パリ外国宣教会のフォルカート神父は、19 世紀、ローマ教皇庁から日本における教皇代理として布教活動を委託される。鎖国令解除の 1859 年に神父が日本に入国し、以後、パリ外国宣教会が日本を管轄することになる。プティジャン神父が司教に任命され、1865 年の大浦天主堂をはじめ各地で教会が設立されていく。
　1876（明治 9）年、教皇庁の指示で日本は北緯代牧区（オズーフ司教）と南緯代牧区（プティジャン司教）に二分される。1888（明治 21）年、さらに中部代牧区が設立され琵琶湖以西の本州と四国を管轄する[5]。
　翌年の日本帝国憲法発布で一定の信仰の自由が確保されるようになったことに伴い、フランス語圏の活動修道会（教育・医療等）が日本で活動を開始する（パリ外国宣教会年次報告 1 8-16 頁・189-198 頁）。一方、明治以降、長期にわたって日本を管轄したパリ外国宣教会の経営能力および宣教方針に批判もあった。表 1-1 のように、長崎教区以外の信徒数が低迷している状況に直面し、ある邦人神父は「プロテスタントには、資産家、実業家、政治家、学者、官吏など『中等以上の人』が多いのに対して、カトリック教会は、世間一般では『島人山人無学文盲多くは田野生の愚夫愚婦の信徒のみ』と思われて軽視されている」と批判の声をあげ、知識人向けの宣教の重要性

13

と外国人司祭の知的能力の向上を訴えている（山梨淳 236 頁・252 頁）。

　しかし、長崎教区とりわけ長崎県の信徒数は倍増し、パリ外国宣教会の能力と宣教方針の有効性が顕れている。九州一帯を管轄する長崎教区の場合、長崎県の半島・離島や受洗者が急増する奄美大島では、貧困が大きな社会問題であった。そのためマルコ・マリー・ド・ロ神父に代表される福祉・授産事業・開拓移住の支援は、宣教の役割や宣教対象の社会層を的確に把握した活動といえる。すなわち日欧の経済・技術的な差異を生かして、信徒の生活全般に及ぶ支援と信仰の維持に大きく寄与したといえよう。

　昭和期には、さらに多くの外国修道会が日本で司牧を開始するようになり、日本の各教区は、パリ外国教会から邦人あるいはイエズス会等に管轄が変更していく。第二次世界大戦後には、日本の厳しい小教区の事情に対応して、多くの外国修道会が宣教や支援活動を日本で行うようになる。

長崎教区（邦人司教区）

　1927 年、長崎教区から福岡教区が分離し、パリ外国宣教会は福岡教区（福岡県・熊本県・佐賀県）の管轄に移行する。以後、長崎教区（福岡教区以外の九州）は邦人司教区となり、早坂久之助司教が着座する。

　邦人司教の長崎教区は、昭和初期、長崎県内のコミュニティの空白地区の解消、交通の利便性のよい立地への教会の設立、ランドマークとなる教会堂の設立による宗教コミュニティの可視化を推し進める。実際、早坂司教が主導する教会建設の一端を物語るエピソードがある。『カトリック教報』によれば、司教は「土木にも多大の趣味を持ち、最近は港外神の島に傳道館を建築し、その工事監督の爲め、終始往復されて居た」（122 号 1933 年 11 月）という。さらに司教は、禁教令前の信仰の地や殉教地の顕彰等を宣教戦略の柱の一つとしている。

公的制度と企業支援

　開拓移住地の宗教コミュニティの形成と展開に、行政の施策が関わる場合がある。その一つが、大正期の農林省の開拓政策（開墾助成法）である。この政策に関連する制度において、入植者の招致と開墾事業の経営安定のため

の新農村の建設支援（家屋・共同建造物の建設補助）が行われる（川南開拓史 192 頁）。この共同建造物に神社・仏閣・教会堂が含まれ、実際、教会が建設されている。

　その一方で、第二次世界大戦前・中に、旧日本軍の軍事・軍需施設の建設によって、信徒の移住地に形成された教会が移転等を余儀なくされる状況も生じた。

　第二次世界大戦後には、1940 年代後半に自作農創設特別措置法に関連して開拓入植・自作農創設・旧軍用地の払い下げが実施された。開墾地移住奨励制度のように教会設立の補助はないものの、宗教コミュニティの新たな基盤や展開が生じ、外国修道会の支援で教会が設立された開拓地も多い。

　一方、高度経済成長期、過疎対策緊急措置法が制定され、多くの開拓移住地に対する集団移転計画が立案され、半島・離島の宗教コミュニティの解体・再編が余儀なくされている。

　さらに宗教コミュニティの形成に民間企業や行政が関与する場合がある。産炭地の企業や企業の福利厚生の一環として、企業が炭住や所有地、建物等を信徒組織に提供したり、地方自治体が公民館等を信徒の集会場として使用許可する場合である。

第 4 節　宗教コミュニティの類型と地域社会

　この節では第 1 に、長崎の半島・離島出身の信徒の信仰と日常生活および信徒と地域社会との関係を明確にすること、第 2 に、とりわけ移住後の宗教コミュニティの維持あるいは変容の状況を明示するために、移住地の宗教コミュニティの類型化を試みることにしたい。

宗教コミュニティの分類軸の設定

　本書では、教会の設立を類縁（宗教）関係の制度化ととらえ、さらに宗教コミュニティ形成の指標にしている。この観点に立てば、長崎県内外の多くの移住地に教会が設立された状況は、多くの宗教コミュニティが形成された

証しといえる。しかし数多い宗教コミュニティの態様に多様性があることも事実である。

そのため、宗教コミュニティの分類軸として、信徒と非信徒の居住状況、信徒間の類縁関係性に着目している。前者を信仰の共同の軸、後者を生活の共同の軸と呼ぶことができよう。

第1の軸は、信徒および非信徒の状況、すなわち信仰の共同の軸である。移住地における信徒の占める割合は、新たな宗教コミュニティの性格に影響すると推測される。とりわけ信徒の比率が高い場合、信徒の間で同郷性等に基づく分節が生じる場合も推測できよう。移住地の地域状況が工業化・都市化・郊外化によって変容した場合、地域・地区内の信徒比率の減少および地域住民の多様性（多様な信仰状況や世俗化）によって、移住信徒の信仰と生活が分離する傾向が想定されよう。

第2の軸は、信徒間の類縁関係性の重複、すなわち生活の共同の軸である。信徒間で保持される類縁（宗教）関係と他の社会関係の重複は、信徒の間に信仰以外の生活領域でも共同および共通性を生じ、かつ補強する。こうした信徒の日常的な生活における共同の指標にできるのが、類縁（同業）関係である。とりわけ農業に従事する場合、可視性が高く共同性も高い農業の職業的同質性のために、かつての農村社会がそうであったように生活の共同性が高まると想定できよう。

宗教コミュニティの4類型

地域社会に占める信徒の比率および信徒間の類縁（同業）関係の有無を2軸にすることで、宗教コミュニティは図1-1のように4つの類型に分類できよう。以下、各類型の特徴を概略したい[6]。

① 意図的コミュニティ

意図的コミュニティは、長崎県外海地区および多くの移住地の宗教コミュニティが該当した類型である。すなわち地域の住民の大半が、同じ信仰で結ばれているだけでなく、農業に従事するという同業関係でも結ばれ、生活全般に共同性が見られるコミュニティである。この意図的コミュニティでは、信仰は、いわば地域生活の中に包含される状況にある。さらにコミュニティ

16

第 1 章　開拓移住地における宗教コミュニティの形成

地区に占める信徒比率大

	地区に占める信徒比率大	
信徒間の同業関係の比率小	（経年化した）意図的コミュニティ 開拓地における非農業の分家	意図的コミュニティ 開拓地の農業集落	信徒間の同業関係の比率大
	信仰コミュニティ （大）都市地域	（非農業型）意図的コミュニティ 産炭地の炭鉱住宅等	
	地図に占める信徒比率小	

図 1-1　宗教コミュニティ類型

からの信徒の離脱（他出）も、信徒間の類縁関係性が関係する生活の共同の一環となり、集団移住が生じることが多いと想定される。

② （非農業型）意図的コミュニティ

（非農業型）意図的コミュニティは、都市地域・産炭地等の一定の人口規模の地区・地域の中で少数の比率であるものの、同業関係で結ばれた信徒が集住し、宗教コミュニティを形成する場合である。北松地区の山間地や長崎湾沖の離島等の産炭地における教会・集会所が該当する。また工場進出地の社宅でミサを行う信徒グループも含まれよう。

③ （経年化した）意図的コミュニティ

（経年化した）意図的コミュニティは、意図的コミュニティが地域社会の変容（工業化・都市化・郊外化）等によって信徒世帯の中に非農業の分家世帯が生じたり、非農業の信徒の来住が増加する状況である。新たな信徒世帯の増加や信徒間の職業的分化が進行する場合、宗教コミュニティの新たな形成に向かう場合があろう。

④ 信仰コミュニティ

信仰コミュニティは、工業化・都市化・郊外化によって地域社会が大きく変容し、移住地が都市地域の一部に包含される状況である。信徒の集住地が残存するとはいえ、非信徒世帯の流入が生じ、地区人口に占める信徒比率が少数に転じる傾向になろう。一方、都市化の進行によって子ども世代の居住が集住地から拡散する傾向や子ども世代の職業が多様化する可能性も想定されよう。

集住地内でも土地の売却やアパートの経営等で非信徒の世帯に囲まれた地域生活が基調となり、さらに信徒間の職業の多様化も進むため、生活の共同は大幅に減少する。その結果、信徒の間の共同は、教会内の信仰に関する共同に限定される傾向が想定される。すなわち信仰生活は一致するものの、信徒間の生活一般の共同は縮減すると見られる類型である。

第5節　本研究の期間・調査方法

　ここで、教会や地区・集落に対する調査方法や研究の期間、研究対象の選定方法、参照した資料にふれておきたい。

本研究の期間と調査方法
　本研究の事例調査の実施期間は、主として、2011年度〜2017年度までの7年間である。加えて、2006年に実施した佐世保市大崎教会・福岡県行橋市新田原教会での調査結果も利用している。
　本研究の事例の概要や社会的特徴の指摘は、文献資料および聞き取り調査に基づくもので、一部、調査票調査の結果を利用している。
　このうち文献資料は、各教会誌や神父・信徒等の作成した私家版、教会が立地する集落・地区・市町村の郷土資料、また開墾助成法や自作農創設特別措置法に基づく開拓地に言及した諸資料である。これらの資料名は、巻末の文献一覧に提示している。さらに各教会に保管されている諸資料・信徒名簿に関して、閲覧を許可されたものは可能な限り目を通すことにした。
　また、聞き取り調査は、各教会の主任司祭や信徒、さらに長崎の教会史に詳しい長崎教区の神父等に対して実施した。廃教会が立地する地区の場合、信徒以外の地域住民や行政の担当者にも聞き取りを実施した。なお、調査票調査は、宮崎市の田野教会等の一部の教会で実施している。

対象地の設定
　さらに、本研究の対象地の選定は、次の3つの方法によって実施した。

第1は、教会の聞き取り調査から、信徒の出身教会を追跡していく方法である。一例をあげれば、鹿児島市鴨池教会から奄美大島瀬戸内町古仁屋教会をたどり、古仁屋地区の修道院のシスターの話から宮崎県宮崎市田野教会に行き着いたことである。さらに田野教会の主任司祭及び信徒の話から、奄美出身者は少数で長崎の系譜の人の多い、いわゆる「長崎村」であると判明したため、新たに田野教会を起点として信徒の出身地を追跡し、長崎県の外海地区・北松地区の各教会の調査を実施している。

第2は、教会の聞き取り等から、信徒の他出先・他出地の教会を追跡していく方法である。例えば、平戸島紐差教会での聞き取りから信徒の移住地に形成された佐世保市の烏帽子教会を知り、北松浦半島の神崎教会・褥崎教会の資料から信徒世帯の移住先の一つに形成された横浦教会にたどり着いたことである。対象を追跡していくこうした方法は、「声価法」（都市や地域において影響力を持つ行為者を調べるための方法）を連想させる手法といえるかもしれない。

第3は、主教会から派生した教会・巡回教会・集会所を事例に加えていく方法である。例えば、佐世保市の場合、三浦町教会の聞き取りや教会誌から、子教会といえる俵町教会等、さらに俵町教会から大野教会・皆瀬教会等に事例が広がっていったことである。

加えて、本研究では廃教会の発掘に力を入れている。すなわち各教会誌や川上秀人、長崎県教育委員会作成の資料等と長崎教区の教会一覧から、今日、廃堂となっている教会を析出し、教会が立地していた地区・集落への訪問や事情に詳しい神父や信徒への聞き取りを実施している。平戸島の獅子教会や北松浦半島の牟田ノ原教会、大村市の松尾教会がこうした事例である。

第6節　本書の構成

本書は、長崎の半島・離島出身の信徒が移住地に意図的コミュニティを形成した経緯および宗教コミュニティの展開の解明をめざしている。そのうち意図的コミュニティの形成の経緯に関して、移住後に最初の教会を設立して

以来1世紀以上が経過する移住地が数多く、その間に、信徒の居住状況や地域社会が大きく変化した移住地が大半と推測される。そのため宗教コミュニティの展開に関して、信徒の状況や地域状況の影響を受けた宗教コミュニティの変容および宗教コミュニティの派生的展開をできる限り解明していくことにしたい。

　なお、本書は、半島・離島出身の信徒が宗教コミュニティを形成した時期に焦点を当てて構成している。とりわけ初代の教会の設立時期や何代目かの教会がランドマークとなった時期に基づき章立てをしている。同時に、宗教コミュニティが形成された場所にも着目しているため、都市化に焦点を当てた章立てや条件不利地、長崎県外の事例を集めた章立てを含めている。こうした構成のために、各章の時間的展開が前後する場合がある。

　まず第2章で、明治初期に形成された宗教コミュニティとその展開を見ていく。この時期、脱埋め込みの社会資源である外国修道会・外国人神父の主導で、海上交通の便のよい宣教の拠点となる教会が設立される。こうした外国人神父主導の拠点教会の設立の経緯を見ていく。なお、拠点教会の周辺で、信徒が自分たちの教会の設立を志向している状況にもふれたい。また第3章で、外国人神父の主導で明治中期に設立された拠点教会のうち設立後に立地が変更した教会を見ていく。

　次に第4章で、大規模な開拓移住地に設立された教会とその周辺の開拓地に展開した宗教コミュニティの形成の状況を見ていく。

　第5章・第6章では、昭和初期に形成された宗教コミュニティを見ていく。この時期、長崎教区が邦人司教区となり、積極的な教区の運営や司教の指導の下で教会設立が進められている。第5章は、信徒の進めた設立計画が司教の意向によって覆った教会の事例である。教会設立の軋みの中に、信徒のコミュニティ形成への思いと邦人司教の宣教戦略が顕れている。第6章は、「陸の孤島」と呼ばれた条件不利地における宗教コミュニティの形成と展開をとりあげ、同業関係の包摂と教会に生活サービスが付設された経緯を見ていく。

　さらに第7章で、工業化・都市化が進行する中での宗教コミュニティの複雑な派生の状況を明らかにする。ここでは、宗教コミュニティの変容が、

第 1 章　開拓移住地における宗教コミュニティの形成

いわば「子教会」「孫教会」という新しいコミュニティを派生させていく佐
世保市の状況を整理する。

　第 8 章と第 9 章は、条件不利地区あるいは長崎県外での宗教コミュニ
ティの立地に関する章である。第 8 章は、山間地の教会および島嶼のうち
半島や小離島での教会の設立と廃堂および受け皿となる教会の設立にふれ
る。第 9 章は、長崎県外の信徒不在の地における宗教コミュニティの設立
の経緯およびその後の展開を見ていく。

　最後の第 10 章で、長崎の半島・離島出身の信徒が移住地で形成したカト
リック・コミュニティの形成と展開の社会的特徴を検討する。

　注
　1 ）『出津教会誌』（154 頁）に掲載された明治・大正期の出津小教区の信徒数と受洗
　　　者数から普通出生率を推計すれば、明治・大正期の大半の時期で全国平均を 10‰も
　　　上回る相当に高い数値に達し、多子状況が恒常化した状況が推定できよう。
　2 ）M. B. マクガイアによれば、意図的コミュニティとは、成員が連帯して生活する
　　　ことを選択したコミュニティである。その社会的特徴は、コミュニティへの自発的
　　　関与が美徳とされること、宗教と職業の領域が統合されていることである。その結
　　　果、意図的コミュニティは、成員のアイデンティティと帰属意識の強固な基盤に
　　　なっているという（マクガイア 104-105 頁）。こうしたコミュニティ類型には、ア
　　　メリカに開拓移住したキリスト教諸宗派が含まれる。本書では、とりわけ意図的コ
　　　ミュニティの社会的特徴の一つである信徒間の宗教と職業の一致に着目している。
　3 ）福岡県内の同姓の多い信徒集落出身の神父の話では、子ども時代、人の姓は青木
　　　と平田だけだと思っていたという。
　4 ）A. ギデンズは、現代の社会関係が局所的脈絡から引き離され、幅広い時空間の中
　　　に再構築される状況を脱埋め込みと呼称し、脱埋め込みのメカニズムを象徴的通標
　　　の創造と専門家システムの確立の 2 つの類型によって考察している（35-36 頁）。本
　　　書では、信徒が保持する社会関係を、地域でとり結ぶ社会関係と長崎教区や外国修
　　　道会・外国人神父等ととり結ぶ社会関係に区分し、ギデンズの概念を用いて後者を
　　　脱埋め込みの社会関係・社会資源と呼ぶことにする。
　5 ）1891 年に函館教区が設定され、4 教区体制になる（パリ外国宣教会年次報告 1
　　　240 頁）。
　6 ）S. クラークは、キリスト教基礎共同体を「限定的共同体（the limited
　　　community）」「全体的共同体（the full community）」「全面的共同体（the total
　　　community）」に分類している。このうち限定的共同体は霊的生活（宗教）のみの共
　　　同、全面的共同体はコミューン等をその例にしている。

21

第 2 章
拠点教会の転換と周辺教会の誕生

　本章では、江戸末期から日本の司牧・宣教を担当したパリ外国宣教会が長崎県に設立した拠点教会とその周辺部に設立された地区・集落教会をとり上げる。ここでは、明治初期・中期に設立された拠点教会が脱埋め込みの社会資源によること、その後の拠点教会の維持・新築が信徒主導に転じたことを明らかにしていく。

　ローマ教皇庁から日本での布教活動を委託されたパリ外国宣教会は、江戸末期（1865 年）に大浦天主堂を建築し、禁教令の高札の取り下げ後に日本各地に教会を設立していく。パリ外国宣教会は、とりわけ信徒の数が多い長崎を日本の司牧・宣教の拠点に位置づけていた。しかし、信徒が急増する長崎の半島・島嶼・山間地の移住地はいずれも生活面・生産面ともに条件不利地で、信仰の制度化（教会の設立）の前段階であった。そのためパリ外国宣教会は、立地や海上交通の利便性を考慮しつつ信仰の拠点となる教会を設立していく。その後、拠点教会と周辺に設立された教会の間の関係が転換する場合が生じる。

　また、周辺の地区・集落に設立された教会の場合、脱埋め込みの社会資源の関与は、拠点教会と異なるものであった。

　第 1 節では平戸島・北松浦半島および佐賀県の玄海諸島（馬渡島・松島）を管轄する田崎教会（その後、紐差教会）が立地した平戸島中南部における教会設立の多様な展開を整理する。また外国人神父が設立した宣教の補助組織にふれる。第 2 節で、信徒数が急増した長崎港の拠点教会に関して、長崎市伊王島と小榊地区における外国人神父主導の教会設立の経緯を明らかにする。伊王島ではまず大明寺教会が拠点教会として設立されるものの、その後は馬込教会に拠点教会が転換する。小榊地区では、信徒の居住地でなく地

区の中心地の近くに神ノ島教会が設立されている。さらに宗教コミュニティが神ノ島から対岸の小瀬戸・木鉢に展開していく。第3節で、明治初期に設立された外海地区・北松地区・平戸島をつなぐ海の拠点に設立された黒島教会にふれる。

第1節　紐差への拠点教会の転換と平戸島中南部の諸教会・新小教区の誕生

　南北に長い長崎県平戸島の中南部は、主として農業地域で、カトリック信徒の多い地区である。中南部の信徒の特徴は、潜伏キリシタンや仏教から改宗した信徒と江戸後期・明治期に移住してきた信徒の重層性にある。平戸島中南部では、拠点教会が江戸後期の移住地である田崎に設立され、宣教の補助組織である田崎愛苦会も田崎に設立される。その後、拠点教会が紐差に移転し、紐差教会が設立されている。本節では、平戸島中南部の信徒状況にふれた上で、紐差地区の田崎教会・紐差教会の設立を跡づける。さらに、周辺の信徒状況と教会の設立の過程を見ていく。

平戸島中南部における宗教コミュニティの形成と展開

　江戸後期・明治初期に平戸島中南部に信徒世帯が定住するようになる。明治初期の禁教令の高札の取り下げ後、中南部の地区・集落で宗教コミュニティ形成の動きが生まれる（図2-1）。この地に外国人神父が常駐していたため、その主導や援助により大半の地区・集落に教会・仮教会が設立されていくことになる。

　しかし、その前段階の民家御堂等の設立は、信徒の手によるものが多い。また小教区に関して、紐差小教区が平戸島および北松地区一帯を管轄していたもののしだいに中南部に限定され、さらに宝亀小教区が独立する。

　表2-1は、平戸島中南部の各地区・集落で生じた宗教コミュニティの動きである。江戸末期・明治初期に信仰復活の早かった島外の地域から平戸島中南部に伝道があり、さらにジャン・マタラ神父らの外国人宣教師の紐差地区来訪によって宣教・洗礼が行われる[1]。1873（明治6）年の禁教令の高札

第 2 章　拠点教会の転換と周辺教会の誕生

の取り下げ前には、山中の岩永家に信徒が密かに集まっていた。高札の取り下げ後、平戸島には教会 1 つと聖堂 6 つ、学校と孤児院が設立される（パリ外国宣教会報告 1 63 頁）。

　平戸島中南部では、1878（明治 11）年までに山中で前出の岩永家、京崎で川渕家が民家御堂となり、1880（明治 13）年に木場地区田崎で田崎教会・田崎愛苦会（女部屋）、草積地区石原田で仮御堂が設立される。浦川和三郎は、石原田の施設を石本金之亟が私費で設置した仮教会と見ている（浦川和三郎 811 頁）。これらの記録等から、『パリ外国宣教会報告 1』にある教会は

図 2-1　平戸島中南部
＊この地図は国土地理院地図に関連する名称を加筆したものである。

25

表2-1　平戸市中南部の各地区・集落における宗教コミュニティ形成の動き

	パリ外国宣教会報告	紐差小教区100年の歩み		マタラ師を偲ぶ	宝亀小教区100年の歩み	
		紐差教会	大佐志教会		宝亀教会	山野教会・中野教会
1866年～1868年		ラゲ師（紐差教会司祭）			マタラ師が紐差で宣教。	
1868年～1921年		マタラ師（紐差教会司祭）			ジラル師、紐差に滞在。	山中岩永家を集会所として密かに集まる。
1878年（明治11年）	一人の宣教師が担当。今迄普通の民家が彼らの祈りの会合の場所であった。こうしてこの2つの地区には……聖堂がいくつかある。				ペルー師京崎で洗礼を授ける。京崎の川渕寅ェ門宅が民家御堂となる。	
1880年（明治13年）	平戸島に教会が1つ、6つの聖堂、学校と孤児院が存在する。	ペルー師着任。田崎に愛苦会を開設する。		ペルー師によって石原田に仮御堂、田崎に聖堂ができる。	ラゲ師が1880年以来10回訪問する。	
1881年（明治14年）						ペルー師、山野を巡回する。
1882年（明治15年）	ペルー師、司教に平戸・生月の状況を報告する。					マタラ師、山野を巡回する。
1883年（明治16年）	ラゲ師の受け持ちは平戸島で、大人の受洗者134人の三つの分教会の設立。				マタラ師が京崎・雨蘇を初めて訪問する。	山野和十郎宅に山野布教所設立認可。ラゲ師、山中を巡回する。
1884年（明治17年）						
1885年（明治18年）	ラゲ師の報告。美しく大きな教会の建設が決議された。一人の信者が土地を提供する。	ラゲ師が着任し、教会と司祭館を田崎から紐差に移す。			京崎川渕家横に仮教会を設立する。	

第2章　拠点教会の転換と周辺教会の誕生

年	パリ外国宣教会報告	紐差小教区100年の歩み		マタラ師を偲ぶ	宝亀小教区100年の歩み	
		紐差教会	大佐志教会		宝亀教会	山野教会・中野教会
1886年（明治19年）	平戸地区に18の共同体と9の教会又は聖堂。二人の宣教師には資力がない。			旧紐差教会がこの年までに完成する。		
1887年（明治20年）		マタラ師が着任、聖堂が完成する。		ラゲ師が福岡に異動、マタラ師が着任する。	雨蘇で黒崎家横に仮教会を設立する。	山野　山野和十郎宅横に山野教会設立
1889年（明治22年）						山中　岩永家で秘跡が授けられる。
1890年（明治23年）			小浜宅を教会事務所とする。			
1896年（明治29年）	マタラ師、聖堂建設の費用の大部分を負担しなければならない。					
1898年（明治31年）	クーザン司教、宝亀教会を祝別する。				宝亀教会完成する。マタラ師、主任司祭になる。	
1899年（明治32年）					紐差教区から宝亀小教区が独立する。	山野・中野教会、宝亀小教区に所属する。山中では大石家が民家御堂で、祭壇は雨蘇の仮教会のもの。
1902年（明治35年）					ボア師、主任司祭となる。	
1911年（明治44年）			古田教会設立			

	パリ外国宣教会報告	紐差小教区100年の歩み		マタラ師を偲ぶ	宝亀小教区100年の歩み	
		紐差教会	大佐志教会		宝亀教会	山野教会・中野教会
1919年 （大正8年）				ボア師、主任司祭に再任する。		
1920年 （大正9年）						ボア師、山野教会設立を決定する。
1921年 （大正10年）		ボア師				
1928年 （昭和3年）						山中　松永銀弥宅を改造した中野布教所が開設する。
1929年 （昭和4年）		紐差教会完成する。				

注）『紐差小教区100年の歩み』（1982年）・『宝亀小教区100年の歩み』（1985年）・『マタラ師を偲ぶ』（2016年）・『パリ外国宣教会年次報告1・2』（1996年・1997年）等の記載をもとに作成した。なお、職名を「師」に統一した。

田崎教会、聖堂は民家御堂、学校と孤児院は田崎愛苦会の学校部屋と子供部屋であると推測できる。その後、1883（明治16）年に山野に布教所設立の許可が下り、1884（明治17）年までに雨蘇の黒崎宅が民家御堂、1885（明治18）年に京崎の川渕宅が仮教会、1890（明治23）年に古田の小浜家が教会事務所になっている。

　こうした平戸島中南部の展開を整理すれば、明治20年代前半までに旧紐差村の木場（田崎）・草積（石原田）・宝亀（雨蘇・京崎）・山中（中野）・主師（山野）・古田（大佐志）に教会・民家御堂等が設立されたことがわかり、現在の教会・巡回教会を胎生する類縁（宗教）関係の制度化の端緒が現れたといえよう。

紐差小教区の形成 —— 紐差教会・古田（大佐志）教会の設立 ——
① 明治期―紐差教会の設立

　明治初期の旧紐差村でいち早く御堂・教会が設立されたのは、先述のように、信徒世帯の多かった田崎・石原田の2集落であった。『マタラ師を偲ぶ』には、大石伊勢之亟の親書に依拠して「ペルー師によって石原田に仮御堂が出来、次に田崎に御堂が出来た」とある（7頁)[2]。このうち田崎の御堂（教会）は、田崎の南西部の谷道の上に設立され、平戸・北松地区の拠点とされた（紐差小教区100年の歩み 28頁）。この田崎の御堂の設立は、アルベール・ペルー神父が着任した1880（明治13）年と見られる。

　同年、ペルー神父は、宣教司牧の協力者となる女性の組織（田崎愛苦会）を設立する。成員は10人で、田崎の山頭家の一室を間借りして、共同生活を開始した。田崎の教会と司祭館は、その後、紐差に移転したものの、田崎愛苦会はその後も長く田崎にとどまる（紐差小教区100年の歩み 17頁）。一方、移転した田崎教会の建物は、その後、田崎のけいこ（稽古）部屋（公教要理のための施設）に利用されることになった（マタラ師を偲ぶ 7頁）。

　一方、紐差地区紐差における教会（紐差教会）と司祭館の設立は、『紐差小教区100年の歩み』によれば、1885（明治18）年、ペルー神父の後任であるエミール・ラゲ神父の着任の年とされる。また1887（明治20）年にラゲ神父の後任であるマタラ神父が出身国のフランスに寄付を募り、信徒の支

旧紐差教会（馬渡島教会）

紐差教会

29

援と勤労奉仕で洋風の木造平屋の聖堂が完成したともされる（24 頁）。

　この間の事情を推理してみたい。まず、『マタラ師を偲ぶ』に所収の「萩原與一氏の手記」には「ラゲ神父様はペルー神父様が建てられた愛苦会と子部屋とを田崎に残しおいて紐差に仮聖堂を建てられ、聖堂の側に有る古墳のところに司祭館を建てられました。（中略）聖堂は仮聖堂で後日立派なのを建てる予定でしたので、マタラ神父様は着任後間もなく工事に着手されたのです」とある（8 頁）。

　次に、『パリ外国宣教会報告 1』の 1885 年と 1886 年の報告に紐差教会設立に関連する事項があるので紹介する。まず 1885 年のラゲ神父の報告は「平戸では、……キリスト教徒にも離れ切支丹にもいちばん近づきやすい場所に、美しい大きな教会を建てることが決議された。そのために、島の中心地、紐差が選ばれ、一信者が自分の家の敷地を提供したが、それは付近全体で最も美しい場所」（113 頁）であったとされる。また 1886 年のクーザン司教の報告には「平戸島の真ん中、紐差に建っている美しい教会は特に記憶に残っている。私は今でも、二人の宣教師が資力もなく、その貧しさも、極貧に近い少数の信者たちのところでこのような大建築を企て、完成させることができた事に驚嘆している」（116 頁）とある。

　これらの記録を整理すれば、まず『紐差小教区 100 年の歩み』と「萩原與一氏の手記」から、わずか 2 年間の間に紐差に仮聖堂と聖堂が設立されたこと、『パリ外国宣教会報告 1』から、前任・後任の外国人神父 2 人の指導と支援で聖堂が設立されたことが確認できよう。

　さらに、先の大石伊勢之亟の親書から「現在の紐差教会以前、古御堂の敷地は萩山九平氏の父勇次郎さんは（「は」は誤植で「が」が正しいと思われる＝引用者）自分の居宅を教会の為に開放して自分は焼山に移住したのです」（28 頁）という状況、萩原與一氏の手記から「この丘の上には萩山国作（九平さんの父）と萩山善之亟、今の坂尾さんの祖父と萩原兼太郎との三家族が住んでいましたが、神父様のお望みに従って異議なく萩山国作はコウロジ山、現在、萩山八郎さんの所に、萩山善之亟は今の坂尾さんの所に移転し、萩原兼太郎は山と畑を開放して聖堂の敷地としたのです」（8 頁）という状況が明らかになる。

第 2 章　拠点教会の転換と周辺教会の誕生

　以上から、両萩山家の家屋を開放（改築）して仮聖堂・仮司祭館とし、萩原家の敷地で聖堂・司祭館の建設が始められたと推測できよう[3]。なお司祭館の建設費用 750 円（現在の金額に換算すれば 1,500 万円程度）はマタラ神父の負担であった（紐差小教区 100 年の歩み　28 頁）。

② 大正以降の小教区の展開と紐差教会の建て替え・設立

　明治期、主として外国人神父の主導によって各地区・集落に設立された教会・仮教会等は、その後に平戸島中南部の信徒数の増加や老朽化のために、建て替えや改築・増築が必要になる。こうした教会の建て替えや建築は、信徒組織を形成した各教会の信徒の主導に転換する。

　紐差教会の信徒世帯数は、大正末期、日曜日のミサに与るには朝早く聖堂の中に入らなければならないほどに増加する。そのためすでにマタラ神父・ボア神父の時期から教会新築が検討され、資金積み立てや敷地の整備が進められていたが、1927（昭和 2）年、最初の邦人神父として着任した萩原神父の時に建設が決定される（紐差小教区 100 年の歩み　24 頁）。

　建設見積額は 4 万円に及ぶ莫大な金額であったため、10 人の宿老の中から特別建設委員を編成して、資金調達と労働供出の方法を検討することになる[4]。その結果、建設資金の確保は、村民税賦課等級に基づく各信徒世帯に対する供出（割り当て）制と寄附制の二本立てとなり、労働供出は 1 世帯当たり平均 30 人役としている。

　教会の建築は鉄川組が担当し、運搬船から陸揚げされた建築資材を人力で建築現場まで運搬し、起工式の 2 年後の 1929（昭和 4）年に 2 代目の紐差教会が完成する。さらに 1964（昭和 39）年に老朽化した司祭館を新築する（紐差小教区 100 年の歩み　24-26 頁・30 頁）。なお旧紐差教会は、2 代目の紐差教会を新築した時に解体され、佐賀県の馬渡島に移築されて馬渡島教会として使用されている（マタラ師を偲ぶ　8 頁）。

　紐差教会の信仰教育は、日曜日のミサ後に各地区の公会堂や信徒宅で、各地区で選出され司祭が任命した「教え方」による父組・母組・男女別の青年会に区分された公教要理教育であった。教会下部組織としては、カトリック青年会・姉妹会・聖ヴィンセンシオ会・壮年会・レジオ・マリエ会が設立されていた。その後に信徒組織は改編され、主任司祭指導の信徒評議会（顧

問・会長・副会長・地区委員等）の下に各活動委員会（典礼委員会・要理委員会・信徒使徒職委員会・広報委員会・使徒移動調査委員会・婦人会・青年会・高校生会・レジオ・マリエ会）が位置づけられている（紐差小教区100年の歩み 22頁・30頁・90-91頁）。

　③　古田（大佐志）教会 —— 紐差教会の巡回教会 ——

　津吉地区古田（大佐志）では、1886（明治19）年頃から、信徒がマタラ神父の指導を受けている。1890（明治23）年に小浜家を教会事務所として、ミサや公教要理の勉強の場に用い、その後、信徒世帯が17世帯に増加し、教会の設立を決定する。マタラ神父の指導の下に、大佐志に約130㎡の土地を買い、1912（明治45／大正元）年に教会を建築した（紐差小教区100年の歩み 33頁；信仰告白125周年 97-98頁）。

　古田教会の設立後も信徒世帯が年々増加したため増築の必要に迫られ、1952（昭和27）年に六十数㎡を増築した。さらに信徒世帯数が62世帯に達した1966（昭和41）年に、再度増築する（紐差小教区100年の歩み 33頁）。

　1994年には2代目の教会を新築し、大佐志から鮎川町に敷地を移した（マタラ師を偲ぶ 15-16頁）。古田教会は巡回教会であるため、自動車交通が発達する前は主教会の紐差教会での初聖体や堅信の秘蹟の際は、紐差に前泊していたという。なお1975（昭和50）年頃には、紐差教会の助任司祭が定住していた（紐差小教区100年の歩み 34頁）。

宝亀小教区（宝亀教会・山野教会・中野教会）の形成
　—— 紐差小教区からの展開 ——

　平戸島中南部の宝亀は平戸橋から紐差に向かう途中の地区で、東岸（宝亀海岸）から西の山間地に広がる。宝亀地区は、土着のキリシタン信徒、仏教徒から改宗した信徒および移住の信徒が混在する重層的な地域状況であった。

　①　明治期—宝亀教会

　明治期、京崎・雨蘇（今村）に伝道師が入り、旧紐差村の他地区・集落と同様にキリシタンのカトリックへの改（回）宗が行われる。さらに1878（明治11）年以降、ペルー神父・ラゲ神父・マタラ神父が宣教に訪れて改

第2章　拠点教会の転換と周辺教会の誕生

（回）宗が進んだ。

　雨蘇では、1884（明治17）年に黒崎家が民家御堂になり、その3年後、黒崎家の横に仮教会が設立される。京崎では、1885年に民家御堂となった川渕家の横に仮教会が設立される。この仮教会は木造瓦葺で「当時の貧しい信者らにとっては大変な犠牲を捧げ、自分たちの家は藁葺であったが教会だけは瓦葺の立派な建物を建てた」というものであった（宝亀小教区100年の歩み　76-79頁）。

　宝亀教会の設立は、2つの仮教会を統合し、小さくても教会と司祭館を設立したいという信徒の希望によるものであった。厳しい生活状況の中で準備を進めるが、しかし具体的な話し合いは進捗しなかった（長崎県世界遺産「構成資産等基礎調査」地域・地区調査報告書　平戸地域Ⅲ　61頁）[5]。教会建設用地を用意したものの小学校の建設用地に転じる状態であった。しかし「巡回指導されていたマタラ師が、自ら私財投資による教会建設の話を出」し、外国人神父の主導と支援による教会の建設計画が進行する（宝亀小教区100年の歩み　82頁）。

　宝亀教会の用地には、大山家が雨蘇の小高い場所にある土地を提供した。建築資材は平戸島対岸の北松浦半島田平地区から帆船で運ばれ、宝亀沖で小さなテンマ船に積み替えて宝亀浦の海岸に運び、信者たちが資材を背負ったりかついだりしながら1km程の道のりを運搬した。この宝亀教会の建設作業に、紐差教会の信徒も労働奉仕している。1898（明治31）年に宝亀教会の献堂式が行われ、翌年、紐差小教区から宝亀小教区が独立することになる。その後、主任司祭のボア神父によって1905（明治38）年に司祭館、1910（明治43）年に伝道館が設立されている（地域・地区調査報告書平戸地域Ⅲ　77頁）。

　なお、雨蘇の仮教会は廃堂後、宝亀浦にある法樹寺の近くに移築され、マリア堂と名づけられている。信徒の少ない地区であったが、漁港を利用する信徒が祈りを捧げたという。一方、京崎の仮教会は、京崎の村川家に移築される（宝亀小教区100年の歩み　82-83頁；地域・地区調査報告書平戸地域Ⅲ　71頁）。

　マタラ神父は、この宝亀教会の建設の事情を1896（明治29）年に次のよ

33

うに報告する。「1895年に平戸で始めた建築の監督に時間を費やしている。それらの建築の一つは、紐差の新しいレジデンスである。他の一つは、宝亀とウソ……京崎の小さい共同体の宗教上の儀式のための聖堂である。関係のある人々は、心から寛大さと献身ぶりを示し、彼らに出来得る限りの仕事と金銭を提供したが、それにもかかわらず、私は費用の大部分を負担せねばならず、聖堂が完成することは希望しながらも、これまでに交わした契約の遂行のためにどのように対処すべきかがまだ分からない」(パリ外国宣教会報告2 105頁)という内容で、外国人神父に教会の設立資金を依存していた状況が裏づけられよう。

② 宝亀小教区の展開と信徒組織

宝亀教会の設立後、昭和期(1930年・1952年)と平成期(1998年)に補修が行われるものの、建て替えはない。一方、司祭館は、1969(昭和44)年に2代目に建て替えられている。また1966(昭和41)年に宝亀小教区の4地区合同評議会が開催されて宝亀保育園の設立が決議され、翌年に開園する。保育園の敷地は信徒からの寄贈で、建設費には教会林(杉)の売却費を充てている。

宝亀教会の信徒組織は、1957(昭和32)年に宿老から使徒信徒職会に改変され、会長・副会長(山野地区・中野地区)・庶務会計が3役で、その後、教会顧問が置かれている。教会のアクション団体として、宝亀カトリック婦人会・聖ヴィンセンシオ会・カトリック子供会・宝亀カトリック青年会(その後、山野・中野の青年会と合併)・若葉の会等がある。また1975(昭和50)年以後、宝亀小教区運動会が開催されるようになる。

信徒教育は、かつては京崎・雨蘇の仮教会の日曜日のミサ後、教え方が信徒宅で公教要理を担当していたが、宝亀教会設立後は教会内のけいこ(稽古)部屋で学ぶかたちが加わる(宝亀小教区100年の歩み 90-91頁. 97-102頁;地域・地区調査報告書平戸地域Ⅲ 76-77頁)。

③ 山野教会

獅子地区山野の民家御堂の設立の記録は見られない。しかし明治初期に長崎で洗礼等の秘蹟を受け、1875(明治8)年に山野の宿老兼水方<ruby>水方<rt>みずかた</rt></ruby>・教え方になった山野和十郎の自宅が、その後、山野布教所として設立認可されたこと

第 2 章　拠点教会の転換と周辺教会の誕生

から、1875 年以後、和十郎宅が民家御堂となったと推測される[6]。

1883（明治 16）年の山野布教所の認可は、「ラゲ師の尽力によるものと伝えられている」。1887（明治 20）年、ラゲ神父の尽力によって和十郎宅の隣接地に最初の山野教会が建築されることになった（宝亀小教区 100 年の歩み 136-137 頁）[7]。

山野教会

山野では、ボア神父が宝亀小教区主任司祭の大正期に新教会の建設準備を進めている。赴任翌年の 1920（大正 9）年に新教会の建築を決意し、信者と建設の話し合いをもった。

新教会の敷地としてボア神父は、信徒が所有する集落中央の約 3 反の畑を希望する。所有する信徒にとって最も大きく良質な農地であったものの、神父の要望を受け入れて寄贈した。建築費用は、信徒の積み立てや寄付さらに神父による各方面からの寄付集め等で 4 年足らずで資金（8,000 円）のめどをたて、1924（大正 13）年、前年に赴任したボネ神父の時に建築を始めた。信徒の労働奉仕等による敷地の整地や海岸から坂道を登る資材運搬によって、同年、新しい教会が建築されている。旧教会は移築・改造され、司祭館兼伝道館とされた。

しかし、交通不便のために司祭の巡回は月に 1 回（1、2 泊）程度にとどまり、信徒は祝日のミサには 10km の距離を徒歩で宝亀教会に通っていたという。

信徒組織は、宿老と会計が 2 役である。1963（昭和 38）年以降、使徒信徒職が創設されるものの、宿老は残存した。アクション団体として婦人会・青年会（一時消滅後に再度結成）が存在し、信徒教育は教え方が担当する（宝亀小教区 100 年の歩み 136 頁・138 頁・140-143 頁）。

④ 中野教会

中野地区山中では、明治初期の伝道師の宣教の後、岩永家を集会所として

35

岩永家・本山家・竹山家・永田家・米倉3家が密かに集まっていた。集落内の宗教対立が激しい中、1883（明治16）年以降、外国人神父の訪問が継続した。記録では、1889（明治22）年に岩永家で秘蹟が授けられ、1899（明治32）年に大石家に雨蘇の仮教会の祭壇が移される（宝亀小教区100年の歩み 155-157頁）。すなわち山中では岩永家を民家御堂とし、その後、新たな信徒世帯の大石家が民家御堂になったと見られる（地域・地区調査報告書平戸地域Ⅲ 60頁）。この民家御堂は、仮教会の祭壇を設置している点で、集会所・仮聖堂（教会）の可能性もある。

　1928（昭和3）年、山中では信徒世帯が増加したため、集落の土地を購入し、民家を移築・改造し、中野布教所が設立された。しかし、交通不便のために、神父の巡回も少なく信徒が宝亀教会・紐差教会のミサに参加することもまれであった。

　第二次世界大戦後、さらに信徒世帯が増加して23世帯になる。宝亀教会のミサへの参加が困難であったために、巡回を紐差教会の助任司祭のグリーン神父（コロンバン会）に依頼し、神父の訪問が始まることになる。この交流を通して神父は、信徒の教会設立の希望を知り、中野教会の設立を主導するようになる。なお中野の信徒に神父を紹介した宝亀教会主任司祭には、「グリーン神父様は、布教のために使うお金を持っておられ、木ヶ津に教会を建てようかと思っておられるようだが、まだ決心していないから、中野に巡回してその様子を見られたら、教会を建ててくださるかもしれない」（宝亀小教区100年の歩み 157-158頁）という期待があったという。

中野教会

1952（昭和27）年の教会設立後、布教所は司祭館と要理教室として使用されるようになる。その後、老朽化のために、1965（昭和40）年に司祭館と要理教室が新築されている。また1961（昭和36）年にお告げのマリア修道会紐差修道院の運営による中野愛児院が開設される。施設は、信徒の所有地

36

を譲り受け、中野小学校改築で生じた廃校舎を利用し、信徒による敷地の整理・建築資材の運搬等の協力で完成したものである。

中野教会の信徒組織は、1952（昭和27）年に宿老が教会顧問に変更となり、1958（昭和33）年から使徒信徒職（信徒職会長）が創設されている。また信徒教育は、昭和20年代までは教え方による要理教育であったと推測される（宝亀小教区100年の歩み 155-163 頁）。

お告げのマリア修道会紐差修道院（田崎愛苦会）

平戸島中南部の信徒の信仰と日常生活に大きく貢献したのが、女子修道院である。その形成と役割を見ていきたい。

明治初期、ペルー神父は、南緯代牧区の司教から外海・黒島・平戸・馬渡島の管轄を委託される。神父は黒島と平戸に拠点を設立し、さらに黒島と平戸島における司牧の手伝いと教会奉仕を担当する女子修道会の創設を計画する[8]。

1880（明治13）年、黒島では信徒の土地建物の提供によって黒島愛苦会が創設される。平戸島でも旧紐差村に修道院の設立が計画され、田崎4人・紐差1人・木場2人・大佐志1人・生月1人・宝亀1人の10人の信徒が選ばれ、木場地区田崎の山頭家の一室を借りて共同生活が始まる（マタラ師を偲ぶ 4 頁：黒島修道院100年の歩み 22 頁）。

1882（明治15）年、平戸島・黒島は、主任司祭ラゲ神父・助任司祭マタラ神父の担当に代わる。この2人の神父によって、長崎司教を総裁とし、孤児と老人の養護、伝道と布教等を活動目的とする愛苦会の会則が作成される。平戸地区を担当するラゲ神父は、このころ、山頭家の近くの山林を購入して10人の会員に開拓させている。

創設5年後の1885（明治18）年には、会員が増加した。それに伴い両神父の援助で、最初の修道院の建設が計画される。修道院の立地に関して、ラゲ神父は将来を見越して紐差を主張し、マタラ神父は隠れた場所が修道院にふさわしいと田崎を主張する。結果、マタラ神父の主張する田崎に決定した。

新設された修道院の中には孤児の養育室が設けられ、間借りの部屋では対

応できなかった創立の目的（孤児や老人の養護）の一つが実現されることになった。この養護室は「子部屋」と呼ばれ、さらに 1892、1893（明治 25、26）年頃になって修道院から約 500 m 離れた農地に独立の施設が建設され、責任者が常駐するようになった。1887（明治 20）年に平戸島の責任者になったマタラ神父はこの子部屋の経済的援助を続けながら、小教区の巡回時に「不幸な子供を拾ってきたり、身寄りのない老人を連れてき」たという[9]。

　1899（明治 32）年、マタラ神父の設計による新修道院の建築が田崎で始まり、西洋風の木造二階建ての施設が 3 年後に完成する。この工事には、田崎・紐差・木場・宝亀・木ヶ津の各集落の信徒が労働奉仕をした。さらにマタラ神父は、愛苦会の会員に東京や熊本で専門教育を受けさせ、地域の社会的剥奪の解消をめざす。平戸島で唯一の和裁教室を修道院内に開設し、「学校部屋」と命名する。信徒・非信徒を問わず、生徒は木ヶ津・草積・宝亀・水垂から通学していたという。また、盲唖学校の設立を計画したものの、東京で専門教育を受け担当予定であった会員が病死したために、施設の開設には至らなかった。

　この頃の田崎愛苦会（田崎修道院）の会員は、農作業や機織り、行商で生計を立て、宣教・要理教育や子どもの養護等を担当していた。この薬品や日用品の行商は生計の手段だけでなく、江戸時代の信仰を守る離れ（隠れ）キリシタンの非改（回）宗世帯への宣教を兼ねたものであった。

　その後会員数はさらに増加して 35〜36 人に及び、大正・昭和初期には北松の各地区（田平教会・馬渡島教会・上神崎教会・平戸教会・生月教会）の修道院の新設の指導や担当者の養成等が田崎愛苦院に依頼される。第二次世界大戦中（1943 年）には、夫の兵役のため農作業の負担が過重となった母親のために、紐差教会の地下室を借りて農繁期託児所東亜愛児園が開設されている。この施設は第二次世界大戦後、児童福祉法の保育所（東和愛児園）として認可されることになる。その 3 年後の 1959（昭和 34）年に紐差教会の下の土地を購入し、東和愛児園は独立の新園舎に移転している。1961（昭和 36）年には、宝亀教会主任司祭の要請で中野地区山中に宗教法人中野愛児園を設立し、1967（昭和 42）年に宝亀地区に社会福祉法人宝亀保育園

第 2 章　拠点教会の転換と周辺教会の誕生

を設立する。さらに 1972（昭和 47）年には、保育を必要とする児童の増加
に伴い東和愛児園が新築移転して、現在の社会福祉法人東和愛児園になる。

　第二次世界大戦後も、田崎修道院は児童福祉分野に力を注いでいる。しか
し、戦前からの修道院の建物は老朽化のため居住が困難になる。紐差地区周
辺に位置する田崎の立地も課題になって、修道院は紐差に移転を決め、紐差
の信者の土地を購入し、1966（昭和 41）年に 185m^2 二階建ての新修道院を
建設する。なお田崎に所有していた農地のうち水田は移転後も数年の間稲作
を継続し、畑は小作に出したり、中野・紐差の保育園の設立費用や修道院の
新築費用のために売却している（紐差修道院 100 年の歩み 19-26 頁）。第二次
世界大戦後の 1956（昭和 31）年に、女子修道院の組織統合によって聖婢姉
妹会紐差修道院、1975（昭和 50）年にお告げのマリア修道会紐差修道院に
改称している。

平戸島中南部における宗教コミュニティの形成の社会的特徴

　平戸島中南部では、田崎にいち早く拠点教会が設立され、その後、紐差に
移転する。一方、中南部の各地にも宗教コミュニティが形成されていく。こ
うした平戸島中南部の宗教コミュニティの社会的特徴を指摘したい。

　社会的特徴の第 1 は、紐差地区における教会や修道会の設立が、外国修
道会の宣教戦略に基づく点である。実際、表 2-2 のように紐差の教会の設
立は、明治初期の木場地区田崎の教会・修道会の設立の 5 年後であり、仮
教会の設立の翌年には、新教会が完成している。この急展開は「資力もな
く、その貧しさも、極貧に近い少数の信者たち」（パリ外国宣教会年次報告 1
116 頁）では不可能なもので、平戸島中南部の範域を超える平戸・北松地区
の拠点教会として外国人神父の主導と資金提供によって紐差教会が設立され
たことを物語っている。信徒の手による新教会の設立は、他の小教区が独立
した後の 1929（昭和 4）年まで待つことになる。

　木場地区田崎に設立された修道会の維持や活動展開もまた、外国人神父の
主導と資金援助によるものであった。この修道会は、平戸島中南部における
福祉・教育活動を担うとともに平戸・北松地区における活動拠点（修道院）
づくりの研修機関の役割を担うものであった。

表 2-2　宗教コミュニティの形成と展開

小教区	教会	旧村・地区	集落等	移住時期	民家御堂・集会所 時期	信徒主導	仮教会・時期
紐差小教区	紐差教会	木場	田崎	江戸期以降			
		紐差		不明			1885年
		草積	石原田	不明			1880年
		獅子					
	木ヶ津教会	木ヶ津	坊主畑	明治初期・中期			
	大佐志教会	古田	大佐志	江戸末期・明治初期	1890年	○	
宝亀小教区	宝亀教会	宝亀	京崎	江戸期	1878年以前	○	1885年
			今村（雨蘇）	明治初期	1884年	○	1887年
	山野教会	獅子	主師（山野）	江戸期	1875年以降	○	
	中野教会	中野	山中	—	1878年以前	○	1928年

注）木ヶ津教会の教会１の△は、教会の建設後に長崎教区から一部援助があったことを示す。

　第２は、宝亀小教区の各地区・集落および紐差小教区の古田では、対照的に教会設立の前段階、すなわち民家御堂や仮教会の設立等が信徒主導であったことである。平戸島中南部のいずれの集落でも信徒によって明治初期・中期までに民家御堂が設立され、10年前後で仮教会の設立に至っている。その10〜20年後の明治後期・大正期になって、外国人神父の主導と資金で（仮教会を経ない集落を含む）教会が設立されたのである。その際、宝亀地区では２つの仮教会が統一されて、中南部の新たな小教区が設立されている。

　すなわち、紐差地区紐差以外の平戸島中南部の宗教コミュニティの形成において、集落を基盤にして一定段階まで信徒の主導によって展開した点、宗教コミュニティの形成の指標といえる教会設立の段階で、はじめて集落外の社会関係が関与し、脱埋め込みの社会資源に依拠した点が社会的特徴として指摘できよう。

　第３は、高度経済成長期の直前・初期に、平戸島中南部の周辺地域で新たな宗教コミュニティが形成された点である。中野教会は外国人司祭の主導

第2章　拠点教会の転換と周辺教会の誕生

仮聖堂					教会1						教会2					
司祭		信徒			時期	司祭		信徒			時期	司祭		信徒		
主導	資金	資金	土地	労働力		主導	資金	資金	土地	労働力		主導	資金	資金	土地	労働力
					1880年	○										
○		○			1886年	○	○		○	○	1929年					
外国人司祭と信徒の設立の2説												○		○	○	○
不明					1952年			○	○	○						
要理教室でミサ					1962年	○	△								○	○
					1912年	○					1994年				○	
		○			1898年	○			○	○	昭和期（1930年・1952年）と平成期に補修。					
		○														
					1887年	○			○		1924年	○	○	○	○	○
		○			1952年	○	○									

　と資金、第8章第2節で紹介する獅子教会は集落の信徒の主導で設立されている。この時期の教会設立は、その後の集落社会や交通状況と関係して、実際、獅子教会は廃堂、中野教会は維持と展開が分かれることになる。

　第4は、宗教コミュニティ類型に関して、表2-3の信徒世帯の比率および生産状況からわかるように、平戸島中南部の各教会が全般的に意図的コミュニティの特徴を有する点である。その一方、同業（農業）の比率の低下によって、職業の多様性が生じる状況になっている。

第2節　拠点教会の転換と島から半島への宗教コミュニティの展開
—— 伊王島馬込教会・大明寺教会と小榊神ノ島教会・木鉢教会 ——

　長崎市の工業化・都市化が進む中で、長崎市に流入した信徒は相当数に及ぶ。しかし江戸後期以降、現在の長崎市に移住した信徒の多くは営農を目的とし、半島や山間地・島嶼に集住地を形成してきた。

　明治期、長崎教区（パリ外国宣教会）は、条件不利地であることにもかか

表2-3　カトリック信徒の居住・生活の展開

旧村・地区	集落等	信徒の移住前の地域状況					信徒の移住	
		地理的状況	土地利用	新田開発	開拓	先住世帯	時期	生産状況等
木場	田崎・神島	半島の山間部	原野			少数	江戸期以降	開墾と漁労
	木場	山間地				存在		
紐差		広い平地が存在	農地	○		存在		地主が所在
草積	石原田		牧場		○			
深川		山間地		○		存在		小作地存在
迎紐差			農地	○				
朶ノ原		平地奥	原野	○		不在		小作地存在
獅子								
木ヶ津	坊主畑	山間のやせた土地	原野			不在	明治初期	購入地を開墾
							明治中期	神父が購入
古田	大佐志	やせた土地。大佐志は半島				不在	江戸末期明治初期	開拓
	鮎川周辺			○			明治初期	新田耕作
宝亀	京崎	海岸の丘陵地	半島の牧場		○		江戸・明治初期	開拓
	雨蘇	山間地		○		存在		
獅子	主師（山野）	海岸奥の山間	原野			不在	江戸期	原野の開拓
中野	山中	山間地					―	集落内で対立

注）その後の状況の信徒世帯比率は、◎は大半、○は3分の1以上、△は3分の1未満を示す。

わらず、信徒の集住地を信仰拠点に位置づけ、いち早く教会を設立する。

伊王島（馬込・大明寺）の地域状況

　長崎港外（長崎湾）10km に伊王島・沖之島が位置する（図2-2）。江戸時代、両島は佐賀藩に属し、遠見番所が設置された。また幕命で佐賀藩と福岡藩により長崎警護の番所が設置され、幕末に洋式の砲台が両島内の4ヶ所に建設された。両島は、番所関係者をのぞき無人であったものの、しだいに島への居住が始まり、江戸後期約 200 世帯、幕末期 348 世帯（伊王島船津 185・大明寺 96・沖之島 67）が居住する。明治中期には 516 世帯・2,963

第 2 章　拠点教会の転換と周辺教会の誕生

出身地						その後の状況				
平戸島中南部	五島	黒島	外海	長崎浦上等	その他	世帯数増加	信徒世帯比率	他出(中南部)	他出(他地区)	その他
○			○	○		○	◎	○	○	漁労
						○	◎		○	
○						○	○		○	
					生月島等		○			
					和歌山県	○	○	○	○	
							△			
							○			
							△			
	○		○			○	◎		○	漁労
			○							
	○	○				○	◎			営農転換
				○			△			
	○	○	○			○	○		○	
						○			○	
	○					○	◎		○	
						○	△		○	

人に増加した。1889（明治 22）年、伊王島と沖之島の両島で伊王島村が誕生する（新長崎市史第 4 巻　785-788 頁・793 頁）。

伊王島の宗教コミュニティの形成と展開

　明治期、伊王島の宗教コミュニティの形成に外国人神父の果たした役割は大きい。大明寺教会と馬込教会の設立は、外国人神父の意向と主導によるものであった。また外国人神父の意向によって、2 つの教会の主教会と巡回教会の位置づけが転換する。

図 2-2　長崎市（長崎港内外）
＊この地図は国土地理院地図に関連する名称を加筆したものである。

① 馬込教会

1871（明治 4）年、馬込集落の 20 世帯の信徒が椎山に教会を設立する。これは仮教会と見られるものの、浦上の秘密教会以外では一番早い設立である（伊王島町カトリック馬込小教区 100 年のあゆみ 3 頁）。1888（明治 21）年に主教会の大明寺教会に赴任したヨゼフ・フェルディナン・マルマン神父は、「赴任早々メジロ篭大の聖堂模型を持ってきて、これでみ堂を立てる」と語ったという（伊王島町カトリック馬込小教区 100 年のあゆみ 16 頁）。この話は、馬込教会の設立がマルマン神父の意向であることを示すエピソードである。

こうして 1890（明治 23）年、馬込集落向イに漆喰建ゴチック様式の通称「白亜の天主堂」が建設される。この教会の敷地は、数人の信徒が寄贈したものであった。さらに 1892（明治 25）年、エドアル・デュラン神父の時、小教区の主教会が大明寺教会から馬込教会に変更され、デュラン神父が主任司祭として馬込教会に常駐する。

昭和初期の 1927・1930 年、台風の被害がつづき教会の尖塔が吹き倒され、修理の見込みが立たなくなった。そこで邦人神父が教会の新築を計画し、1931（昭和 6）年、鉄筋コンクリート、ゴチック様式の教会（建坪 105 坪）が建設される。総工費は 3 万 5,000 円で、信徒の金銭的負担と労働奉

仕に加えて、全世界から相当の寄付があったという。また三菱高島工業所が工事用のコンクリートミキサーを無償で提供している。

馬込教会の関連施設として、1930（大正 15・昭和元）年、浜辺に青年クラブが設立されている。高島炭鉱の長屋が競売となったため、松岡孫四郎神父が 1 棟を安く落札し、馬込の青年らに解体・運搬させて青年クラブの施設を建設したものである。同時期、深堀の民家を買収して、共同園屋敷に女部屋が設立されている。さらに 1929（昭和 4）年、鉄筋コンクリート二階建ての施設を新築している。馬込共同園は、1911（明治 44）年、デュラン神父の時、貧困者の救済と子女の教育を目的に開設され、太田エンら 5 人が民家で共同生活を開始した施設である。その後、信徒の尽力で土地を得て共同園屋敷に移っている。女部屋は新築を機に組織化され、この会に馬込と大明寺の女性が畑持参で参加している。

女部屋での子女教育は、第二次世界大戦中に伊王島幼児園に発展し、終戦の翌年、厚生大臣から保育所として許可を受けている（伊王島町カトリック馬込小教区 100 年のあゆみ 18-29 頁）。

また、昭和初期、活動修道会の聖ヴィンセンシオ会が伊王島で臨時無料診療所を開設している。当時、伊王島には開業医は 1 人のみで、伊王島で類縁（宗教）関係に基づく医療活動が行われていたのである（カトリック教報 94 号 1932 年 9 月）。

② 大明寺教会

大明寺教会は、1880（明治 13）年、オーグスト・ブレル神父の主導で設立された（伊王島町カトリック馬込小教区 100 年のあゆみ 8 頁）。ゴシック様式の建物で、献堂式がブレル神父の時であったか、エミール・ラゲ神父の時であったかは不明である。いずれにしても大明寺教会の設立は、馬込教会を設立する前であった。すなわち明治初期は、大明寺が長崎港沖の宣教拠点に選定されていたのである。しかし明治中期、馬込教会の建設によって、大明寺教会は巡回教会に転じている。

その後（昭和 20 年代後半）、老朽化した教会の新築を目的に、建設委員会を設立し建設積立（月額 1 世帯 100 円）を開始している。積立額は 300円・500 円と次第に増額し、最終的に合計金額は 2,000 万円に達した。『カ

トリック教報』389 号（1957 年 4 月）に「伊王島大明寺教会は教区でも最も古い建築の一つで腐朽がひどく、改築準備中であるが、敷地は『地蔵鼻』に選び、60 坪の土地を買収、登記を終わった」とある。

昭和 40 年代に入り、1973（昭和 48）年、教会が新築されている。敷地は旧教会とほぼ同じ場所で、鉄筋コンクリート二階建て、階下が集会所、階上が聖堂である。総工事費 3,800 万円で、うち 1,600 万円は大明寺教会の信徒以外からの寄付金であった。さらにそのうち 700 万円は大明寺教会に直接関係のない信徒・未信者の寄付という。伊王島鉱業所からも数度寄付金があり、日鉄伊王島炭鉱の閉山時（1972 年）、信徒である従業員が退職金で積立金に対応する金額を一括払いで支払ったことも大きかったという（伊王島町カトリック馬込小教区 100 年のあゆみ 21-22 頁）。なお旧教会堂は、博物館明治村に移築されている。

小榊地区（神ノ島）の地域状況

小榊地区は、長崎港外の西岸に位置し稲佐山が南の海に迫る小半島の先端にあたる。この地区名は小瀬戸・木鉢・神ノ島の地名を組み合わせたものである。神ノ島は小半島近くの島嶼で、佐賀藩領であった。対岸の小瀬戸・木鉢は天領で、神ノ島とともに長崎湾を出入国する船の監視所（小瀬戸遠見番所・木鉢浦送船見送番所）や外国船警備施設（砲台・洋式砲台）が置かれていた。

小榊地区は町村制施行時（1889 年）に西彼杵郡淵村に編入され、1898（明治 31）年に小榊村が誕生する。1938（昭和 13）年、この地区の大半が長崎市に編入されている（小榊 3-4 頁）。

第二次世界大戦中に神ノ島・小瀬戸間の埋め立てが始められ、1949（昭和 24）年に神ノ島は陸続きになる。さらに 2005 年の女神大橋の開通で小榊地区は対岸の戸町と結ばれ、交通状況が一変する。

小榊地区には、1884（明治 17）年に淵小学校木鉢分校・神ノ島分校の 2校が創設されている。このうち神ノ島分校は、神ノ島教会が設立したものである。その後、両校は 1955（昭和 30）年に合併している。

第 2 章　拠点教会の転換と周辺教会の誕生

神ノ島教会の形成と展開

　江戸後期の仏教徒の神ノ島への移住の後、江戸末期に信徒の移住が始まる。小榊地区では、神ノ島に教会がいち早く設立された。次に明治中期以後に信徒が来住した小瀬戸・木鉢に教会が設立されている。

　① 信徒の増加と仮教会の設立

　神ノ島では、江戸末期、西忠吉・政吉兄弟が長崎港沖の諸島や外海地区、平戸島、佐賀県馬渡島に伝道に赴き、各地の信徒を長崎の外国人宣教師のもとに案内していた。しかし明治期、西兄弟は伊万里県（佐賀県から改称）に捕えられ、佐賀市外の旧評定所牢獄に移送（異宗徒移送）されている（神ノ島小教区史 60-64 頁）。

　キリシタン禁制の高札の撤去後、1873（明治 6）年から 4 年の間に 62 人がパリ外国宣教会の神父によって改めて洗礼を受けている。新たに神ノ島に移住した信徒を含めて、信徒は 100 名を超える規模となる。

　こうした中で、1876（明治 9）年、ブレル神父が神ノ島に仮教会を設立する。仮教会の設立が未洗のキリシタンの受洗機会になり、1978（明治 11）年に 40 人、翌年に 90 人がティッシュ神父によって洗礼を受け、神ノ島の信徒数はさらに増加する。伊王島や高島等の長崎港沖の信徒を収容しきれない状態で、日曜日や復活祭等の大祝日は、各地の大きな民家を御堂として、交代でミサ聖祭を行ったという。

　② 神ノ島教会の設立

　神ノ島の草分けの信徒世帯は、自分たちが居住する 3 丁目に教会を建設することを希望した。しかし 1880（明治 13）年に着任したエミール・ラゲ神父と長老の話し合いによって、現在の神ノ島教会が立地する神ノ島の中央部（2 丁目）に土地を確保し、教会を建設することになった（神ノ島小教区史 66 頁）。

　ラゲ神父が建設した神ノ島教会の資料は皆無という（神ノ島小教区史 67 頁）。1881（明治 14）年の南緯代牧区の報告には、「彼らは貧しいにもかかわらず、今教会と学校を建てている。最も小さな部落に至るまで、自分たちのために『祈りの家』を望み、そのために大きな犠牲を払っている」（パリ外国宣教会年次報告 1 71 頁）とあり、教会設立に信徒の関与が大きかったこ

47

神ノ島

とが推測される。また報告書に学校とあるのは、小榊小学校神ノ島分校のことである。神ノ島教会の経営で、堂ノ下（3丁目）の松尾甚太郎（教え方）と山下幸之進（仏教徒）の両氏が教師となり、1913（大正2）年に神ノ島尋常小学校が創設されるまで継続した（神ノ島小教区史 67頁）。

明治後期、神ノ島教会はシロアリ被害がひどく大修理が必要になる。1892（明治25）年に赴任したデュラン神父はフランスの生家からの送金で、木造部分を煉瓦と漆喰に替える大改築を行うことにする。しかしフランスからの送金では資金不足であったため、神ノ島の53世帯が1世帯あたり70円を拠出することになった。当時、解体した木材は再利用が可能であったため、小榊小学校と神ノ島分校の校舎の改築に利用している。

しかし、神ノ島教会におけるシロアリの被害はその後もつづき、1920（大正9）年にも修理を行っている。この時期の信徒数は1,000人近くに増加し、このときの工事費の負担は1世帯40円であった。

第二次世界大戦後の信徒数は1,380人に達する。昭和期にも3回の改修が行われ、3回目の改修は1961（昭和36）年であった。このとき、現在の司祭館を新築している。さらに1974（昭和49）年、老朽化が激しくなったため、4回目の修理が行われる。工事費は151万4,326円で、負担額は1世帯当たり1万円であった。1980（昭和55）年に大雨で教会横のがけが大きく崩れ落ちた。5回目の教会修理費1,344万円、賄棟、司祭館増改築費1,112万円、追加工事140万円で、合計2,598万7,100円であった（神ノ島小教区史 67-69頁）。

③ 女部屋の設立

1928（昭和3）年、主任司祭の平田善次神父は女部屋を設立し、教会の奉仕と公教要理を担当する女性4名を入会させている。神ノ島教会のわずかばかりの援助と院長持参の畑地の耕作で、4人の女性が共同生活を始めることになる。同年に入会者2名があり、平田神父はこの2人に洋和裁の教育

を受けさせている。それを契機として、入会者は専門教育を受けることになる。山口福太郎神父のときに託児所（愛児園）を開設し、保育の教育を受けた2人の会員が担当することになる。この時期、宮崎県に移住した神ノ島3丁目の松尾甚太郎の畑地（1段5畝）を安価（600円）で譲り受けて、施設の用地にしている。さらに1947（昭和22）年、児童福祉法による保育所の認可を受けている。1952年には児童数が増え、対岸の小瀬戸地区に小百合園を開園している（神ノ島小教区史 70-75頁）。

小榊地区木鉢の地域状況

町村制施行時（1889年）、小瀬戸・木鉢は西彼杵郡淵村に編入され、1898（明治31）年に小瀬戸・木鉢・神ノ島で小榊村が誕生する。1938（昭和13）年、小榊村の大部分が長崎市に編入され、第二次世界大戦後に福田村大浦郷網場ノ脇が長崎市小瀬戸町に編入される（小榊 3-4頁）。

当時の小瀬戸・木鉢は、山地・丘陵が稲佐山から小半島の白頭山に延び海にせり出す地形のため「陸の孤島」と呼ばれていた。小瀬戸・木鉢が長崎中心部と結ばれるのは、1968（昭和43）年の市道大浜町木鉢町線の開通、1969（昭和44）年の西泊トンネル、1979（昭和54）年の木鉢トンネルの開通以後である（小榊 2-5頁：小榊小学校創立50周年 9頁）。

木鉢では、1884（明治17）年に淵小学校木鉢分校が創設される。第二次世界大戦中、木鉢地区に三菱造船木鉢寮が設立され、第二次世界大戦前の小榊地区の人口は3,000人強に増加する。1953（昭和28）年の給水事業の開始や市営住宅等の建設で、高度経済成長期前、人口は6,000人弱に達する。その後、石油基地・工業団地が設立されている（小榊 1頁）。一時期、人口は4,000人台に減少するものの、女神大橋の開通に伴い丘陵地に大規模団地のポートウエストみなと坂が造成され、近年、人口は増加に転じている。

木鉢における宗教コミュニティの形成と展開

神ノ島に教会がいち早く設立され、その後の明治中期以降に小瀬戸・木鉢に信徒が来住し、新たな教会を設立しようという機運が高まる。

① 網場ノ脇教会の設立

　明治後期、小瀬戸（網場ノ脇）・木鉢に移住した信徒は、主日のミサに参加するために対岸の神ノ島に渡っていた。移住の信徒世帯は、1900年代初めに小瀬戸（網場ノ脇）に15世帯、木鉢に11世帯となる。神ノ島教会の守山神父が教会の新設を主導し、世帯数の多い小瀬戸に教会を設立することになった。1909（明治42）年、神ノ島教会主任司祭のデュラン神父の多額の資金と信徒の奉仕で、網場ノ脇教会が設立される（カトリック教報43号1930年8月）。一方、『木鉢教会創設50周年記念誌』によれば、信徒世帯数は当時、網場ノ脇10世帯（宿老岩崎吉三）、木鉢8世帯（宿老鶴田与三右ヱ門）とされている。網場ノ脇教会は、坂の上の木造瓦葺高屋根の小さな聖堂であったという（22頁）。

② 長崎司教主導による木鉢教会の設立

　1930（昭和5）年、網場ノ脇は9世帯にとどまる一方で、木鉢は60世帯に急増し、「この教會に集まる信者は殆ど全部が木鉢」（カトリック教報43号1930年8月）という状況に至る。長崎教区（司教）主導によって、交通の便のよい木鉢浦の丘陵地に新教会建築が計画され、木鉢浦の信徒の土地を購入する。1938（昭和13）年に献堂式および小榊小学校での祝賀会が行われた。

　1945（昭和20）年には長崎市に投下された原子爆弾の爆風で、木鉢教会は倒壊寸前の状態になり、翌年、教会の修理にとりかかっている。木鉢教会は、1962（昭和37）年に神ノ島の巡回教会から小教区として独立する。6年後、教会の増改築工事が行われ、1976（昭和51）年に信徒会館が建築されている。

　さらに、1979（昭和54）年3月の信徒総会で「聖堂建設50周年記念行事」の一環として、屋根瓦の吹き替え工事を計画する。細部にわたる不良箇

木鉢教会

第 2 章　拠点教会の転換と周辺教会の誕生

所を点検したところ、建物が耐用年数を超え全面的な建て替えが必要と判断され、信徒総会で新教会の建築が決定された。1981（昭和 56）年に新教会が完成している。建設費は 8,500 万円、1 世帯あたり供出金は 62 万円であった（木鉢教会創設 50 周年記念誌 29-43 頁）。なお、旧福田村の岳教会（集会所）は、1956（昭和 31）年に所属が飽ノ浦小教区に変更している。

③　女部屋設立と信徒組織

昭和 7（1932）年 1 月 5 日、木鉢の一本松に女部屋が設立され、1935（昭和 10）年に保育所が丘の上に開設されている。この時期、日曜日のミサのために信徒が交代で保育所のオルガンを網場ノ脇教会まで担いだという。

1967（昭和 42）年、木鉢教会の信徒組織は使徒信徒職協議会体制となり、会長・副会長・書記が選出され、さらに委員 5 名の合計 8 名で協議会が構成されている。信徒組織の地区割は、網場ノ脇・小瀬戸 1 区・2 区・木鉢浦 1 区・2 区・上矢草 1 区・2 区・下矢草 1 区・2 区・本郷・住宅・一本松 1 区・2 区・新丁場で、現在は新興団地のみなと坂等が加わっている（木鉢教会創設 50 周年記念誌 59-77 頁）。

木鉢教会の信徒世帯の墓地は、網場ノ脇教会跡地を墓地として整地し、カトリック信徒と仏教徒用の墓地としている。その後、信徒数が増加して網場ノ脇墓地では不足したため、1921（大正 10）年頃に一本松に共同墓地を造成している（木鉢教会創設 50 周年記念誌 102 頁）。

長崎市の半島・島嶼地域における宗教コミュニティの形成の社会的特徴

次に、長崎市の半島・島嶼地域における宗教コミュニティの形成と展開の社会的特徴を明らかにしたい。

第 1 は、初期の教会設立において、集落の信徒以外の関与が大きかったという点である。早期に設立された神ノ島教会・大明寺教会は、表 2-4 のように、外国人神父が設立を主導したものである。伊王島の場合、大明寺教会の設立がいち早く、長崎湾外の信徒増加に対応する拠点の設立を急いだものと見られる。その後、主教会は大明寺教会から馬込教会に転じる。馬込には、当初、信徒主導の仮教会が設立されていたものの、外国人神父の有無を言わせぬ主導で拠点教会が設立されたのである。神ノ島教会の場合、外国人

表 2-4　長崎市半島・島嶼における宗教コミュニティの形成

地区	教会	民家御堂・仮教会	設立年	教会	設立年	教会・修繕等	設立年
		主導者等		主導者等		主導者等	
伊王島	馬込教会	仮教会	1871 年	教会 1	1890 年	教会 2	1931 年
		信徒（20 世帯）		マルマン神父		信徒	
	大明寺教会	—		教会 1	1880 年	教会 2	1973 年
				ブレル神父		信徒	
小榊	神ノ島教会	仮教会	1876 年	教会 1	1881 年頃	大改築	1892 年頃
		ブレル神父		ラゲ神父・信徒		デュラン神父・信徒	
	木鉢教会	—		教会 1（網場ノ脇）	1909 年	教会 2（木鉢）	1938 年
				邦人司祭主導・デュラン神父資金		司教主導	

神父によって明治初期に仮教会が設立され、5 年後に教会が設立されている。

　第二次世界大戦前の木鉢教会の設立も同様で、邦人司教の主導によるものである。邦人最初の司教になった早坂久之助は、とりわけ教会設立に積極的であったという。第 1 章第 3 節でふれた早坂司教の頻繁な小榊地区訪問はこの時期である。

　第 2 は、宗教コミュニティの展開が多様であった点である。伊王島の場合、主教会が馬込教会に転じている。外国人神父主導によって設立された馬込教会の信徒数が、その後、大明寺の世帯数を上回る状況になったからである。小榊地区の場合、宗教コミュニティの展開が神ノ島の周辺から始まって半島の先端、さらに中心地に近づく。すなわち、神ノ島における宗教コミュニティが対岸の小瀬戸、さらに木鉢に展開するのである。初代の神ノ島教会が改修によって存続するのは、こうした小瀬戸・木鉢の信徒が新教会に分節化したためであると推測されよう。別言すれば、小瀬戸・木鉢に教会が設立され、神ノ島から分離・独立したことで、神ノ島教会の信徒規模が一定数に保たれることになったためといえよう。

第2章　拠点教会の転換と周辺教会の誕生

教会・修繕等	設立年	教会・修繕等	設立年	付設の施設等
主導者等		主導者等		
—		—		共同園（女部屋・託児施設）大正末、青年クラブ
—		—		炭鉱関係の寄付と従業員の一括支払い。
修理	1920 年	昭和期に 3 回修理		明治期に小学校設立昭和初期に女部屋設立
信徒		信徒		
小教区	1962 年	教会 3	1981 年	昭和初期に女部屋設立昭和初期に保育所開設
6 年後に増改築		信徒		

　第3は、宗教コミュニティ形成において、信徒の役割が大きかった点である。民家御堂・仮教会の段階に加えて、外国人神父主導の教会設立の段階においても土地提供等の分担が見られる。こうした土地の提供は、営農志向の移住地の特徴の一つである。さらに新教会の建設や教会の修理・増築の段階になると、信徒の主導に移ることになる。しかし信徒規模が大きくないため、経済的・労働的負担が相当のものであった。

第3節　補論 —— 北松地区の拠点教会（黒島）——

　佐世保市の黒島教会も、北松地区の拠点教会として設立された教会である。佐世保市黒島は、佐世保湾の南西沖に位置し、九十九島の一つに数えられている。西彼杵半島、北松浦半島、平戸島の中心に位置し、海上交通の拠点といえる立地であった。黒島の面積は約 4.9km^2 で、1885（明治 18）年に平戸島の前津吉村の一部から黒島村として分離独立し、その後 1954（昭和 27）年に佐世保市に編入合併している。現在、人口は約 540 人で、仏教集

落 2 つ、カトリック集落 8 つが存在する。

　黒島は、天正末期から慶長初期の間（16 世紀末）、ほとんど無人島の状況になり、その後に平戸島から仏教徒が来住する（黒島―出稼ぎと移住の島 13 頁）。さらに平戸藩が島の放牧場を廃止し、その遊休地への自由入植が許可され、佐世保市・平戸市や長崎市外海地区から信徒（キリシタン）が入植することになる（信仰告白 125 周年 黒島教会の歩み 87 頁）。なお明治初期、キリスト教への弾圧を逃れて五島から黒島に避難した人びとの多くは、その後、五島に帰ったり、他の地区に移住している。

　江戸末期、黒島の島民代表がいち早く長崎に出向いて公共要理を学び、受洗をしている。明治期に入ると、こうしたリーダーの働きで黒島の潜伏キリシタンのすべてがカトリックに復帰する。1872〜1873 年、郭公と蕨 の 2 集落に民家御堂（聖ヨゼフみ堂・聖フランシスコみ堂）が設立される。1878（明治 11）年に黒島は平戸島の紐差教会の巡回地となっていたが、信徒数が増加し民家御堂も狭くなったため、全信徒が集まれる聖堂が望まれるようになった（カトリック教報 721 号 1987 年 4 月）。同年、紐差教会の外国人神父が名切谷に土地を購入し、いち早く教会が建設されている。

　さらに 1880（明治 13）年には黒島愛苦会（女部屋）が設立され、その後、別の外国人神父の指導と島民の経済的・労力的な負担によって、1902（明治 30）年、現在の教会が完成した（信仰告白 125 周年 黒島教会の歩み 90-94 頁）。

　以上、明治初期・中期、平戸市中南部および長崎市伊王島・小榊、佐世保市黒島といった条件不利地に設立された拠点教会が、脱埋め込みの社会資源（外国修道会・外国人神父）によるものであることが明らかになった。さらに紐差地区・伊王島の場合、外国修道会・外国人神父の宣教戦略に基づき、教会の設立が信徒主導から外国修道会等の主導に転じたことや、主教会の転換が生じていることも判明した。

　一方、拠点教会の周辺に関して、平戸島中南部および伊王島の場合、教会設立の前段階である民家御堂や仮教会の設立までが各地区・集落の信徒主導であったことが判明した。そのうち平戸島中南部では、民家御堂の設立から

仮教会の設立までに10年前後かかり、その10〜20年後（明治後期・大正期）に、外国人神父の主導と資金によって多くの教会が設立されている。一方で教会の設立が、高度経済成長期前後であった集落も存在する。また小榊地区の場合、その後に移住した信徒世帯の急増によって教会の分節傾向が生じ、神ノ島の対岸の小瀬戸・木鉢が分離・独立している。

　さらに、初代教会の設立に脱埋め込みの社会資源の関与が大きい場合でも、土地の提供等の信徒の役割が大きいこと、またその後の改修や改築が信徒主導であることも判明した。

注
　1）『紐差小教区100年の歩み』の歴代主（助）任司祭の年次（「ラゲ1866-1868年」「マタラ1868-1921年」）は、その後の主（助）任司祭の赴任時期の記載から判断すれば、誤記の可能性が高い。紐差教会での聞き取りは2016年7月、主任司祭の尾高修一神父、信徒評議会議長小山初男氏、マタラ師資料収集会委員萩原隆夫氏、さらに10月に尾高神父、萩原隆夫氏に実施した。
　2）大石伊勢之亟の親書は『紐差小教区100年の歩み』に所収されている（27-29頁）。
　3）短い期間での2つの教会の設立に関して、『マタラ師を偲ぶ』には「『100年史』と『萩原氏の手記』から推測されることはラゲ師が紐差に建てた御堂とマタラ師が建てた御堂は別のものではないかと言う疑問です。これら解明されない部分については今後の研究にゆだねることにします」（8頁）と記されている。
　4）宿老とは、信徒の総代や代表を指す古い役名である。この時期、深川地区・柊ノ原地区・木場地区・田崎地区・神鳥地区・木ヶ津地区・大川原地区の各地区から1人、紐差地区から3人の宿老が選出されている。
　5）『長崎県世界遺産「構成資産等基礎調査」地域・地区調査報告書平戸地域』は以下、『地域・地区調査報告書平戸地域』と省略する。
　6）水方は、潜伏キリシタン時代の指導者の役名である。
　7）『宝亀小教区100年の歩み』の山野教会の年表では、この山野教会を仮教会としている。
　8）パリ外国宣教会のペルー神父は、外国人遊歩区域外を移動できる許可証を取得していたため、南緯代牧区の司教から外海・黒島・平戸・馬渡島の管轄を委託されることになる。
　9）子部屋はマタラ神父の死後6年間続いたものの、1928（昭和3）年に閉鎖となる。

第3章

明治中期の拠点教会
―― 外国人神父と外国修道会主導の教会 ――

　本章も、日本を管轄したパリ外国宣教会が長崎県の拠点教会として設立した教会をとりあげる。すなわち、明治中期に設立された平戸島北部と長崎県中央部の拠点教会の設立が脱埋め込みの社会資源によることを明らかにする。第1節で、平戸市上神崎における宗教コミュニティの形成と展開を明らかにしていく。平戸島北部の拠点教会は、都市機能が集積する平戸島平戸ではなく、北部の半島の海岸近くに設立される。その後の教会の建て替えは信徒主導に変更するとともに、半島の内陸に移転する。第2節では、大村市に設立された児童救護施設に付設された教会の展開を跡づける。脱埋め込みの社会資源による施設の設立が契機となって大村市に信徒の移住が始まったため、この施設の設立目的および概要の解明をめざす。第二次世界大戦後になると、別の外国修道会によって教会の新築と信徒組織の大改革が行われる。それ以前、最初の教会は国（旧海軍）の施設用地として接収され、2代目の教会が丘陵の温泉地に設立されることになる。さらに戦後の一時期、長崎市から移転した純心女子学園（純心聖母会）の小聖堂が仮聖堂となるなど、まさに「旅をつづけた教会」である。

第1節　周辺に設立された拠点教会 ―― 上神崎教会 ――

　上神崎は、図3-1のように、平戸島北部の通称大久保半島に位置する。大久保半島は中央部に海抜250mの山が連なる半島である。半島入口の田助港は、江戸期、「ハイヤ節」発祥の地として知られる平戸の副港で、その後、北陸の漁業船団が寄港する漁業基地となる。

57

図 3-1　平戸島北部
＊この地図は国土地理院地図に関連する名称を加筆したものである。

平戸島北部における宗教コミュニティの形成 ── 上神崎教会の設立 ──

明治期、上神崎に移住した信徒世帯は、同じ集落や近隣に移住した同郷世帯とともに開拓・農業生産を開始しつつ、宗教コミュニティの形成を志向する[1]。移住直後に民家御堂で信仰活動が開始され、その後、最初の教会が設立される。さらに昭和期に教会が建て替えられ、平成期（2014 年）に現在の教会が建設されている。

① 神崎教会（通称潮の浦教会）

1880 年代に上神崎地区に入植した移住世帯の信仰活動は、民家御堂から開始する。黒島から移住した仁田・大水川原の世帯は橋本家、五島から移住した潮の浦・楠谷の世帯は下道家を借りて、民家御堂にした。その後も上神崎への世帯の来住が続き、1880 年代後半には 40 世帯を超え、各地区の民家御堂では収容できなくなる。すなわち一定の信徒規模に達した頃から、教会設立の希望が高まるようになったといえよう（上神崎 100 年史 44

上神崎教会

第 3 章　明治中期の拠点教会

頁）。

　そうした中で、外国人神父のエミール・ラゲ神父とジャン・マタラ神父の指示と協力によって、上神崎で教会の設立が計画される。教会の建設場所は、暴風等の気象条件を考慮して潮の浦の谷間に決定した。この時期に居住していた 52〜53 世帯が、敷地の造成・資材運搬等を担当し、1891（明治 24）年、木造瓦葺ペンキ塗りコウモリ（リヴ・ヴォールト）天井の 50 坪の教会が設立される。建築費用は約 2,400 円であった。

　洋風建築の潮の浦教会は 30 年後に（南）田平教会・紐差教会が設立されるまで、平戸・北松地区で唯一の大聖堂として、北松地区の神父・宿老・教え方が集まる平戸・北松地区のセンター機能を果たしていた。同年、司祭館も設立される（上神崎 100 年史 45 頁）。この時期の平戸・北松地区は紐差小教区に属し、八丁櫓の「御用船」での外国人神父の巡回が年に数回あったという。

　② 昭和期の教会

　教会を設立して半世紀後の 1950 年代、信徒の間で教会の新築が課題になる。1954（昭和 29）年から 1 世帯につき 1 年に 3,000 円の積立てが開始され、翌年まで集金するものの、その後、積み立てが中断する。1960 年代半ばに 1 世帯 1 ヶ月 1,000 円の積立が再開され、1967（昭和 42）年、教会の建築に着手する（上神崎 100 年史 46-47 頁）。

　明治期の教会は、海上交通に適した場所に立地していた。しかし役員による協議と信徒の投票の結果、新しい教会の建築は陸上交通に適した大久保半島中央部の県道沿いの丘に決定した。敷地はお告げのマリア修道院の農地および信徒 3 氏の土地を譲り受けたもので、1969 年に教会と司祭館、1972（昭和 47）年に信徒会館が完成する。教会の総工費は 1,200 万円であった。この建築費用は、百七十数世帯による各 8 万円の負担と、小教区外からの 300 万円弱の寄付金に基づく。

　さらに 2014 年に現在の教会が新築される。信徒がグループ毎に要望を出し、その代表の協議によって、新教会は長崎では珍しい土足の床や上映のできるスクリーンが備えられ、信徒会館の屋根にはソーラーパネルが設置されている[2]。

③ 信徒組織・墓地

1980年代の信徒組織の役員は、教会顧問・地区委員・信徒職委員であった。現在は小教区評議会に改編され、議長を置いている。また信徒組織は10班（地区）に区分されている。所属班は現住地ではなく、本家等の立地による区分けである。さらに信徒組織内に司

上神崎の集落墓地

牧会・ザベリオ会・婦人会・青年会・高校生会が存在する。現在の信徒世帯数は140世帯である。

また、信徒の墓地は地区別に立地している。中には、複数の地区の合同墓地もある。

④ お告げのマリア修道院と社会福祉施設

上神崎教会近くに、お告げのマリア修道会の上神崎修道院が所在する。この修道院の前身は上神崎教会の主任司祭が企図したもので、16～21歳の女性信徒を紐差地区の田崎愛苦会（現在のお告げのマリア修道会紐差修道院）に研修のため派遣し、1924（大正13）年、「白岳愛苦会」という名称で開設される。初代・2代目の修道院長は田崎愛苦会員である。修道院は上神崎の信者の援助で建設され、その後の1928（昭和3）年、信徒の奉仕等で51坪の二階建ての修道院に増築されている。

当初の修道会には農地はなく、教会奉仕とともに信徒世帯の農地の草取りの手伝い、浜の煮干製造の日傭い、牛飼いなどの賃労働に従事した。その後、会員が増加して10名となった頃、上神崎教会の有志や地域住民の尽力で、旧藩主の松浦家所有の原野（現在の上神崎教会の敷地）を譲り受ける。その地で5～6反の畑地を耕作するとともに、養蚕の農作業および機織りに従事している（上神崎100年史48頁）。

1927（昭和2）年、長崎司教の意向で会員のうちの2人が平戸県立女学校に進学した。卒業後、一人は佐世保市の聖心幼稚園で幼児教育見習いとなり、一人は助産婦となる。1936（昭和11）年、修道会は、白岳愛苦会から

「光の園修道会」に改名し、1940（昭和15）年、潮の浦の教会付属の青年会館で「上神崎託児所」を開設する。当時の主任司祭が初代所長になり、修道会員3名が保育を担当した。佐世保市の聖心幼稚園で働いていた先述の会員が帰院して、保育主任を担っている。開設時の入所児は、信者の子10名程度であった。1943（昭和18）年に新園舎を建築するものの、陸軍の駐屯地となり、第二次世界大戦終戦後の9月には枕崎台風で保育園が倒壊する。その後、1948（昭和23）年に児童福祉法に基づく保育園として認可を受けている（上神崎100年史 48-49頁）。

　1954（昭和29）年、光の園修道会は、修道会・修道院の統合により聖婢姉妹会の上神崎修道院となり、1975（昭和50）年にお告げのマリア修道会上神崎修道院に改称している。1971（昭和46）年には、保育園は社会福祉法人光の園の経営に変更となり（上神崎100年史 51-52頁）、その後に養護老人ホーム光の園を開設している。

平戸島北部における宗教コミュニティの形成
—— 地域と宗教共同体の維持 ——

　上神崎では、民家御堂における信仰の開始後、すなわち移住から10〜20年で最初の教会が設立され、その後に2度、建て替えられている。最初の宗教コミュニティの設立に各世帯の第1世代が関与し、その後の建て替えに次世代が関与したと推測される。また生産においても同業関係にあり、意図的コミュニティの様相を有していたといえよう。注目したいのは、修道院が福祉活動という生活サービスを地域に提供している点である。

　上神崎小教区では、信徒は生産領域において常に他出圧力にさらされているものの、一方で宗教コミュニティの凝集力（およびサービス提供）が強く、この2つの力による綱引きが働いている状況にあると推測できよう。また平戸島北部、とりわけ上神崎地区では、宗教共同体が維持されているものの、しかし上神崎教会との関係の希薄化、いわゆる「教会離れ」の世帯が存在するようになっている。現在では、表3-1のように信徒外の世帯が一定数存在し、上神崎における信徒の比率は低下傾向が見られる。

表 3-1　上神崎地区の人口・世帯数

地区名	人口	世帯数	信徒世帯数
田の浦	129	55	124
神崎	229	121	124
曲り	306	125	124
潮の浦	118	50	29
油水	64	35	10
幸の浦	454	143	−
中の原	509	233	14
田助在	124	53	−
合計	1,933	815	−

注）人口・世帯数は『平戸市人口統計』の町別人口統計の数値、信徒世帯数は上神崎教会の数値である。

第 2 節　旅をつづけた教会
—— 児童救護施設併設から温泉施設まで（大村市植松教会）——

長崎県中央部に位置する大村市は、図 3-2 のように、大村湾を望む平地と背後にそびえる太良連峰およびその扇状地を市域とする。第二次世界大戦前、海軍航空隊・第 21 海軍航空廠の開設を機に人口が増加し、1942（昭和 17）年の市制施行年に約 4 万人、翌年に 7 万人に達する。

長崎の半島・離島出身の信徒の大村への移住は、長崎市外海地区の出津教会主任司祭のド・ロ神父による旧竹松村の土地の購入が契機である（片岡弥吉 1989 年 27-28 頁）。パリ外国宣教会が管轄する長崎教区とド・ロ神父は、竹松の購入地に児童福祉施設を設立する。この施設および付設の教会が立地する旧竹松村・旧西大村が交通の不便な周縁地区であったことで、開拓志向の信徒の連鎖的移動が生まれることになる。

児童救護院の設立

明治中期に旧竹松村の児童福祉施設が開設され、この施設内に通称「竹松教会」が設立される。1987（明治 20）年、ド・ロ神父は大村市竹松郷に

第 3 章　明治中期の拠点教会

図 3-2　大村市（旧竹松村・旧西大村）
＊この地図は国土地理院地図に関連する名称を加筆したものである。

「一町歩の畑を購入、移住者に与えるとともに浦上養育院で育った少年たちの自立のための教育資金をつくることにし、片岡与吉神父に青少年たちを預けて学校に通わせる」（片岡 1977 年 206 頁）ことにしたという。

① 2つの設立目的

『パリ外国宣教会年次報告1』から、この施設の設立に関する2つの目的が判明する。

第1の目的は、孤児の中から優秀な子供を選抜して収容し、（職業）教育を通して幅広い宣教の担い手を養成することである。「すでにだいぶ前から、地区の孤児院に分散している孤児たちを集めるために、中央孤児院の必要が感じられている。つまり彼らが、なんらかの教えを受け、仕事をおぼえられる年齢に達した時、集めることのできる孤児院である。それぞれのところで学校の教師のために出費し、子供たちに耕作を教えるための土地を、いたるところに提供するのは不可能で、この目的のために私たちは、長崎から25キロメートルの大村という町に近い、すばらしい場所に4ヘクタール近い農地を買い、そこに広大な建物を建てた。つまり、聖堂・勉強室・食堂・共同寝室・教師たちの部屋・仕事場と従業員の家、要するに施設全部を建てたのであった。私たちの意向は、子どもたちに小学校の勉強をさせ、孤児院専属の農園の指導者の指導のもとに畑の耕作を少しずつならわせること」（262

63

頁）とある。

　この施設は、長崎教区のクーザン司教の要請でド・ロ神父によって購入された土地に設立され、報告書の通り、就学児童に対する初等教育および将来に向けての実業（農業）教育を目的としたものであった。収容人数は開設時期が20名で、大正期の入所児は7～8名であった（米田綾子 114頁・119頁）。しかし表3-2で大正期の入所児の就業を見れば、この施設の目的が確認できよう。この施設は1926（大正15／昭和元）年に廃止されている。なお、この施設の名称について片岡は「大村の施設」、米田は「孤児院」（米田111頁）と記すものの、正式名称は不詳である。そのため、本書では児童救護院と呼ぶことにする。

　第2の目的は、信徒の少ない長崎県中央部の司牧・宣教の拠点づくりである。「私たちはこの家が、大村地方の福音宣教のセンターになることを希望している。昔、大村は大名はじめ住民は全部、一人残らずキリスト信者で

表3-2　児童救護院の出身者（一部）

入所者	出身等	以前の施設	施設での生活	施設終了後の生活	備考
A		浦上の子部屋	畑の総大将	竹松で農業	
B	佐賀 （地主の子）	寺等に預けられた後に平戸で養育	畑の監督	大村で農業	結婚祝いに神父に土地を分けてもらう
C	熊本県八代			医学校に進学、八代で開業	
D	熊本県八代				
E				医学校に進学、長崎市で開業	
F				医学校に進学、東京で開業	
G				福岡に居住	
H		大浦マリア園から奥浦慈恵院、里子			

注）米田「明治期の社会事業の一考察」（114-115頁）等の記載をもとに作成した。

第 3 章　明治中期の拠点教会

あったが、今はまだ私たちに何も収穫がない。人の云うところによると、私たちの建物は昔、教会のあった場所だそうである。それについて確実な証拠が得られるかどうか、私は知らない」（パリ外国宣教会年次報告 1 262 頁）とある。

② 通称竹松教会の設立

明治中期、第 2 の目的に対応して児童救護院に教会堂（通称「竹松教会」）が併設される。児童救護院の開設準備とその後の 3 年間の管理を担当したのは、島内要助神父である（大村植松教会創設百周年 80-82 頁）。信徒の大村移住と施設設立の間には数年の時差があり、施設の設立前はいずれかの家（民家御堂）での集会および長崎市から島内神父が来訪した際にミサが行われたと推測される。

島内神父の後、片岡與吉神父が、1894（明治 27）年から 1934（昭和 9）年までの 40 年間、施設および教会を管理する。表 3-3 のように、明治 20 年代のうちに信徒世帯は 20〜30 世帯から 80 世帯強に急増し、昭和初期には 150 世帯に達する。こうした世帯増に対応して、信徒組織は竹松地区・植松地区および古賀島地区の 3 地区に区分された。3 地区それぞれに子ども・女性・壮年の公教要理の担当者（教え方）が選任され、子どもの公教要理は小学校の終了後、毎日 1 時間程度実施された（大村植松教会創設百周年

表 3-3　信徒世帯数の変化

時期	信徒世帯数（一部推定を含む）
1884（明治 17）年〜 1887（明治 20）年	9 世帯。うち外海 6（出津 4・黒崎 2）・長崎（浦上）2・黒島 1
1890（明治 23）年	上記 9 世帯に教会役職の 15 世帯で、少なくても 24 世帯
1894（明治 27）年	1900 年に 250 人（推計 31 世帯）。1918 年に 670 人（推計 84 世帯）
1926（昭和元）年	大正期の竹松地区 25 世帯・西大村地区 35 世帯（推定）計 60 世帯
1936（昭和 11）年	1934 年に 150 世帯 1,000 人

注）『大村植松教会創設百周年』の記載・年表（79-83 頁・244-245 頁）をもとに作成した。

82-83 頁）。

宗教コミュニティの展開

　その後も旧竹松村・旧西大村の信徒世帯が増加していく中で、教会は軍事施設として接収され、旧大村町の丘陵に移転する。第二次世界大戦後、大村市は外国修道会（神言修道会）の管轄になり、教会は信徒の集住する旧西大村の植松に移転（帰還）することになる。

　① 田ノ平教会への移転

　大正・昭和初期、現在の大村市とりわけ旧竹松村・旧西大村は、軍事色を帯びる。まず 1923（大正 12）年に旧竹松村に大村海軍航空隊が開設される。さらに第二次世界大戦時（1941 年）に佐世保海軍工廠飛行機部と佐世保海軍軍需部大村補給工場が統合して、東洋一の規模の第 21 海軍航空廠が西大村杭出津から旧竹松村古賀崎の広大な臨海地に開設された（大村市史478-479 頁）。このうち第 21 海軍航空廠は、当初、佐世保市日宇地区への移転が予定されていたものの、日宇の地盤が軟弱であるという理由で 1939（昭和 14）年に移転先が大村に変更され、その 3 ヶ月後に用地の測量・買収交渉が慌ただしく始まった（楠のある道から 53 頁）。航空廠用地の接収は旧西大村・旧竹松村・旧福重村・旧萱瀬村等の農地・山地に広がる大規模なものであった。竹松教会の土地建物は、第 21 海軍航空廠高等官の官舎用として 5 万円で買収されている。

　軍の接収によって 1942（昭和 17）年、旧竹松村の竹松教会は、旧大村町田ノ平に新築移転されることになる。教会の移転先（購入地）は、植松教会での聞き取りでは、現在の赤佐古町にある専門学校の付近であったという（図 3-2）。大村駅裏の丘陵を上った場所で、当時は遊郭が立ち並ぶ一帯であった。教会用地は田ノ平温泉の跡地で、竹松教会の解体資材も使用して新築し、湯治客の休憩宿泊施設を改造して司祭館・まかない部屋・けいこ（稽古）部屋にしている（大村植松教会創設百周年 89-92 頁）。

　② 終戦後の長崎の宗教系施設・学校の移転

　終戦直後、表 3-4 のように、原子爆弾で被災した長崎市の宗教施設・学校が大村市へ一時的に移転する。このうち純心女子学園は、長崎県学務課の

第 3 章　明治中期の拠点教会

表 3-4　カトリック系学校・施設の旧軍用地への移転

施設名	転入年	転出年	移転地
純心女学校	1945 年	1949 年	植松工員宿舎
長崎大神学校	1947 年	1948 年	葛城県民修練所
聖母の騎士園	1949 年	1950 年	第 21 海軍空廠
	1950 年	1953 年	純心女学校跡地

注）カトリック系学校・施設の旧軍用地への移転は『大村植松教会創設
百周年』や各学校・施設の記念誌等から抽出したものである。

紹介で、植松工員宿舎跡（現在は長崎県立ろう学校）に移転してくる。植松は
信徒世帯の集住地で、植松教会新築まで純心聖母会の小聖堂が仮聖堂になっ
た。純心女子学園は植松を本校とし、その土地の取得の約束を国と交わした
ものの、外務省の出入国管理業務のために返還を求められ、長崎市に帰還す
ることになる（純心女子学園創立 50 周年記念誌　166 頁）。

　長崎大神学校は、1947（昭和 22）年、海軍第 21 航空廠の徴用生徒のため
の青少年収容所跡地に移転する。当時、大神学校には、長崎地区（28 名）・
鹿児島地区（6 名）・仙台地区（1 名）出身の 35 名が在籍していた。翌年に
なると大村の大神学校は閉鎖されて、福岡市に福岡サンスルピス大神学院が
創設される。神学生は、福岡あるいは東京の大神学校に移籍することになっ
た（大村植松教会創設百周年　19 頁・97-98 頁・245 頁）。児童養護施設の聖母
の騎士園は、1949 年～1950 年に海軍第 21 航空廠跡地に長崎市内から移転
し、その後、長崎市に帰還した純心女子学園の跡地に移転する。

　なお、この時期に長崎市内から大村市に一時移転した学校には、長崎県立
長崎工業学校・長崎師範男子部・長崎医科大学附属薬学専門部がある（大村
市史　579-580 頁）。第二次世界大戦後に大幅な人口減少に直面した大村市は、
当時、長崎市から移転した学校を基盤にして学園都市の建設をめざしていた
（楠のある道から　72 頁）

　③　神言修道会の司牧と植松教会の設立

　1946（昭和 21）年、大村小教区は、長崎教区から神言修道会の管轄に移
行する。1963（昭和 38）年まで 18 年間にわたって植松教会を管轄した神言

修道会は、20 世紀初頭に日本で司牧を開始したローマに本部のある外国宣教修道会である。愛知県を中心に全国で活動し、教育修道会として名古屋市・長崎市でそれぞれ南山学園・長崎南山学園を経営する。

　神言修道会による小教区の管轄は、第二次世界大戦中に日本司教団からインドネシアに派遣された山口愛次郎司教が、フローレス島の司牧を担当していたオランダの神言修道会と交流をもったことに由来する。司教は 1946 (昭和 21) 年の帰国後、司祭不足の長崎教区への助力を神言修道会に求め、神言修道会は、表 3-5 のように、長崎県内の小教区の司牧を担当し、現在も長崎市西町小教区の司牧を担当している (南山 30 年記念誌 27 頁・34 頁: 神言修道会来日百周年記念 152-153 頁)。

　大村市には、1946 年にグリントゲス神父、2 年後に 2 代目としてエングリッヒ神父が赴任する。エングリッヒ神父によって植松地区の教会用地 5,600m^2 が 5,000 円で購入され、翌年 (1947 年)、現在の植松教会の敷地に戦後最初の教会が設立される。しかし終戦直後で資材が不足していたため田ノ平教会を移築し、壁の下地には竹を用いたという (大村植松教会創設百周年 96 頁)[3]。

　1963 (昭和 38) 年には、2 代目の教会の建設が企画され、10 年に及ぶ積み立てが開始する。1967 (昭和 42) 年に信徒館 (257m^2、200 万円) 等が建設され、1974 (昭和 49) 年に新教会堂 (二階建て 400m^2、5,100 万円)、司祭館 (125m^2、1,000 万円) 等が設立されている (大村植松教会創設百周年

表 3-5　長崎県内の神言修道会の司牧小教区

都市名	小教区名	司牧期間
大村市	植松小教区	1946〜1963 年
佐世保市	相浦小教区	1946〜1951 年
松浦市	西木場小教区	1956〜1963 年
五島市	水之浦小教区	1946〜1947 年
佐世保市	俵町小教区	1947〜1951 年
長崎市	西町教会	1959 年〜

注) 神言修道会来日百周年記念誌編集委員会『神言修道会来日百周年記念誌』(152-153 頁) を基に作成した。

第3章　明治中期の拠点教会

134頁・247頁）。

なお、純心女子学園が大村移転後に設立された大村純心幼稚園は、純心学園の撤退後も1962（昭和37）年まで存続するものの、その後は宮崎カリタス修道会（現イエスのカリタス修道会）のカリタス聖母学園大村聖母幼稚園となっている。

植松教会の信徒組織とカトリック・アクション

第二次世界大戦後の神言修道会時代、信徒組織は大規模に改編される。1950（昭和25）年に赴任した3代目のバルタ神父によって、教会組織は、総裁の主任司祭の下に本体と特殊機構が二分される組織形態になる[4]。

このうち本体は本部・各部・支部に区分され、本部が教会の本務・統括に関する部署（庶務・会計・教化部・文化部・図書部・販売部・編集部等）を包括する。一方、バルタ神父が教会内に新たに創設した各部とは、性別・年齢別の組織（壮年部・青年部・婦人部・姉妹部）で、こうした4組織のそれぞれに地区別の下部単位（支部）が包含されることになる（大村植松教会創設百周年102頁）。そのため性別・年齢別の地区別単位を内包する4組織が、実質、この時期の信徒組織に相当するものといえよう。

さらに、バルタ神父は、この4組織（会員は140人）をカトリック・アクションの担い手に位置づけ、教会の内部にとどまらず教会外に向けた活動を推進する。『大村植松教会創設百周年』には「沸き立つ躍進の時代」（100頁）に突入したとあり、教会外に向けたカトリック・アクションの中には、地域の貧困世帯の訪問等が含まれていた。こうした積極的なカトリック・アクションの7年目（1956年）には成人洗礼者数が29人に達し、長崎教区内で最多の受洗者数になっている（大村植松教会創設百周年 245-246頁）。

なお、神言修道会による司牧は、1963（昭和38）年1月で終

植松教会（幼稚園）

表 3-6　植松小教区における教会の設立

時期	教会名	立地	立地の特徴
1891 年（明治 24 年）	竹松教会	原口町	児童救護院 移住地の中心
1942 年（昭和 17 年）	田ノ平教会	赤佐古町	丘陵地 昭和初期の移住地
1945 年（昭和 20 年）	純心学園 仮聖堂	植松町	純心聖母会小聖堂 信徒の集住地
1947 年（昭和 22 年）	植松教会 初代	植松町	信徒の集住地
1974 年（昭和 49 年）	植松教会 2 代目	植松町	信徒の集住地

注）教会名は通称を含む。

了している。

　1960 年代、植松教会の信徒はさらに増加し、信徒数 1,615 人、278 世帯に達する。植松教会が長崎教区の管轄に戻った 1963 年に教会新設積立 10 ヶ年計画が立案され、1967（昭和 42）年に信徒会館（257m²、200 万円）が建設されている。1968（昭和 43）年には、水主町教会と共同で放虎原斬罪所跡地 300 坪を 65 万円で購入している。1975（昭和 50）年に 2 代目の植松教会（440m²、6,300 万円）と司祭館（125m²、1,000 万円）が新築される。この時期の信徒数は 1,100 人、322 世帯である（大村植松教会創設百周年 134 頁）。

　長崎教区に復帰後の信徒組織は、評議会のもとに再編される。評議会は、顧問（その後の経済評議員）、地区評議員、壮年会・婦人会・青年会の性・年齢別組織の代表、典礼部・広報部の機能別部門の代表、子どもの信仰教育に携わるシスターによって構成され、教会行事の企画や諸問題の検討を担当している（大村植松教会創設百周年 146 頁）。

大村市における宗教コミュニティ形成の社会的特徴

　大村市における宗教コミュニティの設立と展開に関して、2 つの社会的特徴が指摘できよう。

第 3 章　明治中期の拠点教会

設立の主体・経緯	設立までの年数	備考
教区の設立施設に付設信徒世帯は 20 数世帯	草分けの移住後 4〜6 年	施設の設立までは、民家御堂があったと推測される。
第 21 海軍航空廠関連の接収に伴う移転	竹松教会設立の約 50 年後	水主町教会の初期は、水主町教会の公教要理部屋に使用。
旧軍用施設への純心学園の一時移転	第二次世界大戦後	移転後も幼稚園経営。他の宗教系学校・施設も一時移転。
神言修道会の司牧時幼稚園の併設	第二次世界大戦の 2 年後	
信徒の積み立て	初代の 27 年後	

　第 1 は、教会の設立と展開における社会的資源（外国修道会）の存在である。表 3-6 のように、信徒の移住後わずか数年で、パリ外国宣教会が管轄する長崎教区によって児童救護院に通称竹松教会が併設されている。また第二次世界大戦後には、外国修道会の神言修道会によって植松教会が信徒の居住地区に設立（帰還）されることになる。こうした脱埋め込みの社会資源の存在が、大村市への信徒の移住と移住地における宗教コミュニティの形成を促進したといえよう。第二次世界大戦後に長崎市のカトリック系学校や施設が大村市に一時移転したのも、大村市における宗教コミュニティの存在および連合国管理下の日本の社会状況と関連があったものと推測される[5]。

　第 2 は、大村市における宗教コミュニティの展開とともに、教会が変容したことである。宗教コミュニティが形成された当初、ほとんどの信徒世帯が教会の周辺に集住し、農業に従事していた。すなわち明治・大正期・昭和期を通して、この地は信仰と職業の一致する意図的コミュニティであった。しかし、高度経済成長期以後は農家の比率が大幅に減少し、（経年化した）意図的コミュニティに変化し、現在は、信徒以外の世帯が増加している状況にある。

　以上、明治中期の拠点教会が設立された平戸市北部の半島と大村市はいず

71

れも条件不利地であった。これらの地では、拠点教会の設立だけでなく信徒の移住に脱埋め込みの社会資源（外国修道会・外国人神父）が関与していたことが明らかになった。このうち上神崎の場合、信徒による民家御堂の設立後の教会設立への関与であり、その後の建て替えは信徒主導に変更している。すなわち脱埋め込みの社会資源の関与は初期の段階までといえよう。一方、大村市の場合、脱埋め込みの社会資源による児童救護施設の土地購入が信徒の移住に先立っていること、また第二次世界大戦後の教会の建設や仮聖堂においても脱埋め込みの社会資源が関与してきたことが判明した。こうした多様な外部の社会資源が長期間にわたって関与してきたことに大村市の宗教コミュニティの特徴が見られよう。

　注
　　1）上神崎への移住世帯のうち五島出身のグループは、潮の浦に稲作ができる土地があることを知り、いったん上五島に引き上げ、ブレル神父に借金を申し込む。この時、ブレル神父は児童養護施設の設立準備中であった。極度に生活を切り詰めて設立費用の一部を捻出し、祖国フランスの友人に援助を求めている状況にあったものの、信者の申し出に応じたという。上五島の信徒グループはどうにか残金を集めて、上神崎の潮の浦の土地購入にこぎつける（上神崎 100 年史 41 頁・73 頁）。
　　2）2015 年 5 月・8 月・11 月の上神崎教会評議会議長永谷忠司氏への聞き取りに基づく。
　　3）三村神父への聞き取りでは、教会用地は果樹園で小さなチャペルがあり、そこでミサをあげることもあったという。果樹を伐採して教会を建設し、すでに建っていた住宅を利用して司祭館と信徒会館にしたという。
　　4）もう一方の特殊機構とは、教会に付属するものと教会を取り巻く関連・外部組織の聖歌隊・純心幼稚園・学連・JOC 等を包括するものであった。
　　5）『養護施設聖母の騎士園創立 50 周年記念誌』によれば、進駐軍は施設援助の事務局を設けて援助している（30 頁）。また『純心女子学園創立 50 周年記念誌』によれば、大村進駐のアメリカ軍と従軍司祭を通した関係ができ、アメリカ軍がブルドーザーで運動場を整備している（380 頁）。

第4章
田平教会の設立と周辺の教会の誕生

　信仰の拠点となる教会がいち早く設立された後、移住の時期の遅かった開拓地でも教会を設立しようという機運が高まる。平戸市田平地区田平の場合、信徒の開拓移住には脱埋め込みの社会資源（外国修道会・外国人神父）が関与していたものの、教会の設立は移住の30年後である。しかし教会設立の機運は田平の周辺の小集落にも広がり、宗教コミュニティが派生的に展開することになる。この派生的展開の背景には移住時期の相違や同郷性も関係し、宗教コミュニティの分節化と見ることもできよう。

　まず第1節で、明治中期の開拓移住後、大正期に邦人司祭の主導と信徒の金銭的負担や労力で教会が設立された田平地区田平の宗教コミュニティ形成を明らかにする。また社会館活動の端緒といえる女子修道会の展開にふれる。次に第2節で、田平地区の信徒の増加や信徒の居住が周辺に拡大する中で、田平地区田平の周辺や近隣の松浦市・佐世保市江迎町に宗教コミュニティが展開する状況を明らかにする。さらに第3節で、田平地区の周辺の松浦市西木場から新たに移住地が生じた福岡市西区能古島における宗教コミュニティの形成にふれる。

第1節　ド・ロ神父の開拓移住地に創られた教会
—— 田平地区田平の田平教会 ——

　平戸市田平地区田平は、図4-1のように、北部九州の西端に位置し、その大半は丘陵である。明治中期の田平地区への信徒の移住は、佐世保市黒島教会のエミール・ラゲ神父と長崎市外海地区の出津教会のマルコ・マリー・ド・ロ神父の主導によるものである。両神父は田平の土地を購入し、黒島の

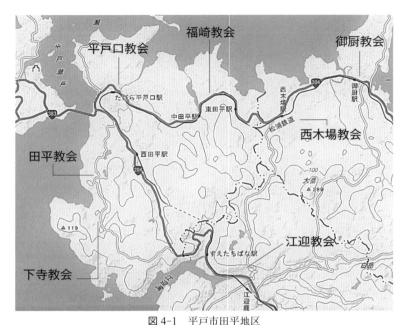

図 4-1　平戸市田平地区
＊この地図は国土地理院地図に関連する名称を加筆したものである。

3世帯、外海地区出津の3世帯を開拓移住させている（信仰告白125周年黒島教会の歩み 101頁；外海町史 596頁）。

　以後、私費の移住者を含め、外海地区から1886（明治19）年～1899（明治32）年の間に46世帯、黒島からは1886年～1911（明治44）年の間に26世帯が移住する。さらに五島からは1890（明治23）年～1909（明治42）年の間に12世帯が移住し、平戸島からは1900（明治33）年～1929（昭和4）年の間に8世帯が移住している（永遠の潮騒 150頁）。

　田平教会は、平戸の瀬戸を眼下に望む田平地区田平の丘の上に建っている。鉄川与助による美しい聖堂は海外にも知られ、今も多くの巡礼者・観光客が訪問する教会である。この地におけるカトリック信仰は、こうした開拓移住者によって形成されたものである。

第 4 章　田平教会の設立と周辺の教会の誕生

田平地区における教会の設立

田平地区田平への集団移住は、前述のように黒島教会のラゲ神父、出津教会のド・ロ神父が主導したため、教会の設立は移住計画の一部に含まれていたと思われがちである。しかし、実際は、信仰の制度化といえる仮聖堂の設立には、草分けの移住から 13 年を要する[1]。

① 民家御堂と仮聖堂設立

田平地区田平内の横立への開拓移住の当初、黒島出身の永井土井蔵宅が民家御堂になっている。その 2 年後、外海地区（出津）からの第 2 次開拓移住団に、ド・ロ神父の指示により長崎市で信仰教育を受けた今村庄衛門が参加する。今村の田平移住はド・ロ神父による派遣で、神父不在の田平で教え方を担当するためであった。田平に移住した今村の自宅を民家御堂として、主日の務めと信仰指導が行われる（浜崎 23 頁）。

田平教会

移住世帯の増加につれて、その後、田平内の各地に信仰の拠点が形成されていった。瀬戸山では、潜伏キリシタンの系譜を隠して田平に居住していたとされる吉村兵蔵の自宅が民家御堂になった[2]。この民家御堂も増加する信徒をすぐに収容しきれなくなったものの、信徒らは吉村の死後にこの家を購入し、1899（明治 32）年、この家を最初の仮聖堂にしている。

移住世帯の増加と分家の創出がその後も続き、この仮聖堂ではどうしても信徒を収容しきれなくなったため、4 年後の 1903（明治 36）年に増築が行われた。その際、出津教会のド・ロ神父の助手であった伝道師中村近蔵が増築資金の一部（50 円）を寄付している（浜崎 23-25 頁）。

② 信仰教育と司祭の着任（小教区形成）

江里山の自宅を民家御堂として信仰教育に携わっていた今村は、その後、以善(いよし)に移転し、外目・以善・万場(ほかめ)方面の教え方となった。田平における女性と子どもの信仰教育は、1888（明治 21）年にド・ロ神父の指令を受けた川

崎ソネが外海地区出津から移住してきて、担当となる（浜崎 25 頁・100
頁）。

　開拓移住後の田平地区は、紐差教会の巡回地であった。巡回は小舟で行わ
れ、漕ぎ手と呼ばれる信徒が交代で神父を送迎した（浜崎 26 頁）。その後、
移住世帯がさらに増加したため、1905（明治 38）年、仮聖堂を持った田平
に、紐差教会の助任司祭の片岡高俊神父が常駐することになる（浜崎 36
頁）。1914（大正 3）年には、田平は小教区として独立し、初代主任司祭に
中田藤吉神父が就任している。

　③ 教会設立の動き

　明治後期の片岡神父の着任後も、移住世帯の増加と分家の創出によって信
徒世帯はさらに増え、増築した仮聖堂も堂外に信徒があふれる状況になり、
教会の建設を決定する。

　1917（大正 6）年に長崎県知事に提出した建築許可を求める趣意書（「天
主堂設立願」）には、「……漸次信徒増加し現今にては其数壱千に垂らんとす
るに至り新たな天主堂を建立するの必要を来らせり　天主堂の建築費は南田
平村及田平村の信徒が数十年来堂宇建設の目的を持って蓄積したる貯金並に
内外宣教師及他所信徒の寄附金を持って之を支弁す」（浜崎 47 頁）とある。
この文面から、建堂の希望が数十年にわたるもの、つまり田平移住以来の悲
願であることが読みとれる。また内外宣教師と他地区の信徒から受けた寄付
への言及から、教会設立の直接の契機が、紐差教会主任司祭のジャン・マタ
ラ神父による友人の遺産の一部（4,000 円）の提供であったことがうかが
える（浜崎 40 頁）。

　④ 聖堂建設の資金

　移住から 30 年後が経過して信徒数が千人に近づき、中田神父が着任した
1914（大正 3）年に聖堂建築費の積立額は 2,000 円に達する。教会建設に向
けた司祭と信徒の協議の中で、日曜日の労働に課された日労金の額（農業者
は年間 1 円・漁業者はその日の収入の半額）と毎月の積立額（1 世帯 5 銭）
が決定される（浜崎 38 頁）。この金額に先述のマタラ神父の寄付が加わるも
のの、それでも建設費が不足したため、信徒が「長崎、五島、紐差方面の先
輩・知人の間を駆け回って資金を調達した」（浜崎 56 頁）という。

第 4 章　田平教会の設立と周辺の教会の誕生

　さらに、教会建設後の関連工事・整備費用の一部には、漁業の腕利きである田平の信徒に目をつけた大島村のボラ漁の網元から信徒の日曜労働の対価（いわば日労金）といえる支援金があてられている（浜崎 56 頁）。

　⑤ 聖堂の建築

　こうして集められた建築資金を基にして、教会の建設が鉄川与助の率いる鉄川組と信徒による労働提供で担われた。まず 1915（大正 4）年末に敷地整備が始まる。その際、信徒 6 人が生き埋めになるという事故が発生し、2 人が亡くなっている。翌年の春には石材・レンガ・砂・セメント等の建築資材が船で届き、信徒が浜から人力で搬入した。鉄川組の建設作業にはこのように多くの信徒が労働奉仕している。

　こうした金銭・労働の負担によって、1917（大正 6）年末、長崎市の中町教会（1896 年）・浦上教会（1914 年）につぐ長崎教区 3 番目の赤レンガの大聖堂が完成する。草分けの移住から約 30 年後の 1918（大正 7）年に、田平教会の献堂式を迎えることになった（浜崎 49 頁）。経費は材料費・工賃・海上輸送費・祭壇の費用の合計で 2 万円であった。また仮聖堂は信徒会館・公共要理の勉強室・教会売店に転用されている（永遠の潮騒 156 頁・337頁）。

信徒組織と信仰教育

　① 信徒組織

　田平教会（小教区）の主な役職は、教会の顧問の宿老と評議員であった。中田神父の時期の宿老は司祭の指名制で、表 4-1 のように、初期は本教会 3人、永久保地区 1 人の 4 人体制であった。このうち本教会の宿老は、牟田・瀬戸山・五島ヶ原に居住していた信徒で、外海（出津・黒崎）と黒島出身である。また永久保地区の宿老は、五島出身者（推定）であった。

　さらに信徒数が増加した中期には、宿老は本教会 5 人、永久保地区 1 人・岳崎地区 1 人の 7 人に増員する。本教会の宿老は、牟田・瀬戸山・五島ヶ原に居住の信徒 3 人（いずれも黒島出身）、外目・以善・万場・下寺居住の信徒 2 人（黒島出身の信徒・外海の出津出身の第 2 世代と推定）である。また永久保地区の宿老は平戸出身者、岳崎地区の宿老は五島出身者（推定）

77

表4-1　田平小教区の信徒組織（役職）

	中田初期（3人）			中田中期（5人＋2人）		
	名前	居住地	出身地	名前	居住地	出身地
宿老	出口荒八	牟田・瀬戸山・五島ヶ原	外海（出津）	竹元弥重	牟田・瀬戸山・五島ヶ原	黒島
	堤幸蔵	牟田・瀬戸山・五島ヶ原	外海（黒崎）	山口藤八	牟田・瀬戸山・五島ヶ原	黒島
	浅田万吉	牟田・瀬戸山・五島ヶ原	黒島	溝口郡平	外目・以善・万場・下寺	黒島
				山内喜八	牟田・瀬戸山・五島ヶ原	黒島
				出口新衛門	外目・以善・万場・下寺	第2世代・外海（出津）？
宿老（地区割）	瀬戸平吉	永久保	五島	池田長八	永久保	平戸
				川脇与吉	岳崎	五島か？

注）『永遠の潮騒―田平カトリック教会創立100周年―』（311頁）の記載に浜崎『瀬戸の十字架』（16-21頁）のデータを加えて作成した。

である。

　さらに、後期は5人体制となる。牟田・瀬戸山・五島ヶ原に居住の信徒1人（第2世代・黒島出身と推定）、外目・以善・万場・下寺居住の信徒2人（黒島出身・第2世代、黒島出身と推定）、荻田居住の信徒1人（外海の出津出身の第2世代と推定）、不明1人である。なお次節でふれるように、1940（昭和14）年に永久保地区・岳崎地区に教会が設立され、両地区は田平教会（本教会）から分離する。

　また、中田神父の時代には、主任司祭の任命する宿老の下に各集落2名ずつの評議員を置き、宿老と評議員で役員会を構成している（浜崎130頁）。しばらく後の数字であるものの、信徒組織の下部単位の組（集落）数が22

第4章　田平教会の設立と周辺の教会の誕生

中田後期（5人）			熊谷期 （1940年代後半 ～60年代前半）	今村・野原期 （1960年代前半 ～70年代前半）	竹山期 （1970年代前半 ～80年代前半）	大山期 （1980年代 前半～）
名前	居住地	出身地等				
田口幸三	牟田・ 瀬戸山・ 五島ヶ原	第2世代・ 黒島か？	山口清太郎	友永義光	堤幸太郎	浜崎勇
友永助太郎	外目・ 以善・ 万場・ 下寺	黒島	田口幸三	田川音吉	浜崎勇	浜元順良
末吉兼太郎			山口元次郎	堤幸太郎	田川進	松下鹿三郎
出口浅次郎	荻田	第2世代・ 外海（出津）？	今村清松	浜崎勇	浜崎敏	山内忠七
池田大吉	外目・ 以善・ 万場・ 下寺	第2世代・ 黒島か？	大木友一 永谷茂		山内忠七	

に及ぶため、相当数であったと推測される（浜崎 88頁）。

　中田神父の後の熊谷森一神父の時期、1960（昭和35）年に平戸口教会が小教区として独立し、宿老は田平地区（小教区）の南部・北部各2名の4名体制となり、その選出は選挙制に移行する。その後、宿老の任期は4年から2年に短縮され、評議員も各地区の選出となった（浜崎 129頁）。

　1980（昭和55）年以降の信徒組織は、経済評議会・使徒職委員会の下で、機能別の委員会の教会整理委員会・編集委員会（教会報の発行）・典礼委員会・建設委員会・墓地管理委員会・墓地整理委員会と性別・年齢別の組織の木よう会（既婚男性が会員資格）・婦人会・青年会・高校生会・育成会（中学生以下の育成）が存在し、議決機関として信徒総会が開催されていた。他

に在世フランシスコ会、高山右近の列福を祈る会、YBU 心のともしび後援会、育英会、ウルトレア、わかば会（高齢者の健康保持）、レジオ・マリエが活動している（永遠の潮騒 359 頁）。

② 信徒教育

中田神父の時期の信仰教育（公教要理）は、主として信徒が担当した。要理担当の信徒は教え方と呼ばれ、田平地区田平の場合、表4-2 のように、地区別に実施されている。信徒教育の単位は、教会近辺の牟田、五瀬、外目・以善・万場、横立・江里山、荻田、そして教会から離れている永久保、岳崎、福崎である。他に本教会・永久保に年齢（青年）・性別（婦人）の教育担当がいた。信徒教育の回数であるが、中田神父の時期の約 30 年後の記録では児童に年間 300 回実施したとされる（浜崎 71 頁）。

1886（明治 19）年の最初の移住時、男性の信徒教育は今村庄衛門と小川音作が担当していた。ド・ロ神父に教え方として田平に行くように命じられた今村とともに教え方を担当した小川（旧姓前田）は、信徒の開拓移住の前から田平に居住していた旧住民で、神学校にも通い要理に通じた信徒であった。小川ら旧住民の 4 世帯は信徒の開拓移住に合わせて瀬戸山の土地 2 町 8 反を購入し、「追放」先の平戸島紐差から来住する（浜崎 15 頁）。女性の信徒教育は初期の担当者が不在であったため、黒島から出張してきた女性信徒 2 名が担当している。この 2 名は黒島愛苦会の会員と推測される。

中田神父の頃の信仰教育は、本教会の各地区を外海地区（出津）の第 1 世代および第 2 世代が担当していた。先述の川崎ソネは、1888（明治 21）年、ド・ロ神父から田平の教え方の担当を命じられ兄家族とともに 28 歳で移住し、その後 60 年間、女性・青少年・求道者や結婚の秘蹟の公教要理を担当している。久松キヤは、1907（明治 40）年、紐差教会のマタラ神父によって平戸島紐差地区の修道院（田崎愛苦会）に公教要理の学習のために派遣された田平の 4 人の女性信徒の 1 人で、1917（大正 6）年の修道院の設立までは自宅から教会に通って活動し、修道会の設立後に修道会員となっている。

なお、こうした信徒教育の結果、昭和期までに田平教会から 20 名の司祭と 130 名の修道士・修道女が輩出されている。

第 4 章　田平教会の設立と周辺の教会の誕生

表 4-2　田平の各地区の教え方担当者

区分	地区・対象者	名前	居住地区	出身地	世代	第 1 世代の居住地区等
本教会	牟田	浜崎竹造	牟田・瀬戸山・五島ヶ原	外海（出津）	第 1 世代	
	五瀬	川原幸之重	牟田・瀬戸山・五島ヶ原	外海（出津）	第 1 世代	その後、移転
	外目・以善・万場	今村庄衛門	江里山	外海（出津）	第 1 世代	移住時、他に小川音作も担当
		浜崎仙衛門		外海（出津）推定	第 2 世代（推定）	牟田・瀬戸山・五島ヶ原
	横立・江里山	山口善作	横立	外海（出津）推定	第 2 世代（推定）	
		今村喜八	横立あるいは江里山？	外海（出津）推定	第 2 世代（推定）	横立あるいは江里山？
	青年	山口清太郎	横立あるいは牟田・瀬戸山・五島ヶ原		第 2 世代（推定）	横立あるいは牟田・瀬戸山・五島ヶ原
		山口藤光	横立あるいは牟田・瀬戸山・五島ヶ原		第 2 世代（推定）	横立あるいは牟田・瀬戸山・五島ヶ原
		瀬崎豊		推定	第 2 世代（推定）	横立
	婦人（北部）	川崎ソネ	江里山	外海（出津）	第 1 世代	ド・ロ神父の命で兄の川崎源一家とともに移住
	婦人（南部）	久松キヤ	田平修道院	外海	第 2 世代	両親とともに以善に移住
永久保	永久保	松山喜衛門	永久保・野田	平戸（宝亀）		
	青年	濱道政太郎				1986 年坊田に濱道姓
	子供	浜道ミノ				1986 年坊田に濱道姓あり。最初が浜道、次に池田・大木が担当。
		池田ユリ	永久保・野田	平戸	第 2 世代（推定）	
		大木キクエ				
	婦人	池田シノ	永久保・野田	平戸	第 2 世代（推定）	
荻田	荻田	出口朝次郎（宿老兼務）	荻田	出津推定	第 2 世代（推定）	
岳崎	岳崎	山田五郎八	岳崎	五島推定	第 2 世代（推定）	
		池田久助				
		大谷藤助				
	子供	山添マセ				
		池田サヤ				
福崎	福崎	浜道喜代太（宿老兼務）				
	子供	島向ルイ				

注）『永遠の潮騒 ― 田平カトリック教会創立 100 周年 ―』（311 頁）の記載に基づいて作成した。

③ 社会館・育英会

北松地区のいくつかの小教区の福祉・地域活動の拠点であった社会館は、第6章でふれるように、田平小教区に設立された施設に由来する[3]。まず中田神父は、1935（昭和10）年に長崎教区司教の応援を得て、平戸口社会館を平戸口に設立し、修道会による保育事業を開始している。

また、田平小教区では、1962（昭和37）年に教会内に育英組織が設立され、奨学金制度が始まる。この奨学金制度は、長崎市の神学校に一時在籍し、その後、聖マリアンナ医科大学を創設した医師が、田平の進学事情を知り、高校進学者を対象に設立したものであった。この奨学金は、田平小教区の多くの高校生に利用されてきた（浜崎 138-139 頁）。

④ 墓地

田平での最初の受洗者である吉村兵蔵が洗礼の2ヶ月後に死去したため、近隣に住む信徒数人が土地を提供し合って共同墓地を造成し埋葬する。さらに彼らは隣接地を買い取り、教会の正式墓地とした。その後、横立・江里山・永久保・岳崎にも共同墓地、外目に個人墓地が造成されている。中田神父の時期、教会に隣接する墓地が要望され、1919（大正8）年に現在の1号墓地、さらに1921（大正10）年に2号墓地が造成されている（浜崎 24 頁・59-60 頁）[4]。

女子修道会

マタラ神父による久松ソネら4人の田崎愛苦会への派遣の後、主任司祭の中田神父は田平に女部屋（修道院）設立を計画し、さらに川崎フイ・小川エキ・溝口ウメ・田川セヨを派遣した（浜崎 92 頁）[5]。小川エキの親族の寄付した住宅と農地を基に仮修道院が設立され、1917（大正6）年には中田神父が購入した土地に、聖堂建設の残材を用いて修道院が設立される。初代の院長は田崎愛苦会（紐差修道院）の第2代・第4代院長であった林スエで、1920（大正9）年に川崎フイが第2代目の院長になった（永遠の潮騒 337 頁）。

寄贈された畑を売却して新たな農地を購入したり、看取りの条件で信徒から土地を寄贈されたりして、修道院は信仰教育とともに農業等の生産活動に

第4章　田平教会の設立と周辺の教会の誕生

携わることになる。主な活動は、農産物の生産や自家製の生糸による羽二重の機織り、飼育した綿羊からの羊毛とりであった。第二次世界大戦後はさらに養鶏を手がけ、最盛時には 2,000 羽飼育していた。農業以外の生産活動では、そうめん製造があった。ド・ロ神父が出津にもたらしたド・ロ様そうめん製造の知識が出津出身の川崎フイの両親にあり、試行錯誤を重ねそうめん製造が実現する（浜崎 94 頁）。また第二次世界大戦後には、精米・製粉事業および売店の経営に携わっている。

　加えて、修道院は助産と保育事業を担当している。助産は中田神父が修道会員の 1 人に長崎で助産術を学ばせて、修道会の活動の一つに加えている。保育も中田神父が修道会員の 1 人を東京の保母専修学校に通わせて、1935（昭和 10）年に社会館で保育事業を開始する。その後も中田神父は保母養成と助産婦養成の目的で 3 人を平戸高等女学校に通学させている。第二次世界大戦後、下寺・以善地区の要望に対応してむつみ保育園を開設し、西木場地区で曙保育園、福崎地区で愛児園を開設している（浜崎 97 頁）。

地域における評価と勢力の保持

　田平地区（小教区）への信徒の定着と世帯数の増大とともに、田平地区で教会の存在感が増していく。1947（昭和 22）年に就任した熊谷司祭以降、南田平村および田平町の教育委員に田平教会の主任司祭が就任することになる。

　また、大正・昭和期には南田平村における信徒比率の上昇を反映して、地域社会において信徒が一定の勢力になっていく。信徒の中から村会議員・町会議員が生まれ、大正期の南田平村議会では牟田・瀬戸山・五島ヶ原の川原幸之重、大正末から昭和初期の議会（定員 18 名）では以善の永谷治兵衛・野田の麦田常太郎が当選している。第二次世界大戦後の最初の選挙（定員 22 名）では、大石象吉・瀬崎豊・今村清と永久保の池田新松が当選している（浜崎 125 頁）。

田平における宗教コミュニティ形成の社会的特徴

　田平の宗教コミュニティの社会的特徴をいくつかあげたい。

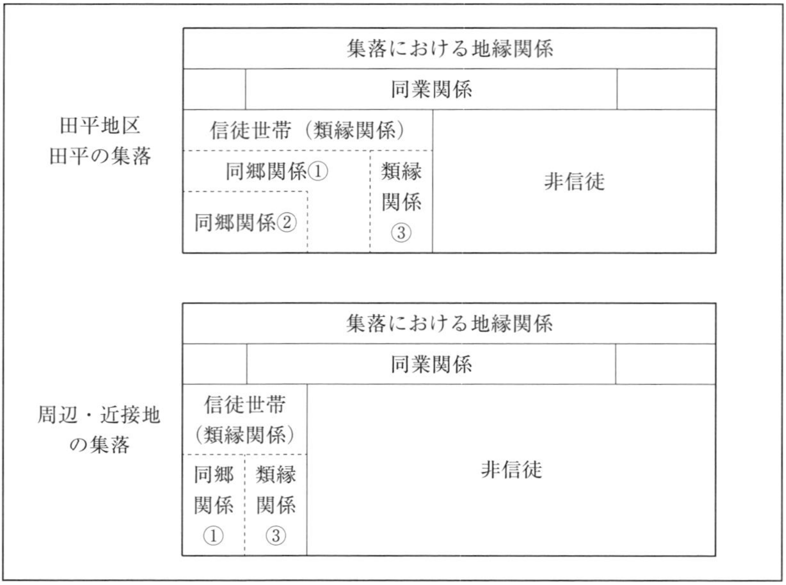

田平地区 田平の集落	集落における地縁関係			
		同業関係		
	信徒世帯（類縁関係）			非信徒
	同郷関係①	類縁 関係 ③		
	同郷関係②			

周辺・近接地 の集落	集落における地縁関係			
		同業関係		
	信徒世帯 （類縁関係）			非信徒
	同郷 関係 ①	類縁 関係 ③		

同郷関係①は、外海地区・黒島・五島・平戸島等の各出身者が保持する社会関係である。
同郷関係②は、各地区内の同じ小教区や集落出身者が保持する社会関係である。
類縁関係③は、田平の他地区からの分家や後発の来住世帯である。

図 4-2　田平地区の集落状況

　第 1 に、図 4-2 のように、地縁（同郷）関係が主要な社会的属性として残存したことである。すなわち地縁（同郷）関係が居住地と重なっていたことで、「田平教会の信者は、外海、黒島、平戸島出身の寄合世帯で、移住日なお浅く、司牧もなかなかむづかしい所だと、司祭間の中にもうわさがあった」（浜崎 39 頁）とされるような信仰の分節化が生じたと推測される。

　第 2 に、教会（信徒）が類縁的な社会層として地域社会と関係する傾向である。具体的には、教会（神父）が行政・文化的役割（教育委員）を担い、地域社会の主要な社会層の一つであるという社会的認知を獲得したこと、また教会の信徒規模を村町会議員数として顕在化させ、一定の社会的勢力を提示する傾向であった。こうした傾向は今日も持続しているといわれる。

　第 3 に、宗教コミュニティの類型に関して、初期に移住した外海・黒島

第4章　田平教会の設立と周辺の教会の誕生

出身者の多い小手田免・下寺免の信徒の比率は集落世帯の半数弱に及ぶもの
の、移住の遅かった岳崎地区で3分の1、他の地域は5分の1程度にとど
まったことである。「外海、黒島、五島と言えば、近隣は皆信者ばかりと
言ってよい位で、……いざ田平に来て見ると、近隣は異教徒ばかり」（浜崎
30頁）という実情であった。しかし集落ぐるみといえる状況には及ばない
ものの、都市の信徒の状況と比較すれば、信徒世帯が地区内で相当の割合を
占める集住状況であった。また信徒の多くが農業および兼業等において同業
関係にあったため、宗教コミュニティ類型において、意図的コミュニティに
位置づけるのが妥当であろう。

第2節　北松浦半島の開拓地に生まれた諸教会
—— 西木場教会・岳崎教会・福崎教会・江迎教会 ——

　明治中期以降の田平の信徒数は増加し、居住地は田平内に広がった。こう
した傾向は周辺の田平地区全体・近接の松浦市や佐世保市江迎町まで拡大
し、昭和期、旧田平町田平の内外に教会が新設されていく。

田平の新しい教会 —— 下寺教会の設立 ——
　田平教会設立の約40年後（1956年）、田平地区田平の下寺に新たな教会
が設立される（川上秀人 38頁）。この教会は、むつみ保育園の施設を利用し
たものである。

新たな居住地における教会
　田平の信徒世帯に分家が生じたことや新たな来住世帯によって、信徒の居
住は田平地区全体や周辺に拡大し、北松浦半島の新たな開拓地等に巡回教会
が設立されていく。昭和期以降、宗教コミュニティは大きく展開し、新たな
小教区が平戸口（第6章）と西木場に形成されることになる。
　① 岳崎教会・永久保教会
　1940（昭和15）年、岳崎・永久保それぞれに巡回教会が設立される。こ
のうち永久保教会は、1945（昭和20）年に焼失している。第二次世界大戦

後には、平戸口社会館の二階でミサがあげられるようになり、永久保・岳崎の信徒が参加している。

② 福崎教会

第1節の表4-2のように、田平教会の中田神父の赴任期に福崎担当の教え方が存在することから、この時期、福崎に信徒が居住していたのは明らかである。さらに浜崎が作成した移住者の子孫分布図によって、福崎・小崎の両地区で約30の信徒世帯が確認できる（外海町史 598頁）。

平戸口社会館における保育事業の後、北松浦半島の開拓地に次々設立された保育園・愛児園のうち福崎愛児園が1973（昭和48）年に閉園となる。その建物を利用して設立されたのが、福崎教会である。

③ 西木場教会・御厨教会

福崎・小崎の東側の松浦市西木場（西田）にも、信徒世帯が移住する。明治後期、平戸・五島・黒島から15世帯が移住し、開拓に従事してきた（御厨今昔 110頁）。西木場では、その後も信徒世帯が増加し、1936（昭和11）年、旧田平村の福崎・小崎を含む西木場地区に西木場教会（松浦市御厨町米ノ山免）が設立される。西木場教会は民家を改造したもので、当初、巡回教会であった。

第二次世界大戦後、さらに信徒数が急激する。西木場地区を担当したコロンバン会に所属するオーストラリア出身の神父の20万円の寄付を契機に教会新築の機運が生じ、1949（昭和24）年に西木場教会の聖堂と司祭館が総工費280万円で建設される（浜崎 50頁）。同年に、西木場教会は、小教区として独立している。

西木場教会

第4章　田平教会の設立と周辺の教会の誕生

　なお、昭和30年代（1958年）に旧新御厨町里免長峯に御厨教会が設立されている。

　④　江迎教会

　江迎教会は、佐世保市江迎の長坂免に所在した教会である。『北松浦郡江迎村郷土誌』（87頁）に「明治22年岩崎方吉なるもの本郡黒島村より根引の一隅に移住と共に伝来せる」とある。また『よきおとずれ』（2012年4月号）の江迎教会の信徒によれば、「わたしたちの先祖は1897年（明治30）ごろ黒島から町内の根引地区に移住してきた」とされる。浦頭教会の小瀬良明神父への聞き取りでも、根引は黒島からの開拓移住地とされている[6]。しかし、岩崎という姓は現在の黒島の信徒名に見当たらない。その一方、黒島・外海から移住が始まる前の明治初期、田平地区に岩崎姓の信徒が存在していた。『瀬戸の十字架』によれば、岩崎は「もとは薩摩藩士であったが、廃藩で禄を失った。その後、……流れ流れて瀬戸の浜に来た。そこで農業をする……。その後……追放され」（浜崎12頁）たのだという。岩崎家以外にも前田家・西村家・鴨川家が追放されている。すなわち「前田、西村、岩崎諸氏は紐差方面に、鴨川氏は黒島に追放された。紐差神鳥で数年前亡くなった前田七太郎氏、江迎町東江迎の前田新一郎氏、江迎町根引から長崎に移っている小川留潮氏などは、前田貞次郎氏の子孫」（浜崎13頁）であるという。現地調査に基づく浜崎の記述から、前田家・小川家（旧姓前田）・岩崎家の中から、江迎町根引に開拓移住があったことが推測できよう。さらに田平地区田平に移住した小川音作が他家族とともにさらに江迎に移住したという浜崎の記載（浜崎15頁・23頁）も、この推測を補強するものである。

　昭和初期、この地区の信徒数は12世帯110名で、遠距離の（南）田平教会のミサに通っていた（北松浦郡江迎村郷土誌87頁）。『カトリック教報』610号（1977年2月）の記事から、「聖櫃のない聖堂」つまり仮聖堂（仮教会）が設立されていたことが判明する。小瀬良神父の話では、根引にも教会が設立されていたという。その後、主教会が西木場教会・潜竜教会・平戸口教会に変更し、1977（昭和52）年に教会が新築されている。当時の25世帯は最低20万円、最高50万円の献金と労働奉仕を行い、さらに平戸島・北松浦半島の小教区からの協力金によって約50坪の教会が完成した。建設費

は 1,000 万円であった (カトリック教報 610 号)。

北松浦半島における宗教コミュニティ形成の社会的特徴

北松浦半島の新たな宗教コミュニティの形成の特徴は、同郷関係を基盤にする教会・小教区が数多く形成されたことである。図 4-3 のように、田平や周辺の開拓地における教会の設立は、各地区と南田平教会（田平教会）との間の物理的距離と世帯の増加が主要な理由とはいえ、結果的には、五島・平戸出身者の多い岳崎・福崎・西木場に新たな教会が設立されることになった。

こうした分節化を促進した背景には、田平と周辺地区の間の生産関係の不在であったことも指摘されよう。すなわち田平地区（小教区）の世帯と周辺地区の世帯の間が網元・漁業会社―漁業従事者といった雇用関係で結びつけられなかったため、田平の中心機能が低下して周辺との分節化が進んだと見られるからである。

図 4-3 宗教コミュニティの分節と展開

第 4 章　田平教会の設立と周辺の教会の誕生

第 3 節　北松浦半島から福岡市能古島への展開
―― 能古島教会の誕生 ――

　大正期、福岡市西区能古島大泊に 1 人のカトリック信徒の移住があった。しかし昭和初期の開墾助成法に基づく信徒世帯の開拓移住の草分けは、黒島出身で西木場に移住し農業と漁業に従事していた永田才松とその子ども世帯であった。同法に基づく開拓地に信徒 4 世帯が移住し、その後、佐賀県唐津市馬渡島等からも信徒 7 世帯の移住が生じる[7]。

民家御堂

　能古島における宗教コミュニティの形成は、移住のわずか数年後の集会所（寄付教会）の設立に始まる。次男・三男とともに採石の海上運搬業に従事していた永田才松が昭和初期に他出した世帯の家を購入し、そのままの民家に祭壇を備えて教会（集会所）としたものである。この寄付教会に神父が来るのは年に 1 回で、主日は西新教会（現在福岡市早良区）のミサに行くか、教会（集会所）に集って祈っていたという。

教会の設立

　1968（昭和 43）年、現在の能古島教会が同じ場所に建設される。建設に際しては、貝の販売やバザー等で資金を集めるとともにブロック積みなどの建設作業を信徒が担っている。その後、能古島教会は大名教会の巡回教会になり、土曜日の夜に大名教会の神父がミサのために訪問するようになる。10 年前に教会の改修を行い、2015 年現在、信徒数は 12 世帯、91 人である。

　以上、平戸市田平地区を中心とする北松浦半島において、教会や小教区が数多く形成されてきたことが明らかになった。田平地区田平に立地する

能古島教会

田平教会と周辺の移住地の間の物理的距離や信徒世帯数の増加がその背景にあるといえ、移住地において同郷関係が主要な社会的属性として残存したことも要因として指摘できよう。すなわち五島や平戸出身者が多数を占める周辺の移住地に新たな教会が設立され、移住した信徒の同郷関係が移住地の選択や移住の時期の相違として顕在化し、分節化が生じたと見られるのである。

　宗教コミュニティの派生的展開によって信徒は各教会・小教区に分散しているものの、しかし集合的な信徒層として、旧町村における主要な社会層の一つという位置づけが得られていたことも判明した。なお明治中期以降の移住地のため、各集落に占める信徒比率は一定の割合にとどまるものの、同業関係が保持された意図的コミュニティであったといえよう。

　注
　1）ラゲ神父は開拓移住後の田平に数度訪問して、ミサをあげていたという（浜崎 22頁）。
　2）吉村兵蔵は、田平への開拓移住が開始された時に田平教会付近の土地を購入して、移住信徒の一員になっている。吉村は成人洗礼で、田平における受洗第 1 号とされる（浜崎 15 頁・24 頁）。
　3）神崎小教区は、平戸口社会館をモデルにして、1930 年に神崎社会館を設立する。福祉サービス・医療サービス・衛生サービス（理髪所）・教育教養サービス・職業教育が提供されていた（神崎教会献堂 50 年記念 59 頁）。
　4）墓地の利用区分は、1 号墓地が、原則として、権利金を支払い信徒の義務を果たした信徒世帯、2 号墓地が、権利金を支払っていない世帯、信徒の務めを果たしていない世帯である（浜口 60 頁）。
　5）『紐差修道院創立 100 周年誌』（1980 年）には、1915（大正 4）年に 4 名とある（お告げのマリア修道会 23 頁）。
　6）2017 年 3 月に小瀬良明神父に聞き取り調査を実施した。なお、調査時、小瀬良神父は佐々教会主任司祭であった。
　7）2015 年 5 月に福岡市西区能古島大泊・能古島教会の永田夫妻に聞き取り調査を実施した。

第5章
信徒の計画と長崎司教の意向
—— 邦人司教の宣教戦略 ——

　1927（昭和2）年、長崎教区から福岡教区が分離し、明治以来、長崎教区を管轄してきたパリ外国宣教会の管轄地は新設の福岡教区に縮小される。同年、長崎教区に早坂久之助が赴任し、日本人で最初の司教になる。司教着座後に早坂司教が取り組んだ事業は、第1章第3節の記事のように新たな信仰拠点（教会）の設立であった。そのため、外国修道会・外国人神父から邦人司教に脱埋め込みの社会資源の主体が移行する[1]。

　早坂司教は、小教区の主任司祭や信徒が民家御堂—仮聖堂から積み上げた宗教コミュニティ形成の段階（教会の建設）に介入し、しばしば主任司祭や信徒が主導する建設計画であっても計画の変更を求めた。また信徒数が少ないため社会関係の制度化（教会の建設）が困難であっても、教会の建設に取り組んだ。こうした教会設立への介入や主導は、実は、教会の社会性 —— 社会的存在としての教会 —— をめざす思いが滲むものであった。後継の司教にもこうした意向が引き継がれる。

　第1節で、昭和初期、新教会の予定地が変更された平戸市平戸ザビエル記念教会の設立の経緯を明らかにする。第2節で、教会の建設予定地が交通の利便性と可視性に優れた場所に変更された佐世保市三浦町教会の設立の経緯にふれる。第3節で、昭和初期の信徒の移住から数年で教会が設立され、短期間に小教区として独立した諫早市諫早教会の設立の背景と宗教コミュニティの展開を明らかにする。第4節で、高度経済成長期に人口が急増した大村市の中心部に新設された水主町教会の設立の経緯とその後の展開を明らかにする。

図 5-1　平戸市平戸地区
＊この地図は国土地理院地図に関連する名称を加筆したものである。

第 1 節　城下町のランドマーク —— 平戸市平戸ザビエル記念教会 ——

　平戸島平戸は、図5-1のように、平戸藩の城下町で、平戸島の中心地区である。この地には、明治中期まで、カトリック信徒の居住は見られない。信徒の居住が始まるのは1900（明治33）年頃で、五島から7世帯が戸石川町杉山に集団移住している（平戸教会の礎 14頁）。その後、五島や外海地区の出身世帯が赤坂・大久保・大垣（岩の上の一部）等に移住する（平戸教会の礎 14頁）。平戸に移住した世帯の多くは、出身地の土地・建物を売却した金で平戸の耕地を購入し、大半が自作農で小作は一部であったという（平戸教会の礎 23-24頁）[2]。

民家御堂

　平戸への移住は後発で信徒数も少なかった。彼らは平戸島北部の大久保半

第 5 章　信徒の計画と長崎司教の意向

島にある上神崎（潮の浦）教会の所属であった[3]。半島入口近くの信徒で片道 1 時間、杉山・大垣の信徒の場合、2 時間をかけて山道や畦道を歩いて上神崎教会に通っていた。とりわけ子どもは 1 週間のうちかなりの日々を公教要理の勉強で通ったため、相当の負担であった（平戸教会の礎 16 頁）。

　1907（明治 40）年頃には、平戸島平戸の信徒は 30 世帯を超える（西の久保小史 25-26 頁）。この頃、平戸島・北松地区を担当する紐差教会のジャン・マタラ神父は紐差地区の田崎修道院の会員を教え方に任命し、子どもの公教要理を戸石川町杉山の中田家・赤坂の山見家・大垣の末永家で行うことにした。さらにその家を民家御堂として、信徒の日曜日の務め（集会）が行われ、時にはミサが立てられるようになる（平戸教会の礎 16 頁）。

仮教会・教会の設立

　マタラ神父は、平戸島平戸の信徒の増加と平戸島・北松地区のセンターとしての発展を見込み、また信徒の身体的負担を軽減するために上神崎小教区の巡回教会を平戸に設立することを決断する。そして大久保半島入口の中の原の北側を上神崎教会、南側を平戸教会の管轄に区分する（平戸教会の礎 18 頁）。

　しかし、平戸の宿老が教会の建設場所を再三協議するものの、信徒の居住範囲が広いことや適当な土地が見つからなかったことで決定できなかった。そのため教会用地の検討を先延ばしして、1908（明治 41）年、高麗町桜馬場（現在の戸石川町の高麗町公民館の上）の土地を借りて古家を移築し、仮聖堂とした（平戸教会の礎 16-17 頁）。

　こうした事情から、教会の建設計画をマタラ神父自身が主導することになる。神父は現在の平戸ザビエル記念教会の横の農地を信徒から譲り受け、自ら設計・監督し、1910（明治 43）年、一階を聖堂、二階を司祭館とする木造二階建て一部洋式の教会を新築し

建築直後の平戸教会

た。建設費用はマタラ神父が全額負担し、建築作業は信者の総出であった。仮聖堂は、土地を所有していた信徒に譲られている（平戸教会の礎 18-20 頁）。

ザビエル記念教会の設立

大正期の 1916（大正 5）年には、平戸島平戸の信徒は 60 世帯、250 人に達する。マタラ神父はさらなる平戸の信徒の増加を想定して、新しい教会の建設を決意する。

① 信徒の金銭的負担

信徒は信徒総会を開催し、翌年から 1 世帯当たり 2 円の建設費の積立を開始した。その後、担当の司祭がこの積立額では教会の建設にこぎつけられないと判断し、当時の町民税の徴収方法に準じて建設費の積立金額を 8 階級に等級割し、各世帯から 1 年分 4～18 円の徴収と業種別の日労献金を徴収する案が提案された。

しかし、この案では相当な負担になるため、1 回の信徒総会では決定できず、翌年の信徒総会でようやく決定された。1920（大正 9）年から宿老および地区委員が徴収を担当し、七十数世帯の信徒世帯は十数年にわたって高額の積立金を負担することになった。「納める苦しみ・集める苦しみ」と呼ばれる厳しい状況であった（平戸教会の礎 31-32 頁）。

② 邦人司教の意向

1929（昭和 4）年、早坂司教は平戸島北部の拠点教会であった上神崎教会を訪問した後で、平戸の新教会予定地の敷地を視察した。その土地はすでに信徒によって整地が終えられていた。その際、隣地の光明寺上の畑地（現在の鏡川町堀口）に着目した司教は、その場でその土地が平戸教会の信徒のものであることを知る。所有者と譲渡交渉を始め、すぐに新教会の敷地変更を平戸教会側に指示した。『平戸教会の礎』には「驚いたのは山川神父と宿老たちである。突然の敷地変更に驚き、信者たちが今まで懸命に額に汗して働いて造成した敷地はどうするのか、信者たちにどんな説明をすれば納得してもらえるか、頭を悩ますことになった。……司教の決定とあっては従うしかなかった」とある（平戸教会の礎 39 頁）。これまで整地作業に取り組んでき

た平戸教会の神父と信徒は、司教の決定に従って新たに購入された土地の整地作業をやり直すことになる。

③ 新教会の設立

1930（昭和5）年、司教との随意契約によって請け負った株式会社金子組によって教会建設が開始し、信者も資材の運搬等1世帯あたり120日の作業に従事した。また上神崎教会・古江教会・田平教会や生月島から応援があった（平戸教会の礎 39-41頁：西の久保小史 27頁）。1930（昭和5）年に鉄筋コンクリート・重層屋根の教会が完成する（長崎県のカトリック教会 83頁）。日労献金は任意納入に変わっているものの、建設費の積み立ては教会設立後の1931年末まで続いた。建築費用は約2万5,000円であった（平戸教会の礎 42-43頁）。

大正期まで紐差の田崎愛苦会の会員が教会に出張し、公教要理を担当していたが、しかし昭和初期に平戸の担当者が不在となった。そのため未婚の女性信徒7人の志願者を得て、1929（昭和4）年に「聖ヨゼフ修道院」が創設される。鏡川町堀口の民家を修道院としていたものの、修道院予定地が教会の新築予定地に含まれていたため、伝道館に一時移転後、旧教会堂を修道院とした。会員は、教会の公教要理等の奉仕活動と現金収入を得るため土木作業に従事している。その後、牛の飼育等も行い、1953（昭和28）年に児童福祉法による保育所を伝道館で開始する。修道院は、1956（昭和31）年、他の修道院とともに聖卑姉妹会に統合し、1975（昭和50）年にお告げのマリア修道会平戸修道院と改称している（平戸教会の礎 28-31頁）。

平戸における宗教コミュニティ形成の社会的特徴

草分けの信徒の移住後、平戸島の中心地区である平戸は、上神崎小教区の周辺に位置づけられていた。移住の7年後に杉山・赤坂・大垣に民家御堂とけいこ（稽古）部屋が設立されたのが、平戸における宗教コミュニティ形成の端緒である。しかしその後には、短期間に仮教会・教会が設立されていく。すなわち1年後、借地に仮教会、3年後にザビエル記念教会付近に教会が設立されるのである。このように民家御堂の設立から短期間で仮教会・教会が設立できたのは、信徒の増加とともに地区外の社会資源（外国人司祭に

よる資金の提供）の関与があったためである。

　約20年後の2代目教会（ザビエル記念教会）の新築は、外国人神父の発案ながら、信徒の人口規模（資金・労働力）による制度化であった。しかし信徒が長期にわたって準備してきた教会の新築計画は、邦人司教の意向によって変更になっている。また信徒の金銭的負担は相当なものであった。

　しかし、新教会の立地は平戸港からの景観に優れ、隣接する寺院と並び立つことで平戸の歴史を象徴するものとなり、現在に至るまで平戸観光の最大のスポットになっている。

第2節　県下第2の都市の顔 —— 佐世保市三浦町教会 ——

　佐世保市が軍港に指定されたのは1889（明治22）年であった。その翌年に海軍鎮守府・造船部（海軍工廠の前身）が開設され、軍需産業が展開していく。鎮守府の開府後、佐世保村の人口は倍増し、10年後の1900（明治33）年には4万人に急増した（佐世保市史政治行政編 17頁）。さらに周辺と合併が進み、大正末期には人口が14万人に達した。

旧佐世保村における信仰の展開

　こうした状況の中で、1890年代以降、佐世保市の多くのキリスト教会や寺院が設立されていく。多くのカトリック教会が設立されるのは、人口の集積がさらに進む1930年代以後である。

① 民家御堂

　旧佐世保村に集会施設が設立されるのは、明治中期（1890年）である。中心地区であった天満町の検番跡に祈りの間ができ、井手乙松ら数世帯が集まったという。その後、1895（明治28）年に名切町の小柳宅二階に民家御堂が設立される。

② 谷郷教会の設立

　翌年（1896年）、谷郷教会があわただしく設立された。谷郷教会は91坪、古い木造二階建ての借家であった（三浦町カトリック教会献堂50年誌 9頁）。

第5章　信徒の計画と長崎司教の意向

　この谷郷教会の土地は、大正期、パリ外国宣教会のルマリエ神父が購入している。
　明治期、現在の佐世保市内の教会は、中心地区の谷郷教会と相浦地区（相浦の対岸の半島部）の梶ノ浦教会のみであった。
　谷郷教会の老朽化を契機に教会新築の話が持ち上がり、谷郷町の北に位置する八幡町の1,572坪の土地を購入することになった。谷郷教会敷地の売却金が、八幡町の土地購入に充てられた。

三浦町教会の設立

　佐世保市を訪問した早坂司教の意向で、急遽、教会の新築予定地は八幡町から交通の要所である三浦町に変更になった。新たに三浦町の土地736坪が購入され、1931（昭和6）年に教会が完成し、三浦町教会に改名する（図5-2）。当時の信徒数は1,170人であった（三浦町カトリック教会献堂50年誌9頁）。

　① 司教主導

　教会新築の背景には、佐世保北部の信徒急増があった。谷郷町よりも地価が安く、広い敷地が確保できる八幡町に教会の新築を計画した地元側に対して、早坂司教は北松地区のセンターとして鉄道・船舶等の交通の拠点である三浦町を指示したと推測される。『三浦町カトリック教会献堂50年誌』所収の教会設立時の一文（「……帝国の軍港都市として、住民拾有参萬を擁せる佐世保市……長崎市に次ぐ県下唯一の都市が、この状態（「腐朽し盡したみすぼらしい、一神父の住宅にも足らない仮教会があるばかり」＝引用者注）では、折角出来た邦人教区の面目にも関する」）という文面から、司教の意図がうかがえよう。

　司教の主導は、『カトリック教報』3号（1928年12月）「教

三浦町教会

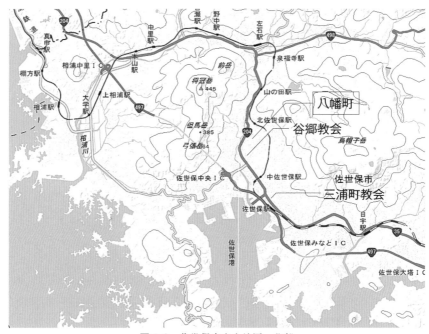

図 5-2　佐世保市中心地区・北部
＊この地図は国土地理院地図に関連する名称を加筆したものである。

界ゴシツプ」からも把握される。まずゴシツプ氏は、谷郷教会の現状を「誰がいたづらに附けたものやら、トンネル教会と綽名されている佐世保市の公教会、実際一見したところ、誰の目にも田舎の腰掛茶屋か、高く見積もつても安下宿屋としか見えないあの荒格子だての教会は、長崎県下第二の都市、しかも帝国有数の軍港に於けるカトリック教會としては、餘りにもみそぼらしい」と嘆く。しかし谷郷教会には約千円の借金があり、司教が代わりに「予想外に立派な敷地」を購入したと明かす。しかしながら聖堂・司祭館・伝道士宅・コック宅等の建設には 5、6 万円が必要で、主任司祭の尽力にもかかわらず、ゴシツプ氏の周囲の者は「五六万円は愚か五六千も集めてくるだろうか」と危ぶむ。そして「蹶起したのが長崎司教様自身だ。教區全体の各教會は擧つて應分の寄附をなすべし、而してその援助によつて佐世保公教會は生まれ出づべし、と御命令なさつた上に、教會遊説に自ら出馬なさつた。……浦上公教會が先ず先に立つて一と肌脱いで呉れなければダメだと……説

教壇に立つて……佐世保公教會新設のため哀願懇請之に努められた」と司教の主導をたたえている。この記事から、司教の強い意向と積極的な姿勢が伝わってくる。

② 三浦町教会の信徒

ところで、大正 10 年生まれの三浦町教会の信徒の記憶によれば、昭和初期、小学校の同級生（信徒）は五島出身者が最も多く、次に長崎市浦上地区出身者が多かったという。長崎市外海地区出身者もいて、同級生の親の多くは軍関係の仕事であった[4]。

この信徒の母親は外海地区（黒崎）の出身で、祖父母の代に佐世保市に来て商売を始めた。佐世保には黒崎出身者が多く、彼らの多くは軍港関係の仕事に従事していた。

父親は福岡県大牟田の農家の三男で、軍隊を除隊した後、佐世保の丸善醤油で働く。開業当初の丸善醤油はもろみを福岡県築後地方から取り寄せて製造していたが、数年後には本格的な製造を開始し、その後、醤油製造の主導企業になっていく（佐世保市史産業経済篇 162-163 頁）。父親が就業した頃には、現在の佐世保市日宇地区白岳に移転していたようである。当時の丸善醤油では 40 人ぐらいが働き、福岡県の出身者が多かったという。

昭和初期の信徒の職業に関して「海軍工廠の 7 時 10 分の出勤時限……5時から起きて薪で炊いた朝飯を食べさせられ、弁当を持って歩いて出勤していたような信徒家族」（俵町小教区 50 年誌 49 頁）と記され、佐世保地区には海軍工廠関係に勤める信徒世帯が多かったことがうかがえる。

③ 小教区の独立と信徒組織

三浦町教会は教会堂の建設後、黒島小教区から独立した。それに伴って、西彼杵村・大島村・佐々村・小佐々（神崎）・相浦（梶ノ浦・大崎）・鹿町（褥崎）が黒島教会の管轄から三浦町教会に移行する（祝落成 大野カトリック教会 4 頁）。その後、松山教会の設立・独立によって、三浦町教会の管轄は佐世保市役所の南側の日宇地区から船越地区手前の旧赤崎地区までになっている。

幼稚園の設立

1930（昭和5）年、三浦町教会の竣工前に聖心幼稚園が設立された。落成式に海軍関係者を含む佐世保市の名士を招待し、幼児教育を通して宗教コミュニティが地域社会で社会的役割を果たす存在であることを周知しようとした。なお三浦町教会の完成まで、聖心幼稚園二階が仮聖堂として用いられている（カトリック教報35号 1930年4月）。

佐世保市中心地区における宗教コミュニティ形成の社会的特徴

佐世保市に設立された最初の教会の一つが、中心地区の谷郷教会であった。その後、佐世保駅近くへの移転に伴い三浦町教会に改名する。三浦町教会の立地は、長崎県北部の新たな拠点づくりという長崎司教の戦略的意図が反映されたものであった。

明治中後期・大正期は、表5-1のように、佐世保市に宗教施設の進出が著しい時期であった。仏教寺院の進出に加えて、プロテスタント系の各教会

表5-1　佐世保市における宗教施設の設立

	仏教					
	真宗系	真言宗系	日蓮宗	臨済宗	曹洞宗	その他
1891年～1900年	2	－	－	－	－	1
1901年～1910年	5	1	1	2	1	1
1911年～1920年	1	3	2	1	1	1
時期不明	－	－	－	－	－	－
	キリスト教					
	洗礼派	日本基督教会	聖公会	救世軍	天主公教	日本メゾジスト
1891年～1900年	－	－	－	－	1	－
1901年～1910年	1	－	－	－	－	－
1911年～1920年	－	－	1	1	－	－
時期不明	－	－	－	－	－	1

注）『佐世保郷土誌』110-112頁を集計したものである。

第5章　信徒の計画と長崎司教の意向

が設立される中、信徒による集会場・民家御堂を経た谷郷教会は、邦人教区となった長崎教区の主導で陸海交通の拠点の三浦町の丘の上に移転し、北松地区一帯から信徒が集まる拠点教会に展開し、同時に多くの市民や訪問者の目にとまる可視性の高いランドマークになったのである。

第3節　信徒十数世帯の拠点教会 —— 諫早市諫早教会 ——

諫早市は長崎県中央部に位置し、西彼杵半島と島原半島を結ぶ大村湾南岸に立地する。明治以前、諫早市は信徒が不在であった。

諫早への移住世帯
① 昭和初期の移住世帯と鉄道

諫早市へのカトリック信徒の移住が把握されるのは、表5-2のように、昭和初期である。この時期に12世帯47人の信徒が移住し、このうち11世帯の出身地は、『諫早小教区史』に「長崎地方」とある。聞き取りでは、浜口澄江が長崎市内の出身と判明したものの、他の出身地区は不明である[5]。草分けの信徒の職業は、『カトリック諫早教会創立75周年記念誌』の記事や手記によれば、田川留五郎と森初五郎は商売、石橋猛は教員、東与吉は農業である（32頁・111頁）。このうち大村出身の森家は、植松教会の信徒世帯に森姓が2世帯（旧竹松村・旧植松村）見られることから、大村の分家世帯あるいは他出世帯の可能性がある。聞き取りでは、農業を志向して諫早地区に移住した人はそれほど多くなく、成功した人も少なかったという。昭和初期の移住世帯の中には、その後、長崎に戻った世帯も多かったという。

この時期に諫早に移住した信徒は、当初、旧竹松村の竹松教会に鉄道で通っている（カトリック諫早教会創設75周年記念誌　38頁）[6]。

② 五島大瀬崎通信局の信徒世帯

諫早教会設立の翌年（1933年）、五島等から12世帯が移住する。しかし信徒の手記によれば移住時期に若干の時差がある。このうち五島出身であることが判明しているのは、五島大瀬崎の5家族（6世帯）と中口家である。

101

表 5-2　諫早周辺への信徒の移住

時期	出身地	世帯主	世帯員	五島大瀬崎	住所
昭和初期	長崎	田川留五郎	6		
		石橋猛	5		
		東与吉	5		
		田口シヨ	5		
		山口兼吉	7		
		片岡伊吉	3		
		中尾熊夫	2		
		古川伊蔵	2		
		村山増夫	3		
		浜口澄江	2		
		片岡岩松	2		
	大村	森初五郎	5		
合計		12 世帯	47		
1933（昭和8）年	五島等	川端好蔵	6	○	愛野
		中山安市	5		
		中野善五郎	1		
		中山ナツ	2		
		中口馬吉	11		
		赤本福太郎	6		
		平野竜衛門	9		
		松田八重子	2		
		扇山鉄男	3	○○	諫早
		浦口三吉	4	○	愛野
		七田好夫	3	○	愛野
		三村源松	2	○	愛野
合計		12 家（13 世帯）	54	6	

注）『諫早小教区史・創立 44 周年記念』（16 頁）、『愛野カトリック教会創立 40 周年記念誌』（24 頁）を基に作表した。

第5章　信徒の計画と長崎司教の意向

聞き取りでは、扇山家の場合は、五島（玉之浦）の大瀬崎の無線局が 1932
（昭和7）年 11 月に諫早市金谷町（送信所は愛野町に新設）に移転したこと
に伴う転勤であり、以後、諫早に定住することになる[7]。『愛野カトリック
教会創立 40 周年記念誌』には、福江島の大瀬崎無線局が諫早（受信所）と
愛野（送信所）に移転し、愛野に 4 世帯・諫早に 2 世帯が移転したと記さ
れている（24 頁）。また中口家は、植松教会での聞き取りによれば、五島の
出身で諫早市に第 3 世代まで定住し、1957（昭和 32）年の諫早大水害で被
災したため、大村市（旧西大村）に転居している。

　その後、諫早教会の信徒世帯は、表 5-3 のように戦前期に流入と転出を
繰り返している。

諫早教会の設立

　昭和初期の移住から数年のうちに、
わずかな信徒数の諫早に教会が設立さ
れる。

　① 竹松教会と民家御堂

　昭和初期の移住後の 1932（昭和 7）
年、信徒数は 12 世帯（47 人）であっ
た（表 5-3）。当時の信徒の信仰生活
に関して、「昭和 5 年の頃、私たち家
族は、日頃の御ミサを上町の田川精肉
店（留五郎・カネ宅）の二階で与かっ
ていました。祝祭日のお祝い日は、大
村の竹松教会まで行き御ミサに与り
……早朝から起こされ汽車に乗りおく
れないように……大村通いをしたもの
です」（カトリック諫早教会創設 75 周年
記念誌 110-111 頁）とあり、民家御堂
における主日の集会と祝日の竹松教会
のミサという信仰生活が判明する。な

表 5-3　諫早教会の信徒数

年	信徒数	世帯数
1932 年	47	12
1933 年	101	24
1937 年	125	−
1939 年	117	−
1948 年	221	−
1960 年	229	−
1971 年	427	100
1975 年	433	130
1980 年	549	177
1985 年	721	228
1990 年	864	274
1995 年	987	315
2000 年	1,066	342
2005 年	1,104	359

注）『カトリック諫早教会創設 75 周年記念
誌』（126-128 頁）の統計から抜粋した
ものである。

図 5-3　諫早市中心地区
＊この地図は国土地理院地図に関連する名称を加筆したものである。

お子どもの公教要理も竹松教会のミサ後に行われていたという。

② 諫早教会の設立

しかし、民家御堂からわずか 2 年後の 1932（昭和 7）年に諫早教会が設立され、小教区として独立する（図 5-3）。かなり早期の教会設立に関して「日本人初の司教となられた早坂司教は、諫早は県の中央に位置し交通の要であることから聖堂建設を呼びかけられ、守山松三郎師の指導を受けながら石橋孟氏は、田川留五郎氏の協力を得て現在地（幼稚園の土地を含めて）の土地を購入」したという内容の 9 代目の主任司祭の手記（カトリック諫早教会創設 75 周年記念誌 14 頁）があり、長崎教区の強い主導がうかがえる。

諫早教会

『カトリック教報』81 号（1932 年 3 月）によれば、諫早教会の設立の経緯
は、「諫早町は大村、島原及び佐賀県鹿島を連結する中心地で、縣立中學校、
農學校、高等女學校、刑務所等もあり、近き将來に平坦線が完成すると、佐
嘉方面から直通する汽車の便もあり、頗る前途有望な地である。然るに今日
までカトリツク教會の設がなく、こゝに居住せる信者達は、それを何よりの
遺憾としたものであつたが、昨年早坂司教様は郊外に適當な場所を購入し、
さゝやかながら寫眞の如き教會堂を新設して、去る 2 月 14 日、その落成式
を擧行せられた」とある。諫早市が交通の要衝で県央の中心に発展する可能
性があり、宣教の対象の学生も多いことに着目した司教が主導し、土地を購
入し教会を建設したことが分かる。また同紙には、教会の新築に貢献した信
徒として、田川留五郎と県立中学校の油絵教授の石橋孟の名前があげられて
いる。

島原二の丸教会の設立

さらに、島原小教区が設立され、諫早教会から独立したのも同じ年（1932
年）であった。

1932（昭和 7）年、島原市の民家を借りて、諫早教会の主任司祭であった
山口宅助神父が巡回し、ミサが行われるようになる。同年 9 月の小教区の
独立は早坂司教の主導であった。1931（昭和 6）年に購入していた土地に教
会が完成し、島原二の丸教会と命名される。諫早教会から巡回していた山口
神父が、島原二の丸教会の主任教会として着任する（殉教者の道をゆく 99
頁）。このあわただしい展開に司教の積極的な動きがうかがえよう。

第二次世界大戦後の諫早教会

① 信徒の急増

諫早教会は、表 5-2 および表 5-3 のように、教会設立の翌年の 1933（昭
和 8）年に 12 世帯が来住して信徒数が約 100 人に増加した。その後は、第
二次世界大戦の終戦まで大きな増加は見られない。しかし、戦後になると信
徒数が急増する。『カトリック諫早教会創立 75 周年記念誌』の記事や手記
から、諫早市の産業発展に伴い多様な職業の信徒が来住したことが明らかに

なる。第二次世界大戦後の 1940 年代に来住したのは、ソウルから家族 7 人で引き揚げてきた信徒世帯、大村市から諫早に婚入した信徒、教員として諫早に勤務することになった信徒等である。1950 年〜1960 年代は、長田地区から徒歩あるいはバスさらに鉄道に乗り継いで教会に通った信徒（現在神父）、勤めていたタクシー会社の進出で移動してきた信徒、貝津工場団地に進出した企業の社員（十数世帯の信徒）が転入している。さらに 1970 年代は、長崎市飽の浦教会からの転入や子供の幼稚園入学を契機に受洗した信徒がいる（カトリック諫早教会創設 75 周年記念誌 93 頁・115-118 頁・132-140 頁）。

② 新教会の建設

1948（昭和 23）年には戦前から信徒数が倍増し、1953（昭和 28）年、小さな和風の教会が鉄川与助の設計・施工で新築される。この 2 代目の教会の設立は、四十数世帯の信徒による整地作業・資材運搬等の労働奉仕、建設委員を中心にした建設資金の調達によるものである。なおこの時期の建設委員は、昭和初期に移住した第 2 世代 1 人・1933（昭和 8）年に移住した 2 人、その後に移住した 1 人の計 4 人である（カトリック諫早教会創設 75 周年記念誌 35-37 頁）。

③ 台風・水害の被災と社宅でのミサ

1950 年代には、1956（昭和 31）年の台風や 1957（昭和 32）年の水害で信徒は多大な被害を受けた。人的被害だけでも台風で 3 人、水害で 6 人が犠牲になっている（カトリック諫早教会創設 75 周年記念誌 39-40 頁）。

その一方で、1960 年代以降、諫早市で工業開発が進行する。諫早市西部に貝津工業団地が造成され、進出企業の社宅に住む信徒世帯に対して、1964（昭和 39）年から 2 年間、工業団地事務所の二階で土曜日の夜にミサが行われる。さらに 1970 年代には、西諫早ニュータウンの開発・旧国鉄浦上平坦線の開通・諫早中核工業団地の開発で諫早市の人口は飛躍的に増加し、1971（昭和 46）年には信徒世帯は 100 世帯を超え、1980（昭和 55）年に 549 人 177 世帯に達する（カトリック諫早教会創設 75 周年記念誌 45 頁・116 頁）。

106

第 5 章　信徒の計画と長崎司教の意向

④ 3 代目教会の建設

　こうした急激な信徒の増加やシロアリ被害の発生等による聖堂の老朽化のため、1980 年頃に教会の建て替えの方針が出される。3 代目の聖堂は、1983（昭和 58）年に完成する。なお新聖堂の建設費の総額は 1 億 5,000 万円で、信徒の負担金は 5,000 万円であった（カトリック諫早教会創設 75 周年記念誌 50-51 頁・126-128 頁）。水浦久之によれば、残額のうち 3,000 万円は、浦上教会の信徒が主催したチャリティコンサートを契機に多くの人から集まった寄付という（水浦久之 24-29 頁）。

⑤ 幼稚園の設立

　第二次世界大戦後の諫早教会を特徴づけるのは、1948（昭和 23）年の幼稚園の設立である。幼稚園設立の背景には、諫早市における幼児教育施設の不在（教育剥脱）の解消と福音宣教の機会増大、さらに 2 代目の教会設立の資金獲得があったとされる。

　この幼稚園の施設は、信徒（当時の諫早警察署長で後の旧外海町長）の尽力で大村市杭出津の第 21 海軍航空廠の木造施設の払い下げを受け、解体した資材を信徒の経営する運送会社が諫早に運搬し、信徒の奉仕作業で建設したものである。1949（昭和 24）年に設立認可を受け、幼稚園の運営は純心聖母会修道院に委託される（カトリック諫早教会創設 75 周年記念誌 32 頁）。

　諫早教会での聞き取りによれば、諫早純心幼稚園は、諫早市内において幼児教育施設として非常に高い評価を得ているという。こうした地域教育への関与は、3 代目主任司祭の諫早市教育委員への就任、4 代目主任司祭の諫早市教育委員・長崎県教育委員（2 年間は教育委員長）就任につながる。

現在の状況と信徒組織

　諫早教会での聞き取りによれば、近年の信徒世帯の来住は、諫早市での住宅の購入によるものが多い。長崎市に比べて地価が安く交通の便がよいためで、長崎市内への通勤圏、定年退職後の生活の地とする転入が多いという。

　現在の諫早教会の信徒組織は、小教区評議会（会長・議長・副議長・企画委員・書記・会計）の下に機能別部門の広報委員会・典礼委員会・宣教委員会・司牧委員会・実態調査委員会・経済問題評議会、地区別組織（班）、

性・年齢別等の組織の婦人会・壮年会および幼稚園の運営の純心聖母会が位置づけられている。評議会は毎月最終日曜日に開催され、主任司祭・評議会議長・副議長・経済問題評議員・各委員会の委員長・班長が出席して毎月の行事の審議・報告、各委員会・各班の報告等が行われている（カトリック諫早教会創設75周年記念誌 163-174頁）。

諫早における信仰と生活の社会的特徴

　諫早教会設立の社会的特徴は、邦人司教による一連の宣教戦略として、昭和初期に県の中央部に設立された拠点教会であったことである。この諫早教会は、信徒が一定規模に達する前に設立されたもので、クリティカル・マス（臨界量）に達する前の教会設立は、当時の長崎教区（司教）の強い主導の顕れであるといえよう。つまり、諫早市が県央の中心都市に発展し宣教が期待される地であったため、諫早教会の設立から宗教コミュニティの空白地区を解消したいという司教の意図が読み取れるのである。

　また、諫早教会は独立当時から信仰コミュニティに分類できよう。しかし信徒の多くが意図的コミュニティの出身で、多領域の共同活動の記録からその色合いを帯びていたと思われる。とはいえ一定地区での信徒の集住が見られないこと、さらに職業の多様性が第二次世界大戦後に拡大したため、信仰コミュニティの特徴を強めているといえよう。

第4節　空白地区の教会設立 —— 大村市水主町教会 ——

　長崎県中央部に位置する大村市は、大村湾を望む平地と背後にそびえる太良連峰およびその扇状地を市域とする。大村藩の城下町で、第二次世界大戦前に軍関係の施設（海軍航空隊・第21海軍航空廠）の開設によって人口が増加する。1942（昭和17）年の市制施行年の約4万人の人口は1年後に7万人に達し、終戦後は陸海自衛隊の駐屯地・基地の開設や工業団地の造成がつづく。さらに大村空港・長崎空港の開港や高速道路の開通等の交通基盤の整備で人口は増加をつづけ、現在（2016年）は9万4,000人である。

第5章　信徒の計画と長崎司教の意向

　大村市への信徒の移住は、第3章第2節でふれたように、明治中期に大村の中心から離れた竹松に児童救護院が設立された後である。その後、竹松および隣接する西大村で信徒世帯が増加する。しかし中心の大村地区の信徒世帯の増加は進まず、西大村に信徒の居住が展開する程度であった。

水主町教会

図5-4　大村市中心地区
＊この地図は国土地理院地図に関連する名称を加筆したものである。

表 5-4　植松教会および水主町教会信徒の居住地

	旧竹松村		旧西大村			旧大村町			その他の旧村		
	町名	植松	町名	植松	水主町	町名	植松	水主町	旧村名	植松	水主町
町別の世帯数	原口町	42	植松	88		水主町	1	3	旧鈴田村		
	富の原	20	古賀島町	40		本町		9	岩松町		4
	竹松本町	14	桜馬場	34		片町	1		旧萱瀬村		
	小路口町	11	西大村本町	12		玖島	1	5	荒瀬町	3	
	大川田町	5	松並	3	14	久原		4	旧松原村		
	竹松町	2	古町		3	三城町		5	松原本町	2	
	今津町	2	杭出津	1	14	武部町		12	旧福重村		
	鬼橋町	1	坂口町	5		**赤佐古町**	1	6	今富町	1	
			諏訪	15		須田ノ木町		4			
			池田新町	8		徳泉川内町		8			
			池田	9		**木場町**		7			
			上諏訪町	2		向木場町		1			
						東大村		7			
	合計	97	合計	217	31	合計	4	71	合計	6	4

注）『大村植松教会創設百周年』および『カトリック水主町教会設立 50 周年記念誌』の信徒世帯の住所を集計したものである。植松教会の世帯は 1988 年のもの、水主町教会の世帯は 2008 年の信徒世帯（237）のうち壱岐地区を除く 106 世帯である。
信徒の居住地のうち丘陵地・山地をゴチック体で示している。

大村市中心部における水主町教会の設立

　1958（昭和 33）年、水主町教会が、大村市南部を管轄として植松教会から分離する。管轄となった信徒の多くがかつて旧田ノ平教会のあった丘陵地に居住する一方で、図 5-4 のように、水主町教会は中心部（水主町・本町・玖島）に設立される。この水主町教会の立地から長崎教区の主導がうかがえよう。

　① 丘陵地の信徒

　表 5-4 は、1980 年代の植松教会の信徒世帯および 1960 年代に植松教会から分離した水主町教会の 2000 年代の信徒世帯（全信徒数の半数弱）の居住地である[8]。第二次世界大戦後の来住世帯や分家世帯が含まれるとはい

第 5 章　信徒の計画と長崎司教の意向

え、丘陵の農業地区へのカトリック信徒世帯の居住の裏づけになろう。1942（昭和 17）年、丘陵地の徳泉川内郷田ノ平に竹松教会が移転する。この移転には、一定数の信徒が丘陵地に居住していたことが背景の一つと推測され、丘陵に移転した新教会がこの場所への信徒の移住・移転をさらに促進したと見られる。なお植松教会の巡回教会の松尾教会の信徒も、水主町教会の独立時に水主町小教区に移籍する。

② 水主町教会の設立

水主町に、まず司祭館として旧田ノ平教会の施設が移築され、初代の梅木兵蔵神父が着任する。小教区の独立直後もミサは司祭館二階で行われ、数か月後に水主町教会（178m^2）が完成する。小教区の独立の時点で信徒数 250 人、献堂式の時には 307 人になり、小教区独立の年の世帯数は 50〜60 世帯程度と推測できる。商売を営んでいる世帯が多く、ミサに参加できない世帯もあり、信徒による先唱（進行）もなかったという。さらに教会維持費の納入方法・基準も未定のあわただしい教会運営であった（カトリック水主町教会設立 50 周年記念誌 56-57 頁）。

③ 教区主導の信徒世帯の移籍

水主町教会が設立された当時の信徒数は、山間の開拓地を含めて 250 人である。表 5-4 で信徒の 2008 年の居住地を確認すれば、中心地区（水主町・本町・玖島）17 世帯に対して、北部（松並・古町・杭出津）31 世帯、南部（久原・岩松町）8 世帯、大村駅東の斜面地（三城町・武部町）17 世帯、丘陵・山間地域（赤佐古・須田ノ木町・徳泉川内町・木場町・向木場町・東大村）33 世帯である。実際の信徒世帯の半数弱による確認ではあるが、大村市の中心地区に居住する信徒数の比率は高くない。

一般に、教会の設立と立地は一定数の信徒世帯の集住を基盤にしている。そのため、居住する信徒が少ない中心部での水主町教会の設立は、長崎教区の主導と見ることができよう。教区主導であることは、実際、教会設立の約 10 年後に長崎教区の指示によって植松教会の信徒の一部が水主町小教区に編入したことによって裏づけられる。すなわち、1970（昭和 45）年、長崎大司教の主導で、植松教会・水主町教会の境界変更に関する両主任司祭・両顧問（信徒）による協議が開催され、松並地区等 18 世帯が水主町教会に編

表 5-5　植松教会と水主町教会の信徒に共通する姓と居住地

信徒の姓	植松教会	水主町教会	水主町の信徒の住所
田中	11	3	松並 2，久原
池田	9	2	松並，杭出津
一瀬	8	1	久原
小川	8	1	徳泉川内町
松崎	8	1	向木場
松永	5	3	松並，武部町，木場
黒川	3	3	武部 2，本町
田代	5	1	松並
里脇	4	1	松並
杉山	4	1	三城町
谷山	4	1	木場
永田	4	1	本町
濵崎	4	1	武部町
深堀	3	2	岩松，木場
山田	4	1	古町
今村	2	2	松並，玖島
辻	2	2	松並，徳泉川内町
岩﨑	1	2	須田ノ木町，岩松
大水	2	1	東大村
川田	2	1	東大村
濵口	2	1	水主町
林	2	1	古町
久田	2	1	杭出津
平野	2	1	杭出津
古川	2	1	松並
森	2	1	本町
吉川	1	2	三城町，赤佐古町
今田	1	1	松並
川尻	1	1	武部町　＊同一世帯の転居
清川	1	1	木場
長谷	1	1	杭出津
萩原	1	1	杭出津
畑上	1	1	三城町
原口	1	1	古町
平本	1	1	本町
三村	1	1	松並

注）『大村植松教会創設百周年』および『カトリック水主町教会設立 50 周年記念誌』の信徒世帯
　　の住所を集計したものである。植松教会の世帯数は 1988 年のもの、水主町教会の世帯数は
　　2008 年の信徒世帯数（237）のうち壱岐地区を除く 106 世帯である。

第 5 章　信徒の計画と長崎司教の意向

入移籍することになる（カトリック水主町教会設立 50 周年記念誌 40-41 頁）。
この移籍に関して、『大村植松教会創設百周年』に「信徒数が百数十名と少
ない水主町小教区に植松小教区の松並地区（十数戸）が、教区の指示によっ
て編入移籍させられた。……当時の松並地区の信徒は、親族や墓地等も植松
小教区にある者が多く、移籍に際しては複雑な感情もあったようだ」（144
頁）という水主町教会の信徒の思いが記されている。

　表 5-5 は、植松教会（1980 年代）と水主町教会（2000 年代の信徒世帯
の半数弱）の同姓世帯を示したものである。植松教会（1980 年代）と水主
町教会（2000 年代の信徒世帯の半数弱）のこれらの世帯のすべてに親族関
係が存在するとはいえないものの、植松教会の信徒と同姓の水主町教会の信
徒世帯は、旧西大村の松並・古町の全世帯（14 世帯）である。一方、本
町・水主町に居住する同姓世帯は全 12 世帯のうち 5 世帯にとどまる。本
町・水主町の異なる姓の世帯には植松教会に所属していた女性の婚姻後の世
帯が含まれる場合もあるが、多くの世帯は大村市外からの移住世帯や新規の
受洗世帯と見られる。

　なお、教区主導の植松教会の信徒の移籍によって水主町教会の信徒数は
398 名となり、1 世帯 5 人で推計すれば約 80 世帯に達する。この年（1970
年）に、信徒会館が設立されている。

宗教コミュニティの展開

　水主町小教区では、大村市中心部の立地を生かした幼稚園経営、植松教会
の信徒の編入と来住世帯の増加によって、教会運営が安定していく。

　① 幼稚園と墓地の設立

　1961（昭和 36）年、水主町教会は幼稚園の誘致に成功し、扶助者聖母会
（現サレジアンシスターズ）が長崎星美幼稚園を開設する。幼稚園の設立後
は、子どもの公教要理は水主町教会横の幼稚園で行われるようになる。さら
に 1966（昭和 41）年に赤佐古町に土地を購入して墓地の分譲を開始するな
ど、しだいに教会運営に光が差してくる。また植松教会と合同で大村地区殉
教地顕彰委員会を発足させ、その後の放虎原殉教顕彰碑の建立や大村殉教祭
が開催されることになる。なおこの時期、山間の戦後開拓地に移住した信徒

113

から、市議会議員が誕生している（カトリック水主町教会設立50周年記念誌57頁・60頁）。

② 教会の新築

1980年代になると、古材を利用して建てられた聖堂と司祭館の老朽化が激しくなる。そのため1980（昭和55）年に信徒の総意で建設費の積み立てを開始し、1983（昭和58）年、積立金と長崎教区からの無利子の融資を合わせた9,800万円で教会を新築する。なお長崎教区からの融資は、7年間で返済している（カトリック水主町教会設立50周年記念誌 40頁・60頁）。

③ 信徒数の増加

1983（昭和58）年、信徒数は537人112世帯と500人100世帯を超え、その後1988年に586人118世帯、1991年には610人120世帯に増加する。こうした信徒増に対応して居住地別に地区割り（班）をし、さらに教会維持費の納入を同居世帯単位から個別世帯単位に変更する。その結果、2003年の信徒は700人200世帯となり、信徒世帯が200世帯を超える。2004年には、長崎県壱岐市壱岐教会が水主町教会の巡回教会となる。2008年の信徒数は672人237世帯である（カトリック水主町教会設立50周年記念誌 44-45頁・62頁）。

④ 信徒組織

水主町教会の信徒組織は、1991年に小教区評議会に改編されている。信徒組織の役職は評議会議長・副議長・会計で、その下に総務委員が選出される。機能別部門として、経済評議会・典礼委員会・信仰教育委員会・殉教者顕彰委員会・広報委員会・埋葬委員会・福祉委員会・聖歌隊が設置されている。このうち経済評議会は、長崎教区の指示で独立時の顧問からの変更である。また性・年齢別等の組織として、婦人会・青年会・保護者会・青年会・壮年会・教会学校・シメアン会（高齢者交流の場）がある。他に子育て支援の会・教えの集い・聖書素読会、粘土工芸（絆）・ハングル講座・生け花の会（紫陽花）が結成されている（カトリック水主町教会設立50周年記念誌68-92頁）。

第 5 章　信徒の計画と長崎司教の意向

大村市中心部における宗教コミュニティ形成の社会的特徴

　1960 年代の大村市中心部での水主町教会の設立は、信徒の多くが丘陵地に偏在し、大村市中心部の信徒がわずかであった点に、長崎教区の主導がうかがえる。すなわち新しいコミュニティの誕生を視覚的に表象するとともに、禁教令前の信仰の地や殉教地における信仰の復活を証しする意図も推測されよう。さらに大村駅に近い中心部の立地は幼稚園経営に有利で、信徒の少ない県央における宣教戦略もうかがえよう。

　また、大村市における宗教コミュニティの展開の中で、水主町小教区は昭和期の丘陵地・山間地に農業移住した世帯、その後、丘陵地および中心部に移住・居住した非農業の世帯、さらに中心部の世帯が加わり、（経年化した）意図的コミュニティから信仰コミュニティに転じた状況にあるといえよう。

　以上、本章で明らかになったのは、邦人司教が主導した昭和初期の教会の設立が明治期のものから大きく変容したことである。すなわち明治期の外国修道会・外国人神父が主導した拠点教会の立地は、初期の信徒の移住地や信徒が集住する地域の中心で、そのため海上交通に適した半島や島嶼に位置していた。一方、邦人司教の主導によって、昭和初期の拠点教会の立地が都市や地域の中心に変わったのである。また三浦町教会や平戸ザビエル記念教会のように交通の便やランドマークになるような景観に優れた場所が選ばれ、さらに新たな拠点教会の立地に関して、信徒数の多寡が問われなくなる。そのため昭和初期の諫早教会や島原教会、高度経済成長期の水主町教会の設立のように、小規模の信徒数のために教会の設立が困難な、いわば「信徒の空白地域」に新たな拠点教会が設立されることになった。

　邦人司教の主導による新たな拠点教会の設立には、長崎教区からの支援があったものの立地の変更に伴う経費や作業は、少ない信徒数のために信徒には大きな負担であった。また小教区として独立した直後に財政の確保に苦しんだ教会もあった。しかし各教会の信徒数はその後増加していき、邦人司教が計画した通りに展開していく。

注

1）日本は、長い期間、ローマ教皇庁から宣教地に地域指定され、支援・援助を受けてきた。そのため邦人司教の主導に代わっても、教会の設立には海外の脱埋め込みの社会資源が間接的に関与していたといえよう。

2）2015 年 8 月に赤波江誠氏に聞き取り調査を実施した。

3）この時期、平戸島の上神崎教会は神崎教会と呼ばれていた。次章でふれる神崎教会が佐世保市に設立され神崎教会と称したため、その後、平戸島の神崎教会は上神崎と称することになる。本書では、混乱を避けるために、当時の平戸島の神崎教会を上神崎教会と記すことにする。

4）三浦町教会の司祭・信徒への聞き取りは、2014 年 8 月に、主任司祭の中村倫明神父と江上正則氏に実施した。なお聞き取りの記録は、下関市立大学加来和典によるものである。

5）カトリック諫早教会での聞き取り・資料収集は、2016 年 4 月に主任司祭下川英利神父に実施した。

6）諫早教会の設立後にもミサが行われない時があり、竹松教会に通うことがあったという（カトリック諫早教会創設 75 周年記念誌 28 頁）。

7）当時、日本の無線局は、五島の玉之浦（大瀬崎）と千葉県銚子に設置されていた。そのうち大瀬崎の無線局の移転は、交通不便・土地狭小が理由である（写真集諫早 27 頁）。

8）カトリック水主町教会での聞き取り・資料収集は、2016 年 5 月に主任司祭松下光男神父に実施した。

第 6 章
地域生活の拠点の教会
―― 社会館と同業組織 ――

　意図的コミュニティは、信徒の間に生活の共同性が存在するのが特徴である。昭和期に入ると、こうした生活の共同の一部が、教会の専門的サービスに組み込まれる。その担い手は、明治以来、「女部屋」の通称で、ミサや信仰教育を担当してきた女子修道院であった。この時期、地域住民に生活サービスを提供する平戸口社会館が設立される。この「社会館」の取り組みは、北松地区のカトリック事業のモデルになって周辺の教会に広がっていく。

　また、北松浦半島の漁業集落で、信徒の間の同業関係が日常生活から越境して信徒組織の中に位置づけられる教会が現れる。その一方で、信徒の職業の多様性が特徴である信仰コミュニティにおいても信徒の間で生活の共同が実現する。高度経済成長期、多くの教会で共助組合が設立されたのである。

　なお、平戸口教会が平戸社会館から誕生するが、これは通常の民家御堂―仮聖堂―教会というコミュニティ形成と異なる展開であった。

　第 1 節で、平戸市平戸口に社会館が設立された経緯と社会館の二階から生まれた平戸口教会の設立の経緯を明らかにする。次に第 2 節で、「陸の孤島」と呼ばれた北松浦半島の小半島に神崎教会と社会館が設立された経緯を明らかにし、第 3 節で、教会と同業関係が重なっている佐世保市褥崎教会の設立の経緯を明らかにする。さらに第 4 節で、長崎県の教会に広がった共助組合を概略し、第 5 節で、さまざまな場所に設立された教会や集会所の一部を紹介する。

図 6-1　北松浦半島
＊この地図は国土地理院地図に関連する名称を加筆したものである。

第 1 節　平戸口社会館に建てられた教会 —— 平戸口教会 ——

　平戸口は、第 4 章でふれた平戸市田平地区の西岸で、松浦鉄道平戸口駅・平戸大橋等のある中心地区である。平戸口教会は旧田平町のうち国道 204 号線の北側の野田・平戸口（山内免）・永久保・岳崎を管轄する[1]。

野田・永久保・岳崎における信徒世帯の増加
　現在の平戸口教会が管轄する野田・永久保・岳崎の昭和初期の世帯数は、永久保・野田 10 世帯（平戸出身 4 世帯・黒島出身 3 世帯・外海出身 2 世帯・五島出身 1 世帯）、岳崎 9 世帯（五島出身 9 世帯）の合計 19 世帯である。第二次世界大戦後に 3 地区の信徒世帯数は、山内地区等を含めて約 70

世帯に増加し、1999年には124世帯に達する（平戸口教会史 29頁・90-102頁）。

移住の時期別に信徒の増加状況を推計すれば、昭和初期に居住していた16家族（35世帯）、田平小教区内の家族の分家7家族（13世帯）、その後、田平小教区以外から移住した48家族（76世帯）である。こうした世帯の増加は、移住の経年化によって田平地区田平の居住が飽和状態に達し、その周辺の野田・永久保・岳崎・山内が来住世帯の受け皿になったこと、周辺に居住する家族にも分家が創出されたこと、さらに田平の家族の分家が周辺に創出されたことによると推測される。

平戸口教会

1940（昭和15）年、第4章第2節でふれたように、岳崎・永久保にそれぞれ巡回教会が設立される。このうち永久保教会は、1945（昭和20）年に焼失している。

平戸口社会館の設立

平戸口社会館は、田平小教区に設立された施設である。田平教会主任司祭の中田藤吉神父が、1935（昭和10）年、長崎司教の応援を得て平戸口地区に平戸口社会館を設立し、修道会による事業に着手する。

平戸口駅近くに建設中の社会館が、『カトリック教報』168号（1935年10月）に紹介されている。この記事によれば、中田神父は十数年前から教育を目的とした文化的・奉仕的事業を構想し、女性信徒を東京保母学校や長崎産婆学校で学ばせ、2年前（1933年）に田平教会の付属施設で、農繁期の託児所を開設している。さらに地元の小学校の校長の協力を得て、建坪200坪の平戸口社会館を総工費1万円を投じて建設中であるという。この社会館では、南田平女修院の修女17〜18人が出張し400〜500人の子どもの保育を担当する予定で、看護・助産サービスも予定していたという。

119

社会館でのミサと平戸口教会の設立

中田神父は、第二次世界大戦後に引退して、平戸口社会館に居住すること
になった。田平地区周辺への信徒の移住がさらにつづいたため、そのうち中
田神父は二階でミサをあげるようになり、永久保・岳崎の信徒が社会館のミ
サに参集するようになる（平戸口教会史 28-31 頁）。中田神父が長崎市に転
出した後は、コロンバン会の外国人神父がミサを担当し、離任時に聖堂建設
のための資金 30 万円を寄付した。これにより、信徒の間に聖堂建設の機運
が高まる。

中田神父が社会館の横に購入していた土地を教会用地とし、永久保・岳崎
の信徒の労働奉仕で、1952（昭和 27）年に平戸口教会が完成する。司祭館
を含めた総工費は 370 万円であった（浜崎 151 頁）。同年に、平戸口教会は
小教区として独立している。

平戸口社会館の活動とその社会的意義

中田神父が構想した社会館事業は、日本のカトリックの社会事業研究では
言及されていないものであった。田代菊雄が『日本カトリック事業史研究』
（1989 年）で着目したカトリック系の社会事業は、社会的剥奪状態にあった
幅広い層（国民全般）を対象にしたソーシャル・アクション型であり、類縁
関係にある者同士で支え合う「共助」型の社会館事業にはまだ関心が向けら
れていなかったためと推測される。

しかし、欧米で広がった共助型事業に位置づけられる社会館事業の意義
は、今日、生活サービスが不在の条件不利地で不可欠とされる活動である。
すなわち自分たち自身でサービスを提供するという社会館方式の活動が、必
要なサービスを最も早く提供できる社会的対応といえるからである。平戸口
社会館の方式は、実際、北九十九島の半島に位置する神崎教会に取り入れら
れている。また保育サービスに特化するものの、北松浦半島の開拓地の保育
所の開設につながっていく。次の 2 つの節で、こうした社会館活動の展開
を跡づけていきたい。

第 6 章　地域生活の拠点の教会

第 2 節　社会館と同業組織 ── 神崎教会 ──

　神崎（長崎県佐世保市矢岳）は、九十九島北部の島々・半島が組み合った複雑な海岸の半島に位置する。起伏のある入り組んだ地形のために長らく「陸の孤島」（小佐々郷土誌 320 頁）と呼ばれ、明治・大正初期まで海岸沿いに道らしい道はなかった。1929（昭和 4）年に相浦と

神崎教会

江迎を結ぶ県道が建設され、「陸の孤島」の名を返上する。こうした地形のため北松地区の移動の中心は海上交通で、明治中期まで北松・平戸島と旧小佐々町は海上交通で結ばれていた。明治中期以後、相浦港（佐世保市）との間に定期（渡海）船が就航している。

　北松地区（旧小佐々町）の主産業は農業であった。しかし大正・昭和期には、旧小佐々町で数多くの炭坑が採炭を開始し、第 2 次産業人口および地域人口が急増する。

　信徒が居住する神崎の主産業は、水産業である。明治以降イワシ漁が盛んになり、さらに「日本一」といわれる煮干し加工業や養殖業が展開する。

神崎教会の設立と展開

　神崎は明治中期以後、平戸小教区・佐世保小教区の巡回地に位置づけられ、昭和初期に小教区として独立する。聞き取りによれば、神崎小教区の特徴は、昭和期以降、3 度教会が設立されたことである[2]。
① 神崎教会の設立
　長崎大浦で潜伏キリシタンの「信仰告白」があった 1865 年 3 月頃、神崎に第 1 陣の移住世帯が入植している。同年 6 月、神崎の有安喜蔵は、褥崎に住む弟の吉浦忠蔵とともに長崎大浦でプチジャン司教に会う。同年、喜蔵

121

は 10 歳の長男浪蔵を連れて大浦を再訪し、翌年、浪蔵が浦上で要理を学ぶことになった。その翌年（1867 年）、浦上で要理を学んでいた喜蔵ほか 2 名が捕縛された。放免となった喜蔵とともに浪蔵は神崎に一時帰省し、再度長崎に行って大浦天主堂のラテン学生になる（浦川 295-297 頁）。

この時期の神崎では、黒島の出口大八や伊王島大明寺の芳太郎が伝道活動をしていた[3]。当時、洗礼等の秘蹟は長崎で受けねばならなかったものの、芳太郎たちの貢献によって、神崎の信徒（キリシタン）はカトリックに復帰することができたのである（褥崎 128 年 50-51 頁）。その後は、おそらく喜蔵や水方であった島内直蔵が、神崎の信仰のリーダーであったと見られる。さらに神崎のわずか十数世帯の中から有安家の第 2 世代である浪蔵と、島内家の第 2 世代である要助が明治前・中期に司祭に叙階する。このうち有安浪蔵（その後秀之進に改名）は、明治以降最初の日本人神父になっている。

1878（明治 11）年、北松地区は平戸小教区の巡回地に位置づけられた。平戸島の紐差教会の巡回地の中では、1878 年に黒島に教会が設立され、神崎の信徒は秘蹟（洗礼・初聖体・堅信・婚姻）を紐差教会・黒島教会で授かり、祝日のミサは紐差教会に出掛けることになった。この時期、司祭の神崎への巡回は、復活祭等の年数回のみであった。

1897（明治 30）年に、黒島と佐世保が平戸小教区から分離・独立し、神崎は佐世保小教区の巡回地に位置づけられる。この時期の総代は鴨川助之丞で、宿老は島内甚蔵、鴨川芳太郎、田島野助、浜崎猿松（好松）である。このうち鴨川芳太郎が新築した家を民家御堂（通称、「白ッパ」の家聖堂）とした（神崎教会献堂 50 年記念 55 頁)[4]。

昭和期（1930 年）、神崎に正式に教会が設立された。すなわち 1900 年頃、神崎に家を建て隠退していた有安神父が、1927（昭和 2）年に長崎市内の三ツ山教会に復帰したため、その家を購入して最初の教会（通称、水の浦の小聖堂）としたのである[5]。一方、長崎教区は神崎に鉄筋コンクリート造りの教会建設を計画し、1928（昭和 3）年に司祭叙階したばかりの片岡神父を佐世保教会助任司祭として神崎に派遣する。

そのため、民家の転用によってようやく水の浦の小聖堂を設立した信徒

第 6 章　地域生活の拠点の教会

と、長崎司教の指示を受けて鉄筋コンクリート造りの教会をめざす若い司祭の間で、深刻な対立が生じた。こうした対立の構図は、第 5 章の拠点教会の設立と同様であった。結局、長崎教区案を信徒が受け入れて、建設費用の積み立てを開始することになる（神崎教会献堂 50 年記念 57-58 頁）。1930（昭和 5）年に神崎天主堂の落成献堂式が行われた。総工費は 2 万 3,000 円で、信徒の醵出金が 4,355 円、祝儀 551 円、残りが教区補助金であった。同年、神崎は小教区として独立する。当時、神崎の巡回区域は褥崎・大加勢・浅子・大崎で、神父の巡回地への船での移動の際は、船を出すのは神崎の信徒の役割であった（神崎教会献堂 50 年記念 55-56 頁）。

② 新たな神崎教会の建設
　　―― 信徒世帯および同業者グループの醵出 ――

　教会建設の半世紀後（1979 年）に大改修を実施したものの、四半世紀後には建材に海の砂を使用したことによる塩害やシロアリ被害によって建物の老朽化が進んだ。また教会の尖塔に掲げられた十字架も台風で吹き飛ばされてしまう。

　こうした中で、1994 年から新たな教会建設費の積み立てが始まった。1996 年に教会信徒組織に「教会建設準備委員会」が設置され、1997 年の信徒総会で教会の建て替え案が了承された。この建て替え案は旧教会の内陸 700 m に新教会を移動するものであり、草分けの信徒世帯が以前所有していた土地（山）の地権者（地区外）から寄付を受けることになった。2000 年の信徒総会で、自動車交通に対応するための駐車場の確保と県道への利便性を理由に了承されている（聖ベネディクト神崎教会 115-160 頁）。

　1998 年に網主総会、信徒総会、加工業・浮敷網の水産業・養殖業者の各会合によって教会新築費用の負担額が、施網の水産業 1,000 万円以上、加工業 150〜450 万円以上、浮敷網の水産業 100〜250 万円以上、養殖業 150〜300 万円、工作・商店・造船業は全体で 1,000 万円、そして信徒 1 世帯 80 万円に決定した。表 6-1 のように、同業者グループが信徒組織の中に位置づけられているのが神崎教会の信徒組織の特徴である。こうした金額に女子修道会や信徒への旧教会の敷地の売却費、長崎教区本部の援助、一般寄付等を加えて 3 億円を超える建設費で、2004 年に新教会が完成している。

123

表6-1　教会建設特別割り当ての同業者グループ

	施網	浮網	加工	養殖
1	好福水産	鴨川行雄	今村水産	田嶋雪雄
2	明星水産	中島了	野中千世登	田島実夫
3	神崎丸水産	中村孝弘	田島右衛門	田島一行
4	海星水産	鴨川善吉	田島秀俊	田島保利
5	共栄水産	濱崎富夫	田島高美	島内和之
6	高漁水産	高野貞夫	前田冨儀	
7	はまだ水産	鴨川信夫	田島峰雄	
8	浜正水産	鴨川忠雄	田島政美	
9	政正水産	日数谷初夫	濱田伸幸	
10	浜栄水産	前田住吉	濱崎秀章	
11	タケシマ海幸	田島広行	大串正人	
12		田島秋義	鴨川商店	
13		田中才吉	島内意久雄	
14			前田義輝	
15			前田隆海	
16			山﨑秀雄	

注）『聖ベネディクト神崎教会』（146頁）。他に、工作・商店・造船のグループ
がある。

また敷地の一部を旧小佐々町に寄贈し、その地に地区公民館が設立されている。この地区公民館は、優先利用の契約によって信仰教育・通夜・集会の利用が認められている（聖ベネディクト神崎教会 115-160頁）。

神崎における宗教コミュニティの展開

さらに、神崎教会の信徒組織を略述し、またこの地に平戸口社会館をモデルにした本格的な生活サービスが存在したことを概略しよう。

① 信徒組織

佐世保小教区時代の神崎の信徒組織は、総代（議長）1名と宿老（議員）5名であった。第二次世界大戦終戦直前の信徒組織は、国家総動員法に伴う宗教法案に基づき、信徒総代（総代長・収入係・支出係）・書記（教会関

係・集落関係）が選出され、神崎を6組に区分し、各組の隣組班長が選出
されている。

　第二次世界大戦後は、教会顧問（賽銭係・財産管理・教会費・客人接待）
と評議員3名、10組（各組に代表）の下部単位の体制となり、各種団体と
して老人会・婦人会（漁協婦人部・教会婦人会）・カトリック青年会・高校
生会が存在するようになった。また1979（昭和54）年の大改修時に、大改
修建設委員会が設置されている（神崎教会献堂50年記念 68-69頁）。

　その後、使徒信徒職会長・教会役員（各種委員会）・評議員の体制となり、
下部単位が1〜12組と楠泊組・志多崎組の14組（各組評議員）に増加す
る。各種団体は、神崎老人会・神崎教会婦人会・神崎教会青年会（再興）等
である（聖ベネディクト神崎教会 139頁・161-163頁）。

　② 神崎社会館

　神崎社会館の設立は、1930（昭和5）年の教会の設立時である。神崎社会
館は、平戸口の社会館をモデルにしたもので、福祉サービス（季節托児
所）・医療サービス（診療所で診療・薬代等は県費補助で半額）・衛生サービ
ス（理髪所）・教育教養サービス（図書館）・職業教育（授産場や裁縫塾）が
提供される画期的な施設であった。さらに一時期、港外に留まる船に乗船
客・郵便をはしけで移送する業務も担当していた（神崎教会献堂50年記念
59頁）。

　同時期に、愛苦修道会が設立された。当初は教え方（伝道婦）養成を行う
計画であったが、参加者の希望を受けて修道院を設立している。この修道院
が、社会館と保育園の経営と運営を担当した。修道会の生活の基盤は、購入
した山林・田畑（3段歩）での養蚕・農作物といりこの製造であった。しか
し第二次世界大戦の前年には解散状態になり、長崎純心聖母会が神崎支部修
道院を設立して保育園経営と子どもの信仰教育を引き継ぐことになった（神
崎教会献堂50年記念 62-63頁）。

　神崎における宗教コミュニティの形成の社会的特徴

　神崎の宗教コミュニティの形成と展開の特徴として、3点が指摘できよ
う。

第1は、宗教コミュニティ形成の時間的展開である。すなわち、民家御堂の段階が長く続いた後に、一転して短期間に2つの教会が設立されたことである。こうした展開から、生産基盤が水産業に転換するまでの少ない世帯数や社会資源（外国人神父の関与）の不在、その後に教会を設立した信徒の達成感と長崎司教の強い意向が交差する状況をうかがえよう。一方、明治初期の十数世帯の中から、信仰復活後の日本で最初の邦人神父を含む2人の神父が出たことに、生活の中心に信仰が置かれていた状況がうかがえよう。

　第2は、条件不利地区における総合的なサービスの提供が実現したことである。すなわち教会による生活サービス提供だけでなく、女子修道院を生活サービス提供の担い手とする平戸口社会館の方式を受け継ぎ、さらに神崎社会館が総合的・本格的なサービスを提供している点である。「陸の孤島」と呼ばれた小半島における生活剥奪、とりわけ専門性の高いサービスの不在に教会が積極的に対応したことは画期的である。また行政と連携し、医療等の安価な提供を実現していることは注目されよう。

　第3は、信仰と生活の重層的な関係である。神崎は意図的コミュニティの類型に位置づけられるが、とりわけ同業関係の重複は特徴的である。すなわち新教会の建設において同業組織が、信徒組織の職能別の下部単位に位置づけられ、宗教コミュニティの形成を支える存在となっているからである。

　その一方で、教会の各種通知に「魚を捕る技術は上がっても、海の資源が豊かでなければ水揚げが出来ませんので、毎年心配があります。神様にお願いするほかはないことでもあります」「例年になく漁も上がらず、比較的漁がありました昨年の裏年とは申せ、先が読めないことの心配もありましょう」（聖ベネディクト神崎教会 145-165 頁）等が記され、また毎年の教会行事として海難者追悼・安全操業・大漁祈願祭が開催されている。こうしたことからも、宗教コミュニティが生産活動の支えにもなっていることが裏づけられよう。

　こうした宗教関係と同業関係の重複は、さらに神崎における漁業者と加工業者の間の信頼関係を構築し、独特の商慣習を形成している。漁業者と加工業者は、本来、原料の売買において対立関係にあるものの、神崎では漁業者

が販売価格を加工業者に委託し、加工業者がいりこの販売後に漁業者に代金を支払う独特の方式を生み出しているのである。

第3節　教会と漁業──㮈崎教会──

㮈崎（長崎県佐世保市長串）は、第2節の神崎と同様に北松浦半島のうち佐世保市と平戸市の間に広がる九十九島北部半島との島々が組み合った複雑な海岸に位置する。明治・大正期の北松地区（旧鹿町町）の主産業は農業で、大正・昭和期に炭鉱開発が進み、旧鹿町町でも数多くの炭坑が採炭を開始し、第2次産業人口および地域人口が急増する。㮈崎の主産業は水産業で、明治後期に本格的な漁業が展開していく中で、急激に漁業世帯が増加していく[6]。

㮈崎教会

信仰の復活
①　全住民のカトリック復帰

長崎大浦で潜伏キリシタンの「信仰告白」があった1865年には、㮈崎には信徒の6家系がすでに居住していた。同年6月になると「長崎大浦には切支丹の御寺が建つて居るさうだ、と云う話を黒島の人から伝え聞いて……、有安忠蔵と喜蔵の兄弟が天主堂の門を叩き連絡を通じた」（浦川, 296頁）とされる。正しくは、前節のように㮈崎に住む北平の家系の三男である吉浦忠蔵が神崎に住む次男の有安喜蔵とともに長崎大浦でプチジャン司教に会ったことを指している。

この頃、黒島の出口大八が神崎・㮈崎でカトリックへの復帰をうながす伝道をし、次いで長崎港沖の伊王島大明寺の芳太郎が㮈崎で伝道をしている

（褥崎 128 年 50 頁）。こうした江戸末期の動きから、褥崎が孤立した存在でなく居住世帯の出身地や親族との間にネットワークが張り巡らされていたことが分かる。

明治初期（1869 年）、吉浦忠蔵の養子牧太郎（吉浦藤七の次男）およびその兄（藤七の長男）である仙蔵が長崎で公教要理を学び、受洗している。その後、明治期の信仰弾圧の中で馬渡島に一時避難する住民が出る一方で、褥崎に居住する山村重蔵が 2 人の伝道士の応援をうけて伝道活動を開始している。その結果、吉浦牧太郎・仙蔵をかわ切りに明治初期（1872〜1877 年）に褥崎の全住民がカトリックに復帰したのである（褥崎 128 年 50-51 頁）。

② 民家御堂の設立

明治中期、北松地区は紐差小教区の巡回地であった。平戸島の紐差教会の巡回地の中では 1878（明治 11）年に黒島に教会が設立され、褥崎・神崎の信徒は秘蹟（洗礼・初聖体・堅信・婚姻）を紐差教会・黒島教会で授かり、祝日のミサは漁船に乗り合わせて紐差教会に出掛けていた。

また、この時期の褥崎でのミサは、吉浦伊勢吉・木村大吉・新立栄七等の民家（民家御堂）で行われ、司祭の巡回は 1 年に数回であった。そのうち復活祭の時期には、黙想会を兼ねて司祭が 1 週間程度滞在したという（褥崎 128 年 56 頁）。当時の褥崎における宗教教育（教え方）は、吉浦伊勢吉（吉浦伊勢吉家第 1 世代）・木村大吉・新立ソナが担当する。

1897（明治 30）年に、黒島と佐世保が紐差小教区から分離・独立する。褥崎は神崎・大島・梶ノ浦（浅子）・大崎とともに、佐世保小教区の巡回地の一つに位置づけられた。巡回地のうち梶ノ浦には炭坑があり信徒数が最も多く、すでに教会が設立されていたため、褥崎の信徒は秘蹟のうち洗礼を佐世保（谷郷教会）・梶ノ浦教会で、婚姻を佐世保（谷郷教会）で授かっていた（褥崎 128 年 62 頁・82-87 頁）。

褥崎小教区の形成

褥崎は明治期に入って紐差小教区、明治中期以後に佐世保小教区、昭和初期に神崎小教区の巡回地に位置づけられ、昭和 40 年代に褥崎小教区として独立する。

第 6 章　地域生活の拠点の教会

① 教会の設立

　明治中期から大正期の約 20 年間、佐世保小教区を片岡桐栄神父が担当した。この間に、褥崎に教会建設の機運が生まれ、そのための積立が開始された。とはいえ、1916（大正 5）年の教会建設までには相当の年数がかかっている。この地の信徒数は、明治中期には 48 世帯、約 200 人に達していたものの、地区の主要産業である水産業が安定に欠けたことが原因とされる。巻き網の不安定さを言い当てる「まき網は三代続けるな」（小佐々町郷土誌 475 頁）という口伝が旧小佐々町にあり、実際、信仰・教会建設のリーダーの有力な網元（網ダンナ）が、この時期、漁業経営の失敗で褥崎を離れている。また外国修道会・外国人神父等の支援がなかったことも、制度化に時間がかかった一因といえるだろう。

　1916（大正 5）年、信徒の労力奉仕もあって吉ノ浦の海岸（当時の地名で、三年ヶ浦 1474 の 4 番地）に初代の褥崎教会が設立される。この教会は加勢地区の炭坑事務所の廃材を用い、天井が極端に低い建物であったため、ミサで起立をすると堂内が暗くなるほどだったという（褥崎 128 年 64 頁）。

　さらに、1960 年代後半に新教会建設の機運が高まり、集落中心の山林が購入された。新教会の建設費用は、信徒世帯を等級割（1〜3 等の 3 段階と等級外）にして毎月集金し捻出している。この当時の信徒数は約 400 人とされ、60 世帯程度と推定される。初代教会の土地・建物は、信徒等に売却されて新教会の設立基金にされている（褥崎 128 年 69-72 頁）。

② 小教区の形成

　1927（昭和 2）年、褥崎と同様に平戸小教区・佐世保小教区の巡回地であった旧小佐々町神崎に教会が建設され、神崎が佐世保小教区から独立する。褥崎は、大加勢・浅子・大崎とともに神崎教会の巡回地となった（神崎教会献堂 50 年記念 55 頁）。この神崎小教区の時期には、主任司祭の巡回は 2 ヶ月に 1 回であった（褥崎 128 年 68 頁）。

　さらに、1967（昭和 42）年 10 月の新教会献堂式の 2 ヶ月前に、褥崎が小教区として独立する。褥崎小教区の設立に際して、大加勢が褥崎教会の巡回地になっている（褥崎 128 年 73 頁）。

129

③ 信徒組織

褥崎の信徒組織は、長らく宿老（長）を中心とする組織であった。小教区の誕生後は、信徒使徒職評議会が結成されて会長を中心とする組織に改組される。また 1978（昭和 53）年に、性別・年齢別組織である婦人会・青年会が結成・復活する。

褥崎の信仰教育は、明治期以後、信徒の教え方が性別・年齢別に担当してきた。教育単位として父組・青年組・子供組・母組があり、さらに 1902（明治 35）年以後、褥崎周辺の明治期の開拓地である朝地露でも教え方が誕生し、地区単位の信仰教育が実施されるようになる（褥崎 128 年 65 頁）。この教え方による信仰教育は、小教区の誕生・保育園の開設の時期まで続いたと見られる。

また、葬礼と埋葬は、聞き取りによると、長らく信徒の手で行われていたという。

褥崎の宗教コミュニティの形成の社会的特徴

次に、褥崎の宗教コミュニティの形成と展開の特徴を指摘したい。

第 1 は、信徒間の同業関係である。褥崎教会では、同業（水産業）関係の行事が実施されている。褥崎教会の大多数の信徒が水産業に従事するため、教会は漁師の保護聖人といえる聖ペトロに奉献されている。加えて 2 代目主任司祭の時（1988 年 2 月）に、鹿町町漁協横の波止場で操業安全祈願ミサを実施している。このミサには全信徒の漁船が参加し、教会をあげての行事になっている。すなわちこの行事は、同業関係にある信徒の職業領域におけるリスクに対して、教会の宗教機能が拡張・対応した展開といえよう。その一方で、生産関係の問題状況が、宗教コミュニティに影響を及ぼす事態も生じている。

第 2 は、教会の生活サービスである。褥崎は長く「陸の孤島」と呼ばれてきた小半島に位置する。こうした地域状況の中で、教会は関連施設としていち早く保育園を設立している。これは小教区として独立後、褥崎の住民が保育園の設立を要望したことにより、初代主任司祭が手続きを担当したものである。純心聖母会（本部長崎市）が園舎を設立し、1972（昭和 47）年に

しとね保育園を開設する。保育は純心聖母会の神崎修道院からシスターが通勤して担当する。信徒世帯の中で保育に欠ける状況を教会・信徒が共通認識し、教会が外部の社会資源（保育）の支援を受けて、信仰領域外に役割を付加したといえる展開である[7]。

第4節　共助組合と長崎の教会

　第二次世界大戦後、外国修道会の主導により信徒間の相互扶助活動の一つである共助組合が長崎の教会で誕生し、長崎県内および全国に広がっていく。共助組合と長崎県の教会の取り組みを紹介したい。

共助組合の理念と展開

　信徒の生活に関与していた教会の活動の一つに、共助組合がある。共助組合は協同組合の一つで、信用協同組合の一つに位置づけられる世界的に展開された活動である。日本では佐世保市俵町教会（当時は、松山教会）で結成された共助組合が初期の事業の一つとされている。1980 年代には、50 以上の日本のカトリック教会に存在していた。

① 活動の起源

　協同組合の起源として、イギリスのロッチデールに誕生した生活協同組合が著名である。しかしロッチデールの生活協同組合には信用事業は含まれてない。最初の信用事業は、ドイツ人のライファイゼンが開設したものである。

　ライファイゼンは、県知事から任命されて町村長を歴任する中で、ドイツの農民が貧困にあえぎ、高利貸しから借金を重ねて暮らしが成り立たない状況に直面する。プロテスタントのライファイゼンは深い信仰心の中で、農民が借金から解放される方策として、資金を集めて低利で農民に融資する制度を考案した。ライファイゼンがこの取り組みを『信用組合』という題名の著作として出版し、その思想と制度がイギリスに広まっていったのである（日本共助組合連合会宗教者委員会 11-14 頁）。

② 活動の展開と特徴

20世紀に入り、カナダのケベック州のカトリック信徒、アルフォンス・デジャルダンが、貧しい市民・農民・労働者の状況改善をめざして、ライファイゼンらのドイツやイタリアでの事業を研究し、共助組合（クレジット・ユニオン）を立ち上げた。この活動はアメリカにも展開し、北アメリカの修道会の活動を通して、"Not for profit, not for charity but service"というモットーとともにアジア各国に広がっていく。

この共助組合の特徴は、第1に、地域・教会等のコミュニティや職場を単位として組合を結成すること、第2に、融資の基準を相手の返済能力よりも返済の意思に置くことである（日本共助組合連合会宗教者委員会 13-15頁）。

スカボロ宣教会と長崎の教会の取り組み

日本で最初に設立された共助組合は、1960（昭和35）年の佐世保市の俵町教会におけるものである。続いて翌年に希望の家貯蓄信用共助会が設立された。前者は、スカボロ外国宣教会、後者はメリノール宣教会が主導する。その後、同じスカボロ外国宣教会の主導で愛知県一宮市に一宮カトリック教会共助組合、ケベック外国宣教会の主導で青森県の共助組合が設立された。1965（昭和40）年には、イエズス会が社会経済研究所内に共助組合情報センターを開設している。

1980年代には、59組合が設立され、カトリック教会53・プロ

表6-2　1980年代の都道府県別の共助組合数

都道府県	数	都道府県	数
北海道	3	京都	3
青森	3	大阪	4
岩手	1	兵庫	3
宮城	2	和歌山	1
福島	1	岡山	2
栃木	1	広島	1
群馬	1	山口	3
茨城	1	徳島	1
埼玉	1	長崎	3
東京	9	福岡	5
神奈川	1	熊本県	4
愛知	3	沖縄	1
岐阜	1	合計	59

注）『キリスト教徒共助組合』（24頁）を修正して作成した。

第 6 章　地域生活の拠点の教会

テスタント教会内 2・地域組織 2・信徒組織 1・学校 1 であった。表 6-2 の
ように、関東・近畿の教会で多く設立されていた。この時期、長崎県では 3
教会で設立されている（日本共助組合連合会宗教者委員会 21-24 頁）。

　表 6-3 は、カトリック教会の共助組合の組織状況である。東京・名古屋・
大阪教区が 4 割と、大都市圏で広がっている状況とともに、中国・九州
（福岡・長崎）の教区も 3 割を占め、西日本でも普及していることが分か
る。中国地方のうち下関市彦島教会では、1967（昭和 42）年に彦島カト
リック教会共助組合が設立されている。主任司祭の外国人神父の多額の財政
的援助を基盤に、出資総額 6 万 4,500 円、組合員 37 人で立ち上げている
（彦島カトリック教会 50 年史 14 頁）。

表 6-3　カトリック共助組合の組織状況

教区	共助組合数	教会内	修道院等	組合員数	平均員数	出資金（千円）	平均 （千円）
札幌	2	1	1	304	152	5,725	2,862
仙台	7	2	5	831	118	27,915	3,987
新潟	0	0	0	–	–	–	–
浦和	3	0	3	241	80	5,882	1,960
東京	8	3	5	1,588	198	65,253	8,156
横浜	1	0	1	306	306	6,996	6,996
名古屋	4	1	3	440	110	29,219	7,304
京都	2	2	0	173	86	6,478	3,239
大阪	6	1	5	586	97	15,543	2,590
広島	6	0	6	1,015	203	56,004	9,334
高松	1	0	1	108	108	2,127	2,127
福岡	9	1	8	820	91	22,996	2,555
長崎	3	2	1	1,154	384	18,027	6,009
大分	0	0	0	–	–	–	–
鹿児島	0	0	0	–	–	–	–
那覇	1	1	0	121	121	903	903
合計	53	14	39	7,687	145	263,083	4,963

注）『キリスト教と共助組合』（25 頁）の表を一部割愛して作成した。
　　教区所属教会内の組合のうち 3 組合は、設立時に修道院の所属であった。

① 俵町教会

カナダのスカボロ外国宣教会の管轄であった俵町教会では、信徒の厳しい経済生活を知った外国人神父が経済問題の解消の方法としてこの制度を提案した。その後、この取り組みは周辺の教会等に展開していった。中でも繊維産業の盛んな愛知県一宮市は長崎県の信徒の集団就職先で、若い長崎出身の信徒の経済的・精神的援助の目的でスカボロ外国宣教会が共助組合を設立したものである（俵町小教区 50 年誌 78 頁）。

② 浦上教会

1967（昭和 42）年、長崎市の浦上小教区に浦上カトリック共助組合が設立される。組合員数は 250 人であった。これは長崎教区で 3 番目の設立で、その前には長崎市の城山教会で共助組合が設立されている（カトリック教報 507 号（1967 年 10 月））。

③ 大野教会

佐世保市北部（大野・皆瀬）の信徒は、俵町小教区に所属していた時期、俵町教会共助組合に加入していた。その後、大野・皆瀬教会の設立に伴い、共助組合の分離・独立の準備作業が進み、1974（昭和 49）年、大野教会共助組合が組合員 51 人で発足する。なお大野教会の共助組合沿革から、共助組合を設立しても連合会に加入しなかった教会が存在することが確認できる。

④ 相浦教会

佐世保市西部の相浦教会では、1974 年に共助組合が発足した。主任司祭と外国人神父の指導で、組合員間の経済的相互扶助と経済的自立を目的としたものであった。発足時の役員（理事）は理事長以下 15 名であった（相浦カトリック教会献堂 25 周年 25 頁）。

⑤ 飽の浦教会

長崎市の飽の浦教会でも、1978（昭和 53）年、長崎教区で 8 番目の共助組合が発足する。飽の浦の共助組合は組合員 58 人、資本金 30 万 5,000 円であった。発足式には全国の共助組合の指導司祭および浦上教会の共助組合理事長も出席している（カトリック教報 630 号 1978 年 12 月）。

なお、俵町教会共助組合は 1997 年に解散した。この時期の組合員は 120 人であった。当時の理事長によれば、金融情勢の変化により低利で多額の融資が受けられるようになったことが解散の理由であった（俵町小教区 50 年誌 78 頁）。大野教会共助組合は 1988（昭和 63）年に解散している。

第 5 節　公民館・社宅の集会所と保育園の教会

第二次世界大戦後、産炭地で外国修道会・外国人神父の主導によって教会や集会所（仮聖堂）が設立されている。また高度経済成長期になると、企業の工場新設に伴う従業員の配置転換が行われ、工場の進出地や社宅に集会所や教会が設立されている。さらに乳幼児が増加した時期に開園した保育所や幼稚園の閉鎖後、遊休施設を利用した教会も誕生している。しかしその記録は散逸し、状況は不明のままである。記録の残っている若干の教会・施設等を紹介する。

産炭地の教会・集会施設

表 6-4 の上段は、産炭地に設立された教会・集会所等である。その中には、第 7 章第 4 節の大加勢教会・潜竜教会といった現在も信徒が集う教会が存在する。その一方、炭鉱の閉山に伴って信徒が流出し消えた（仮）教会や集会所も多い。

① 佐世保市北部の産炭地

俵町教会の主任司祭（スカボロ外国宣教会）が、1950 年代、3 つの炭坑の公民館でミサと公教要理を担当する（俵町小教区 50 年誌 77 頁）。具体的な炭坑名は記されていないものの、これらは表 6-4 の世知原・芳の浦・里山と推測される。「毎月一回芳の浦、世知原と、小教区の区域にぞくさない里山の炭鉱部落の方にも巡回がなされ」（祝落成 大野カトリック教会 13 頁）という記載から、佐々町の芳の浦地区・里山地区・世知原地区で公民館ミサがなされていたことが裏づけられよう。『カトリック教報』200 号（1937 年 2 月）によれば、「芳野浦住友礦業所においては、同所勤務の山田敏夫氏の發

表 6-4　さまざまな教会と集会所

旧産炭地の教会・集会所

	教会名・地区名	設立年	施設名・立地	設立の経緯
1	大加勢教会	1931 年	教会堂	炭坑横の高台。炭鉱会社から援助
2	潜龍仮教会	1945 年	炭坑住宅	炭鉱会社が従業員住宅1棟を貸与する
3	棚方仮教会	1950 年代前半	坑員集会所	炭鉱会社の協力
4	岩切	不明	佐世保市大潟町	
5	神田	不明	佐世保市（旧田平町）	
6	矢岳	不明	佐世保市（旧鹿町町）	
7	世知原	不明		
8	芳の浦	不明		
9	里山	不明		
10	軍艦島	不明	長崎市（旧高島町端島）	民家御堂、霊安室に十字架

ミサ開催

1	貝津工業団地	1964〜1966 年	団地事務所二階	諫早市に進出企業の信徒

保育所につくられた教会

	教会名	設立年	施設名	設立の経緯
1	下寺教会	1956 年	むつみ保育園	
2	福崎教会	1973 年	福崎愛児園	廃園施設を教会に利用

注）各教会誌および『長崎県を中心とした教会堂建築の発展過程に関する研究』（36-39
　　頁）、『カトリック教報』82 号から抽出したものである。

起でカトリック的修養會の發會準備が進められてゐたが、この程會社側の了
解許可を得て……その發會を見るに至り」とある。一方、皆瀬教会の信徒の
「次々と、巡回教会が、設立され（牟田の原教会）（世知原）、神父様がバイ
クに乗って走りまわっている」（カトリック皆瀬教会創立 50 周年記念誌 9 頁）
という手記からも、世知原に常設の施設があった可能性もうかがえよう。な

お『長崎県を中心とした教会堂建築の発展過程に関する研究』の一覧表には、世知原の集会所・教会は掲載されていない（川上 38 頁）。世知原地区は、2004 年、皆瀬教会から大野教会に管轄が移行している。

② 佐世保市相浦地区

第二次世界大戦後に大潟で炭鉱が操業し、相浦教会の信徒数はさらに増加した。1950 年代前半には信者が聖堂の外にあふれる事態になり、炭鉱の協力で棚方にあった坑員集会所を棚方の仮教会にしている。1952（昭和 27）年に炭鉱が閉山したため、棚方の仮教会の信徒は相浦教会に戻っている（相浦カトリック教会献堂 25 年誌 8 頁）。

工場および工業団地のミサ

高度経済成長期以降、企業の工場の地方進出に伴い従業員の配置転換が一般的になる。信徒世帯の移住が端緒になって集会が開催されたり、集会所の設立に展開する場合も見られる。

1960 年代以降、諫早市で工業開発が進行し、諫早市西部に貝津工業団地が造成された。第 5 章第 3 節でふれたように、工業団地に進出した企業の社宅に転居した信徒世帯に対して、1964（昭和 39）年から 2 年間、工業団地事務所の二階で土曜日の夜にミサが行われることになる（カトリック諫早教会創設 75 周年記念誌 45 頁・116 頁）。

保育所・幼稚園の施設利用の教会

キリスト教系の児童福祉施設や幼児教育施設の中に、教会堂を兼ねるものがしばしば存在する。一方、条件不利地の場合、廃園（所）になった施設を教会に利用する場合もある。

① 下寺教会

平戸市田平地区に田平教会が設立された約 40 年後（1956 年）、第 4 章第 2 節でふれたように、下寺免に新たな教会が設立される。田平教会の信徒が、地区内の下寺や善南部の信徒世帯の児童福祉ニーズに応じて、南田平村の村有地（旧小学校跡地）を購入し、1956（昭和 31）年に下寺免に開園した保育所を兼ねるものであった（浜崎 97 頁・144-145 頁）。川上によれば、

単層屋根、板敷の建物であった（川上 38 頁）。

② 福崎教会

福崎地区では、平戸口社会館における保育事業の後に次々設立された保育園・愛児園のうち福崎愛児園が 1973（昭和 48）年に閉園となり、その建物を利用して福崎教会が設立されている。

以上、長い間、「陸の孤島」と呼ばれた条件不利地において、宗教コミュニティが独自の展開をとげた状況が明らかになった。

その特徴の第 1 は、意図的コミュニティの信徒の間に存在した生活の共同の一部が、専門サービスに展開したことである。それは修道女を担い手にした生活サービスの提供方式であり、保育サービスを中心に北松浦半島の教会に広まっていく。最終的に神崎教会で総合的な生活サービスの提供にまで拡大したことは、とりわけ注目されよう。

第 2 は、意図的コミュニティの日常生活と信仰の融合において、職業に関する組織化が進行したことである。すなわち神崎や褥崎で信徒の生活基盤が水産業に転換するが、水産業の職業的な特色から、同業者の間の結びつきや事業が教会の組織や行事に組み込まれていったことである。職業関係の信仰領域へのこうした越境は、教会の改築において大きな役割を果たすとともに、業務上対立関係にある水産事業者の間の信頼関係の構築につながるものであった。

第 3 は、教会の設立に関して、新しい展開や関与が現れたことである。神崎教会の設立の場合、前章と同様に、邦人司教の強い意向によって混乱が生じている。その一方、通常の宗教コミュニティの形成過程と相違して、教会の関連の施設が教会に転用されて平戸口教会が誕生したことが特徴的である。こうした展開は、高度経済成長期後に廃園になった保育所の教会への転用として顕れるものである。さらに産炭地の教会や集会所の設立において新たな社会資源の関与が見られたことも特徴的である。従来通りに外国修道会や外国人神父の関与が大きいものの、昭和期の産炭地では信徒が就業していた企業の援助、すなわち信徒の職業関係の社会資源の関与という形態が現れているのである。

第 6 章　地域生活の拠点の教会

注

1 ）2015 年 5 月および 8〜11 月の各月、平戸口教会主任司祭の鍋内正志神父に聞き
取り調査を実施した。

2 ）2014 年 3 月に神崎教会主任司祭浜崎靖彦神父と信徒の日数谷初夫氏、8 月に浜崎
神父に聞き取りを行った。また 11 月に下関市立大学経済学部叶堂ゼミ・加来和典ゼ
ミ合同で神崎の聞き取りを実施した。浜崎神父・濱崎要次郎氏・日数谷初夫氏・島
内文夫氏・田島実男氏・山﨑清美氏・田嶋正明氏に聞き取りを実施した。

3 ）浦川によれば、明治期の迫害で馬渡島に一時避難した住民がいる（浦川 299 頁）。

4 ）この民家御堂は仮聖堂とも記されている（神崎教会献堂 50 年記念 55 頁）。

5 ）山梨によれば、有安秀之進神父は他の 2 人の神父とイエズス会の長崎誘致をバチ
カンに請願し、長崎司教によって司祭から放逐される。その後、教会当局と和解し
たという（山梨 231 頁・284 頁）。この教会は、司祭を逐放された時期に有安神父が
居住していた民家である。なお『カトリック教報』97 号（1932 年 11 月）に木場教
会司祭の有安神父の司祭叙階 50 年の金祝の様子が掲載されている。

6 ）2014 年 11 月に下関市立大学経済学部叶堂ゼミ・加来和典ゼミ合同で長崎県の北
松地区調査を実施した。佐世保市楠崎および楠崎小教区に関しては、楠崎教会主任
司祭の川原拓也神父・浦田初美氏・新立静夫氏・新立松雄氏・吉浦幸治氏・吉浦春
夫氏・山村和己氏に聞き取り調査を実施した。

7 ）旧町の町会議員を経験した信徒への聞き取りで、保育所を建設する際に当時の議
員に相談して寄付を受けたという。地域づくりは、楠崎地区の子供の教育環境を整
えることからスタートしたという。

第7章
佐世保市の都市展開と
宗教コミュニティの派生と変容
—— 複雑な系譜・教会間関係 ——

　都市化・工業化は、地域生活に大きな変化を引き起こした。佐世保市の宗教コミュニティも例外ではなかった。営農を志向する信徒の移住は継続するものの、都市化・工業化に随伴して来住した信徒の職業は多様化する。信徒の職業分化は、信徒組織内に勤労者の職業グループの結成として顕れ、それが教会の派生の契機になっていく。こうした経緯によって佐世保市内に数多くの教会が誕生したのである。いわば、教会から子教会が、子教会から孫教会が誕生していったのである。

　第1節では、第5章第2節でふれた佐世保市の谷郷（三浦町）教会から派生した松山教会（俵町教会）・天神教会・船越教会の設立の経緯とこれらの教会における宗教コミュニティの展開を明らかにする。さらに船越教会に関して、鹿子前教会との間に主教会と巡回教会の入れ替えが生じた経緯にふれる。第2節で、俵町教会の巡回教会として設立され、その後に独立した大野教会・皆瀬教会の設立経緯と展開を明らかにする。第3節で、佐世保市浅子に設立された梶ノ浦教会とその後の浅子教会の設立の経緯、次に梶ノ浦教会から派生した佐世保市西部の大崎教会、大崎教会から派生した相浦教会の設立の経緯を明らかにする。最後に第4節で、佐世保市内の旧産炭地に立地する大加勢教会と潜竜教会の設立の経緯を跡づける。

第1節　三浦町教会の子教会
—— 俵町教会・天神教会・船越教会と鹿子前教会 ——

　1898（明治22）年に海軍鎮守府が開府して以来、佐世保市は軍港・工業都市として発展する。市制施行後の佐世保市の人口急増に対応して、表7-1

表 7-1　佐世保市の展開と教会の設立

年代		1890 年代	1900 年代	1910 年代	1920 年代
市制の展開		1899 年市制			日宇村・佐世村と合併
人口		45,766 人			133,581 人
旧佐世保村	旧佐世保市	祈りの間（天満町）⇒民家御堂⇒谷郷教会	⇒		**三浦町教会**
	旧佐世村				（三浦町教会）
旧日宇村					
旧皆瀬村					
旧大野町・旧柚木村					
佐々町・旧世知原町					
産炭地					
旧早岐町					
旧相浦町	相浦	民家御堂			大潟で民家御堂
	大崎				大崎に聖堂（説教所）60 世帯
	船越鹿子前				
	浅子		梶ノ浦教会⇒		**浅子教会**
旧小佐々町	長崎山				

注）ゴチック体は主教会。黒島および平成の合併地区は省略している。
　　（　）内の教会は、所属の小教区・巡回教会を指す。

のように旧市街地・周辺の合併地区に多くのカトリック教会が設立される。中心部で最も古い三浦町教会の場合、1890（明治23）年に天満町に集会所（祈りの間）が設立され、6年後に谷郷教会、さらに昭和初期に三浦町教会が設立される。このあわただしい展開の中に、大労働市場となった佐世保市

142

第 7 章　佐世保市の都市展開と宗教コミュニティの派生と変容

1930 年代	1940 年代	1950 年代	1960 年代	1970 年～
相浦町と合併	早岐町・大野町・皆瀬村・中里村と合併	柚木村・黒島村編入		
190,418 人	266,269 人	242,654 人		
松山教会	⇒	俵町教会		
			（烏帽子教会）	
		（三浦町教会）		天神教会
	（松山教会）	皆瀬教会	（皆瀬教会）	
	（松山教会）	（俵町教会）	大野教会	
	（皆瀬教会）	（牟田ノ原教会）世知原地区 芳の浦地区 里山地区		（大野教会）
	（三浦町教会）		早岐教会	
（大崎教会）	相浦教会			
（浅子教会）	大崎教会	棚方仮教会		
尾立山集会場（三浦町教会）	船越教会		（船越教会）	鹿子前教会
		（浅子教会）		（横浦教会）

にカトリック信徒が労働力として流入していく様子が映し出されていよう。

　しかし、都市化・工業化が進行する佐世保市の交通の拠点に位置していた三浦町教会といえども、信徒層には農業世帯が多く含まれていたのである。そのため信仰と生産活動が一致していた農業世帯と来住の非農業世帯との間

に分節化が生じ始めるたと推測される。教会と居住地との間の地理的距離も関係して、中心部北側の信徒の分離・独立の志向性がしだいに強くなっていく。

俵町教会（松山教会）

三浦町教会の前身は、第5章でふれたように佐世保市中心部にあった谷郷教会である。三浦町教会の建設は谷郷教会の老朽化が原因であった。当時、信徒の多くは佐世保市の中心部とその北側に居住していたため、主任司祭および信徒は谷郷教会の土地を売却して、信徒が多く居住していた中心部北側の八幡町に教会用地を購入していた。しかし長崎司教の主導で、新教会の立地は司祭・信徒の計画と異なる佐世保駅・佐世保港近くの三浦町の丘陵になったのである。

俵町教会

1931（昭和6）年の三浦町教会の設立後、三浦町教会の信徒のうち旧佐世保市北部に居住する60～70世帯が、信仰・親睦・死人講（葬儀組）を目的とした教友会を組織する。教友会は10世帯程度を下部単位として、持ち回り例会を開催するようになる。

① 中心部北側の信徒の職業状況

当時の信徒の居住状況を知る手がかりがある。少し後の時期に関するものであるが「私は田代町に住む……百姓の娘……でございます」（俵町小教区50年誌41頁）という手記である。これは1929（昭和4）年生まれのシスターの手記で、農家が含まれていたことが確認できるものである。中心部北側で信徒世帯の割合が高かった田代、赤木の1970（昭和45）年の世界農林業センサスの農家比率は88.9％、93.8％で、これらの状況からも、当時、中心部北側の多くの信徒世帯が農業に従事していたことが推測されよう。

第 7 章　佐世保市の都市展開と宗教コミュニティの派生と変容

② 松山教会の設立

第二次世界大戦直前の
1938（昭和 13）年、中心部
北側の松山町に松山教会が設
立される（俵町小教区 50 年誌
49 頁）。八幡町の教会建設予
定地を売却した金額（1 万
5,000 円）のうち 5,000 円
を松山町の敷地の購入に充
て、購入した土地の一部の売

表 7-2　俵町教会の信徒居住地（一部）

町名	教会地区名	世帯数	人数
烏帽子町・田代町	ミカエル地区	14	59
桜木町・赤木町	マテオ地区	16	54
横尾町	マリア地区	24	75
松山町	ペトロ地区	16	44
	マルコ地区	17	38
	ルカ地区	13	39

注）『俵町小教区 50 年誌』149-155 頁を集計したものである。

却金（3,000 円）で教会・託児所（後に幼稚園）・司祭館を建設する（三浦町カトリック教会献堂 50 年誌 10 頁）。

　三浦町教会時代の教友会と同様に松山教会でも、10 世帯程度の下部単位（隣組）を存続させ、現在も表 7-2 に一部を示した 12 の地区につながっている。

③ 外国宣教会の担当

　松山教会は、第二次世界大戦後の 1947〜1951 年に第 3 章第 2 節でふれた神言修道会の管轄になる。さらに 1950（昭和 25）年にはカナダのスカボロ外国宣教会が長崎教区と 20 年間に及ぶ司牧宣教の契約を結び、松山教会はスカボロ外国宣教会の管轄になる。

　戦後期に特筆される俵町教会の活動は、第 6 章第 4 節でふれた 1960（昭和 35）年の共助組合の創設であった。これは、松山教会の信徒の厳しい経済生活を知ったスカボロ外国宣教会の神父が、経済問題の解消の方法として提案し、全国に広がった共助型の制度であった（俵町小教区 50 年誌 78 頁）。

④ 敷地の変更と名称の変更

　第二次世界大戦中、松山教会は兵舎として接収されている。戦後に幼稚園とともに再開したものの敷地の基盤がずれて不安定なため、教会は移転を余儀なくされた。国鉄松浦線（現在の北松浦鉄道）の北佐世保駅跡地の譲渡を国鉄門司鉄道局に要望した結果、1951（昭和 26）年に松山教会の名称のままで旧駅舎に移転することになる。翌年、名称を俵町カトリック教会に改称

している。
 ⑤ 中心部北側における宗教コミュニティ形成の社会的特徴
 佐世保市中心部北側の社会的特徴とは、自分たちの教会を設立しようとする強い志向性である。谷郷教会の建て替えが司教の主導によって変更され三浦町教会が設立された後も、農業世帯を含む中心部北側の信徒は、居住地に教会を設立したいという希望を失わなかったのである。すなわち三浦町教会内に地区別の組織が設立され（分節化）、次に脱埋め込みの社会資源（外国修道会）によってもたらされた資産の転売益を活用することで、新しい教会が派生したといえよう。

天神教会

 佐世保駅近くの崎辺半島に位置する天神地区（図 7-1）は、昭和初期に平戸・五島・黒島から信徒が営農を目的に移住した地である[1]。
 ① 天神
 崎辺半島は佐世保駅から 3、4 km の位置にあるものの、天神山・山城陣に連なる半島入口の急峻な崖山のために、長い間、中心部との交通が遮断されてきた。大正期に急勾配の道路が開通し、戦前期になって切通しが開かれ、バスが運行するようになる（烏帽子は見ていた 268 頁）。1960 年代後半から天神を含む崎辺半島に住宅・アパート・市営団地が建築されるようになり、現在は佐世保市の人口密集地区の一つになっている（烏帽子は見ていた 266 頁）。
 ② 祈りの家の建設と建て替え
 天神は三浦町教会の管轄で、信徒は道らしい道のない中を歩いて三浦町教会のミサやけいこ（稽古・公教要理）に通っていたという。とりわけ子どもは朝 5 時前に弁当をもって家を出て、朝ミサに通っていた。こうした事情のため「天神の子は、ケイコはよう覚えんし、汗臭

天神教会

第 7 章　佐世保市の都市展開と宗教コミュニティの派生と変容

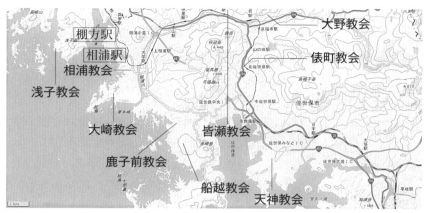

図 7-1　佐世保市
＊この地図は国土地理院地図に関連する名称を加筆したものである。

い」（天神教会の歩み 14 頁）と言われることもあった。

　その後、黒島・五島からの移住世帯が増加し、第二次世界大戦中の 15 世帯に達した時期、子どものけいこ（稽古）部屋（公会堂）の建設が信徒の間で話題になる。天神の信徒は、第二次世界大戦後、海岸に近い民家の建物を 6 万 5,000 円で購入する。信徒が坂道を往復して民家を移築して、1947（昭和 22）年、現在の東浜町と天神 3 丁目の境界あたりの黒島出身世帯の集住地に「祈りの家」が完成する（天神教会の歩み 14 頁）。子どもの公教要理の勉強は、以後、三浦町教会から伝道士が祈りの家に来て行われるようになる。なお祈りの家は「民家御堂」（長崎巡礼センター 40 頁）とも呼ばれるものの、「弊屋に近い公会堂ながら、三浦町教会の鶴田神父様も信者の家に泊りがけで、ミサを立てられました」（天神教会の歩み 15 頁）とあり、仮教会・仮聖堂に近いものと見られる。

　祈りの家設立から 20 年後となる 1974（昭和 49）年、新しい公会堂が「天神祈りの家」として完成する。建築費用は 240 万円（土地 28 坪）であった。新公会堂の建設には、信徒以外の人の協力もあったという。以後、天神祈りの家で月 2 回程度ミサが行われるようになる。ミサの司式は主教会の三浦町教会の神父と佐賀県武雄・伊万里の神父であった。ミサ後は、信徒たちの親交の場になっていたという（天神教会の歩み 16 頁）。

147

③ 教会の設立

設立から 10 年後の 1984（昭和 59）年に天神祈りの家で信徒臨時総会が開催され、主任司祭から教会堂建設の説明が行われた。この時期の信徒世帯数は約 110 世帯である。翌年、三浦町教会の顧問も出席した天神の役員会で、主任司祭から教会建設の具体的説明が行われる。後日、天神祈りの家で信徒臨時総会が開催され、聖堂建設委員の選出と資金調達について協議がされた。その結果、各世帯の協力金は自己申告制とし、班単位で各世帯の自己申告金額を把握する方式で資金を集めることになる。

建設予算（土地・建物）は約 1 億 3,750 万円で、天神祈りの家の売却予定価格は 1,800 万円、負担金額の 1 億 275 万円のうち 8,000 万円は教区の負担、小教区負担分の 4,075 万円のうち 2,000 万円を天神・東浜・十郎新町・大黒の信徒が負担し、残額の 2,075 万円をそれ以外の小教区の担当とした。

1986（昭和 61）年に天神教会が完成し、1992 年に三浦町教会から分離・独立する（天神教会の歩み 23-24 頁）。

この天神教会の設立は、地域開発の進む天神地区に天神教会を設立し、小教区として独立させたいという長崎教区の里脇浅次郎枢機卿の主導に、三浦町教会主任司祭が対応したものであった。教会の敷地は道路沿いでバス停も近いお告げのマリア修道会の駐車場を候補とし、里脇枢機卿の現地見学で了解を得ている（天神教会の歩み 2 頁）。

④ 信徒組織

天神祈りの家を設立した時期、新たな地区割りが実施された。1983（昭和 58）年の 7 班から翌年は 9 班体制、1987 年には 10 班（10 班はさらに 3 区分）、1989 年に 13 班体制、1996 年に 12 班体制（12 班はさらに 2 区分）に変更される（天神教会の歩み 57-71 頁）。

また、天神祈りの家が建設された 1974～1985 年の独自予算は年間 60 万円程度で、各世帯の維持費等を三浦町教会に納入した残金と親睦会費・寄付金・預金利息・空ビン等の回収が内訳である。死者の弔いは、自宅で祈りをした後、各班の当番制で墓堀りをして土葬したという（天神教会の歩み 17 頁）。

148

第 7 章　佐世保市の都市展開と宗教コミュニティの派生と変容

⑤　天神における宗教コミュニティ形成の社会的特徴

　天神は佐世保駅に比較的近い立地であるものの、丘陵地特有の交通事情によって移動が困難な地であった。そのため信徒世帯は集会場の設立を志向し、移住の 15 年後に実現している。その後、急速な地域開発が進行する中で、長崎教区は天神が新たな宣教の拠点になると見て、教区主導で教会が建設されたのである。実際、脱埋め込みの社会資源（教区）の負担が建設費用の 3 分の 2 であった。

船越教会と鹿子前教会

① 船越

　図 7-1 の旧相浦町の船越は、農業地区であった。世界農林業センサス（1970 年）の船越・庵浦・野崎・俵ヶ浦の各集落の農家比率が約 4〜8 割台であることから、農業が主産業であったことが裏づけられよう。また船越には何人かの網元がいて、共同で船団を作り一船団 5 隻でハチダ（イワシ）漁をし、海岸でイリコを製造していたという（船越郷土のあゆみ 24 頁）。信徒は農業労働に加えて、漁労・イリコ製造の仕事に従事していたと推測できる。かつては出稼ぎにきた黒島の信徒が網元の下で漁労に従事していた。その後、船越の鴛浦等に、五島・平戸島・黒島から信徒世帯が移住し、海軍関係や農業・漁業等に従事するようになる。

② 集会所の設立と立ち退き

　船越では、大正期（1923 年）、現在の九十九島水族館付近の尾立山に信徒によって集会所（祈りの場）が設立され、谷郷教会の巡回地に位置づけられる。しかし 1940（昭和 15）年、海軍施設拡充のために立ち退きとなった。

③ 船越教会の設立と信友会の結成

　1940（昭和 15）年、俵ヶ浦半島の丘の上に船越教会が設立され、三浦町教会の巡回教会になる（よきおとずれ 996 号 2012 年 6 月）。さらに第二次世界大戦後の 1962（昭和 37）年に船越教会は、船越小教区として独立する（鹿子前小教区設立 25 周年記念誌 24 頁）。

　高度経済成長期、佐世保市内に信友会（カトリック勤労者の会）が設立される（鹿子前小教区設立 25 周年記念誌 24 頁）。SSK（佐世保重工業）の従業

員を主体とした団体で、船越教会の信徒が副会長に選出されている（三浦町カトリック教会献堂 50 年誌 43 頁）。高度経済成長期に通勤の便のよい船越（鹿子前）等に非農家の信徒世帯が来住したことの反映と推測される。

④　鹿子前教会の設立と教会間関係の変更

1970（昭和 45）年、船越教会から鹿子前地区が分離し、県道（SSK バイパス）近くに鹿子前教会が建築される。聖堂 210 m²、司祭館 105 m² で、建築費用は 900 万円であった。信徒が 700 万円を負担し、残りは小教区以外からの寄附・献金に依拠している。

鹿子前教会の設立の結果、船越教会が鹿子前教会の巡回教会に転じる。2 地区は地区割りされたものの、信徒組織は小教区単位で形成されている（鹿子前小教区設立 25 周年記念誌 25–26 頁・32 頁）。

⑤　船越における宗教コミュニティ形成の社会的特徴

船越では、集会所が大正期に設立された後に船越教会が設立された。信徒主導による教会の設立であるものの、背景には国策 —— 海軍施設の拡充 —— が関係していた。高度経済成長期、佐世保市に都市化・工業化および郊外化の波が押し寄せる。信徒の職業的多様性によって分節化が生じたことも一因となって、鹿子前教会が派生する。さらに信徒数の逆転によって主教会と巡回教会の関係が入れ替わっている。

第 2 節　俵町教会の子教会 —— 皆瀬教会・大野教会 ——

1942（昭和 17）年に佐世保市と合併した皆瀬・中里は、図 7-1 のように、佐世保市北部、大野の西に位置する。相浦川沿いに平地が帯状に延び、国道 204 号線で佐々町方面とつながり、また県道で北側の松浦市と結ばれている。川沿いの平地には、松浦鉄道の駅が点在する。世界農林業センサス（1970 年）の農家数から、相浦川北部の丘陵・山間の集落の農家比率が高かったことがうかがえる。

『カトリック皆瀬教会創設 50 周年記念誌』（2005 年）に掲載された初代婦人会長の手記には、1935（昭和 10）年に平戸島紐差から移住し、役牛一頭

第 7 章　佐世保市の都市展開と宗教コミュニティの派生と変容

で農業に従事したと記されている[2]）。

　1942（昭和 17）年に佐世保市と合併した大野は、佐世保市北部に位置する。柚木・旧世知原町から連なる谷あいに位置し、相浦（大野）川沿いに平地が広がっている。大野には「昭和の初期の頃より信者の人も少しずつ居た様」（大野カトリック教会創設 25 周年記念誌 15 頁）とあり、第二次世界大戦前に信徒が居住していたことが明らかである。世界農林業センサス（1970 年）の農家数から、大野の北部の集落で農家比率が高かったことが分かる。

　① 皆瀬教会 ── 俵町教会から独立 ──

　前節でふれたスカボロ外国宣教会は、1950（昭和 25）年、長崎教区と 20 年間にわたる司牧宣教の契約を結び、俵町小教区で 14 人、皆瀬教会で 5 人の神父が司牧宣教に従事することになった（俵町小教区 50 年誌 76-78 頁）。

　戦後の皆瀬は、佐世保市の中心地との交通事情が悪く、移動手段（バイク）を持つ俵町教会の外国人神父が信徒の家でミサを行っていた。この時期の子どもの公教要理（けいこ）は、中里に居住していた女性信徒が担当している（カトリック皆瀬教会創設 50 周年記念誌 9 頁）。

　初代婦人会長の手記によれば、その当時、皆瀬にあった炭鉱住宅一軒一軒を見回る「浮上活動」があった。この浮上活動とは、おそらく炭鉱生活に入ったために宗教コミュニティを離脱した世帯を探し出し、再び宗教コミュニティの一員に迎え入れようとする宣教活動であろう。この活動によって「発見」された 10 世帯の信徒が住む炭鉱住宅で、その後、ミサが行われるようになる（カトリック皆瀬教会創設 50 周年記念誌 9 頁）。

　皆瀬では、民家を仮教会としていた。従来の農家世帯に戦後開拓の農家世帯と炭鉱従業員の世帯が加わって、信徒世帯が一定数に達する。『カトリック教報』359 号（1954 年 7 月）によれば、信徒数は 120 人であった。

　こうした状況に対して、スカボロ外国宣教会は、本部のあるカナダで

皆瀬教会

151

資金集めを実施し、1954（昭和29）年、皆瀬教会が巡回教会として設立される。この教会には、スカボロ外国宣教会の俵町教会助任司祭が別世帯助任として常駐した。1957（昭和32）年、皆瀬教会は皆瀬小教区として俵町教会から独立し、常駐の司祭が主任司祭となる（俵町小教区50年誌 77頁）。

　1968（昭和43）年に皆瀬教会はスカボロ外国宣教会から長崎教区に返還され、邦人神父の担当になった。地すべり地帯のため教会の損傷が激しく、1969（昭和44）年、長崎教区の費用負担で2代目の教会が建設される。この当時の信徒世帯数は、鉱山の廃坑のために60世帯に減少していた。その結果、1969年、皆瀬教会は、大野教会の巡回教会に位置づけられることになる（カトリック皆瀬教会創設50周年記念誌 7-9頁・19頁）。なお巡回教会となった当初の2年間は、大野教会の助任司祭が常駐する別世帯助任であった。2007年、現在の教会が建設されている。

　② 大野教会 —— 俵町教会から独立 ——

　昭和初期、大野は中心部との道路が整備されておらず、少数の信徒が祝祭日に三浦町教会に行くのみであった。佐世保市の中心部北側に松山教会（俵町教会）が設立された頃、大野の信徒は30世帯に増加している（カトリック大野教会創設25周年記念誌 15頁・35頁）。俵町教会のスカボロ外国宣教会の資金援助で、1961（昭和36）年6月、大野教会が俵町教会の巡回教会として設立される。設立の貢献者の中には藤村五郎作が含まれている。『カトリック教報』（1976年6月号）に掲載された戦前の三浦町教会の主任司祭の手記には、「大野には、藤村五郎作という、善良な家族がいて、食糧不足の

表7-4　大野教会の地区別信徒数

地区名	知見寺	松頼	坂ノ下	楠木	大野	池野	矢峰
町名	知見寺	松頼町 原分町	原分町	楠木町	大野町	松頼町・柚木町・柚木元町	矢峰町
1986年	4	20	15	5	8	12	7
2011年	3	29	16	14	18	28	17
増減（％）	75.0	145.0	106.7	280.0	225.0	233.3	242.9

注）『カトリック大野教会創設25周年記念誌』92-96頁・『カトリック大野教会創設50周年記念誌』76-77頁を集計したものである。

第7章 佐世保市の都市展開と宗教コミュニティの派生と変容

おりから、大変な援助を受けたものである。広い田畑を所有していて、白米や里芋をたびたび戴いた」とあり、農業従事の信徒の存在が裏づけられる。

同年9月に柚木炭鉱が閉山になり、柚木の25世帯が他出する（カトリック大野教会創設25周年記念誌 49頁）[3]。

1969（昭和44）年、大野教会は小教区として独立し、皆瀬教会が巡回教会に転じる。当時、大野教会に司祭館はなく、世帯単位の献金（10万円）と邦人神父・信徒の追加献金、教会外の篤志家等の資金援助によって完成した（表7-3）。さらに1982（昭和57）年、現在の教会が完成する（カトリック大野教会創設25周年記念誌 22-23頁・49頁）。その後、大野教会共助組合（加入組合員51人）、葬式を執り行うラザロ会（加入世帯53世帯）が発足している。

大野教会

表7-3 大野教会建設のための寄付

俵町信者隣組（10組）	167,075
スカボロ会司祭等（6人）	498,850
スカボロ外国宣教会	3,004,000
一米国人	8,400
匿名	10,000
合計	3,688,325

注）『大野カトリック教会』47頁。
　　数字の単位は円である。

松原	田原	瀬戸越	泉福寺	世知原	地区外	合計
瀬戸越町 松原町	田原町 原分町	瀬戸越町 大野町	松原町 瀬戸越町	世知原 地区	−	
8	12	11	10	−	5	117
10	11	13	19	10	30	218
125.0	91.7	118.2	190.0	−	600.0	186.3

佐世保市北部の郊外化に伴い、信徒数は表 7-4 のように 25 年間で倍増する。地区別では、川沿い（平地）の矢峰・池野・大野・泉福寺の増加が大きい。丘陵地・山間地の知見寺・田原では減少傾向にあるものの、楠木は約 3 倍に増加する。また管轄外の世帯が大幅に増加する。信徒名簿を見ると大野の信徒と同姓の世帯が多く、他出後も親族がいる大野教会に在籍していると推測される。

佐世保市北部における宗教コミュニティ形成の社会的特徴

　この地区の社会的特徴は、第 1 に、外国宣教会の資金援助によって教会が設立されたという点である。佐世保市北部に複数の教会が新設されたのは、脱埋め込みの社会資源であるカナダの修道会のスカボロ外国宣教会の存在が大きい。すなわちスカボロ外国宣教会の援助によって、1950 年代後半に俵町教会から皆瀬教会、1960 年代に大野教会と第 8 章でふれる烏帽子教会が派生し、さらに小教区となった皆瀬教会を拠点にして同じく第 8 章でふれる牟田ノ原教会が派生したからである。

　第 2 に、教会間関係の変容である。すなわち皆瀬教会の後に設立された大野教会が、その後、主教会に昇格して、皆瀬教会が巡回教会に転じたことで、主教会と巡回教会が入れ替わったことである。こうした隣接教会の間の主教会・巡回教会の入れ替えは、前述の船越教会・鹿子前教会以外にも見られる。早岐教会の場合は、三浦町教会・川棚教会の巡回教会の後に独立し、主教会の川棚教会が巡回教会に転じている。

第 3 節　相浦の宗教コミュニティの複雑な展開
── 相浦教会・大崎教会・浅子教会 ──

　相浦地区相浦は図 7-1 のように佐世保市西部に位置する。『相浦郷土史』（1993 年）に「明治 39 年に平戸よりカトリック信者の久家三喜松さん一家が移住し、西彼大島より、中村新太郎さんの家族ほかが移住し、明治 42 年頃までに 8 世帯位の信者が相浦にも住むようになった」（304 頁）とある。1930 年代前半に、信徒世帯は 40 世帯に増加する（相浦カトリック教会献堂

第 7 章　佐世保市の都市展開と宗教コミュニティの派生と変容

25 年誌 5 頁）。第二次世界大戦直前の海軍による農地接収で他出を余儀なく
された信徒世帯があることから、戦前期、大半の信徒世帯が農業に従事して
いたと推測される。また相浦地区大崎にも、明治期に信徒世帯が来住してい
る。

相浦の教会 ── 大崎教会・相浦教会 ──

　相浦地区では、半島の先端の大崎にまず教会が設立された。その後、営農
志向の信徒が来住した大潟に加えて、相浦でも信徒が増加し、教会が設立さ
れる。

　① 大崎教会の設立と民家御堂の設置

　大正期、相浦地区に 60 世帯 350 人の信徒が居住し、1923（大正 12）年に
大崎教会が設立された（祝落成 大野カトリック教会 10 頁）[4]。

　大潟の信徒世帯は、1932（昭和 7）年頃に 40 世帯に増加する。大潟の信
徒は、当時、大崎教会や佐世保の三浦町教会に通っていた。1938（昭和 13）
年に大潟に民家御堂が設置されたことで、浅子教会の神父が巡回で日曜日の
ミサ・黙想会・子どもの要理教育等を行うようになる。

　その後、『相浦郷土史』の教会（カトリック教会）の項目には「……昭和
15 年 7 月 19 日（1940 年）大崎町（水ノ浦安永大吉宅）に宗教結社天主公
大崎教会として移転し、……」（相浦郷土史 305-306 頁）とあり、第 9 章で
ふれる宮崎市田野町法光坊に移住した安永大吉家の大崎の住宅が教会とされ
たことが判明する。

　② 相浦教会の設立 ── 集落施設と信徒の二分 ──

　第二次世界大戦前、都市化・工業化が進行する大潟の信徒数は大崎を上回
り、もはや民家御堂に信徒が収まらなくなる。当時の宿老が司教に教会建設
の許可を求め、教会建設用の敷地として大潟の原野 500 坪を購入する。し
かしこの原野は教会の敷地に適さなかったため、信徒が所有している畑地と
交換している。その後、海兵団の進出で立ち退きとなった農家の廃材を利用
して、この畑地に教会を建築する。

　しかし、佐世保市から教会として建設許可が下りなかったため、この建物
は集落施設という名目であった。この施設をもって 1941（昭和 16）年、相

155

浦カトリック教会の設立とされる（相浦カトリック教会献堂 25 年誌 7 頁）。
同年（1940 年）、大崎でも教会が新築され、100 世帯 650 人に増加した相浦
の信徒は、相浦教会 60 世帯 350 人、大崎教会 40 世帯 300 人に二分される
ことになる（祝落成 大野カトリック教会 10 頁）。

　③　相浦教会の信徒急増

　第二次世界大戦後、大潟で炭鉱が操業し、相浦教会の信徒数はさらに増加
した。1950 年代前半にはふたたび信徒が聖堂の外にあふれる事態になり、
第 6 章第 5 節でふれたように、炭鉱の協力で棚方の坑員集会所を棚方の仮
教会とした。この棚方の仮教会を含めて相浦教会の信徒数は 200 世帯、800
人に達する。1952（昭和 27）年に炭鉱の閉山に伴い棚方の仮教会の信徒が
相浦教会に戻った結果、相浦教会は信徒増で手狭な状態になった。そのため
1 世帯 1 万円以上の拠出で新教会の建設を計画し、1960（昭和 35）年に新
築する。大崎教会でも、1973（昭和 48）年に教会が新築されている（相浦カ
トリック教会献堂 25 年誌 8 頁）。

　④　共助組合と幼稚園の設立

　1967（昭和 42）年に相浦地区で大水害があり、信徒が大きな被害を受け、
バチカンから見舞金が贈られている。1974（昭和 49）年には、相浦教会に
第 6 章第 4 節でふれた共助組合が発足する。なお 1970（昭和 45）年から聖
母訪問会が幼稚園の経営を担当し、修道院を設立している（相浦カトリック
教会献堂 25 年誌 16 頁）。

　　浅子教会

　浅子は旧相浦町の飛び地で、佐々浦をはさむ対岸の半島の先端にあたる
（図 7-1）。1968（昭和 43）年に道路ができるまでは生活物資は船で運搬され
ていた（ふるさと歴史めぐり 79 頁）。大正時代に梶ノ浦に大瀬炭鉱が開坑し、
人口が急増している。

　①　浅子

　『長崎県世界遺産構成資産等基礎調査 地域・地区調査報告書 黒島地域』
によれば、「明治 17（1884）年、生活のために漁場や炭坑、海軍関係の職を
求めて黒島を離れた信徒が佐世保の浅子、大崎に移住した」（Ⅱ-37 頁）とあ

り、大崎とともに明治期の信徒の移動が確認できる。『ふるさと歴史めぐり』によれば、浅子教会の洗礼名簿から、草分けは1883（明治16）年に梶ノ浦に移住した2世帯であることが分かる。その3年後に3世帯が移住し、1897（明治30）年には、信徒は15世帯に増加する。その多くは黒島出身とされる（79頁）。『カトリック教報』5号（1929年1月）の頃には、71世帯に増加している。

② 梶ノ浦教会・浅子教会

浅子教会

浅子では、梶ノ浦の西谷に民家御堂が設立されている（ふるさと歴史めぐり 80頁）。一方、『褥崎128年——褥崎小教区沿革史——』によれば、浅子の梶ノ浦に炭鉱があり、1904（明治37）年、いち早く梶ノ浦教会が建築される。当時の1年間の梶ノ浦の幼児洗礼者数は17.1人で、褥崎13.7人・神崎13.1人・大崎6.7人のいずれの受洗数も上回り、信徒数の多さを裏づける数である。また1897（明治30）年、佐世保が平戸小教区から分離・独立した時、梶ノ浦（浅子）は巡回地の一つに位置づけられている。梶ノ浦にはすでに教会が設立されていたため、褥崎等の北松浦半島の信徒は秘蹟のうち洗礼を佐世保（谷郷教会）・梶ノ浦教会で授かることになる（褥崎カトリック128年 62頁・82-87頁）。これらの記録から、この梶ノ浦の教会は、仮教会・仮聖堂であったとも推測される。

1930（昭和5）年、池ノ谷に教会が建築される（ふるさと歴史めぐり 80頁）。『カトリック教報』5号（1929年1月）によれば、1929（昭和4）年に「梶浦天主堂」の献堂式が開催され、来訪した長崎司教が梶浦小学校のカトリック講演会で講演したとある。そのため、池ノ谷の教会の設立は1929年、教会名は梶（ノ）浦と見ていいだろう。しかし約30年後の『カトリック教報』407号（1958年12月）では、この教会は、信徒数が増加して狭くなったため、約1km離れた場所に建設されたものとされている。そのため池ノ谷に移転した梶（ノ）浦教会は、その後、浅子教会に改称したと推測さ

157

れる[5]。なお 1958（昭和 33）年の信徒数は約千人と記されている。

相浦における宗教コミュニティ形成の社会的特徴

　相浦地区の社会的特徴は、第 1 に、信徒数が増加する中で信徒の主導によって教会が設立された点である。すなわち相浦地区の教会の設立が、まず明治期に信徒の居住が生じた相浦の対岸の浅子の梶ノ浦教会（浅子教会）、次に大正期以後に信徒の居住が増加した大崎半島の大崎教会、さらに昭和期に信徒が増加した大潟の相浦教会の順になっていることである。また信徒の主導によることは、相浦地区のいずれの教会の設立も集会所・民家御堂の設置から比較的長い年数がかかっていることに顕れていよう。

　第 2 に、3 つの教会の間の関係である。まず浅子教会から大崎教会が派生し、次に大崎教会から相浦教会が派生していることである。すなわち相浦地区の周辺部（飛び地）に位置する浅子教会から周辺部（半島）の大崎教会が分離し、さらに大崎教会から分離して中心部に相浦教会が設立された点である。こうした展開は、信徒の居住が周辺から中心に遡上していった状況が教会間の関係に反映したものといえよう。

第 4 節　産炭地の教会 —— 大加勢教会・潜竜教会 ——

　北松浦半島には数多くの炭鉱が立地していた。多くの信徒や信徒世帯が産炭地に移住し、第 6 章第 5 節でふれたように、公民館や炭鉱住宅で集会が開催されるようになり、さらに教会が設立されたのである。本節では、佐世保市大加勢教会と潜竜教会の設立の経緯とその後を跡づけよう。

大加勢教会

① 信徒の出身地

　日鉄北松鉱業所の加勢坑は、1926（大正 15）年、旧鹿町町下歌ヶ浦免に開坑する。褥崎教会の巡回教会である大加勢教会（旧大加勢教会）は、その鉱員家族が設立した教会である。

第7章　佐世保市の都市展開と宗教コミュニティの派生と変容

当時の鉱員家族は、外海地区（長崎・田平等を経由の25世帯）、五島（6世帯）、田平（7世帯）が主な出身地である（褥崎128年236-247頁）。初期の信徒によれば、「昭和3年5月、八幡製鉄所・鹿町炭坑加勢坑に就職した。来てみて驚いたことは、信者がいると話は聞いていたが、誰が信者やら教会はどこにあるやら皆目分からない。……そのうち、出津、黒崎、浦上、田平出身の信者が現われて10人以上となった」（褥崎128年211頁）という。

② 炭坑横の教会の設立

1930（昭和5）年には、従業員宅で宗教行事（教友会）が開始され、指導者が信徒宅を戸別訪問して教会の必要性を説いたという。

日鉄北松鉱業所の協力と神崎小教区司祭の許可を得て、1931（昭和6）年、炭坑の横の高台にトタン葺きの18坪の教会が建築される。建設費用は35世帯の信徒の積立と日鉄北松鉱業所からの若干の資金援助によるもので、不足分を2人の指導者が借入金で補ったという（褥崎128年210-212頁）。翌年の『カトリック教報』82号（1932年3月）には、教友会の成員数が増加したため、教会所を新設する必要性が痛感されたとある。

この時期、神父の巡回は月に1回で、日曜日は伝道士の先唱で祈りを捧げていたという。また毎年、7月の最初の日曜日に、安全祈願ミサが日鉄北松鉱業所の要人の参加を得て行われていた。「『教会のある炭鉱』は信徒にとっては、よほど魅力だったのだろう……信徒の数も炭鉱の発展とともに増え」、第二次世界大戦中には約100世帯に達したという（褥崎128年210-212頁）。『カトリック教報』82号（1932年3月）にも、「これまで信仰を公表しなかつた信者も、教会が出来てからは、自ら教友会に加入し、日曜日毎に此處に集合」したとある。

教会の設立によって、信徒世帯数は50世帯以上に増加する。『カトリック教報』172号（1935年12月）によれば、教友会に加えて世代別の信徒組織の青年会が発足している。こうした状況の中で、「從來の聖堂（二年前に新築したもの）では狭隘を告げて來たので聖堂を擴張し、別に小さく司祭館を建てる事に決し、來春早々工事に着手」の予定とある。

159

③ その後の教会の建設 ―― 2 代目・3 代目教会

第二次世界大戦後の昭和 20 年代には炭坑鉱員は 130〜140 世帯に増加する。その結果、教会が手狭になったこと、また教会が危険な場所に立地していたため、大加勢教会は新築移転することになる。新しい教会は日鉄北松鉱業所の費用で新設移転し、会社の所有とされた（褥崎 128 年 278-279 頁）。一方、『カトリック教報』324 号（1951 年 7 月）によれば、鹿町町が「カトリック従業員の功勞を多とし、町内景勝の地に、二百坪の敷地を選定、教會及司祭館を建て、贈つた」ともされる。なおこの時期の北松加勢炭坑の従業員 3,000 人のうち信徒は約 150 人であったものの、労働組合長は信徒から出ていて、鹿町町の町議会議長を兼務していた。

しかし、昭和中期（1955 年）に入ると石炭産業の斜陽とともに、日鉄北松鉱業所の生産規模は縮小した。その結果、信徒世帯の他出が頻繁になる。ついに 1963（昭和 38）年に、日鉄北松鉱業所の加勢坑が閉鎖され、大加勢の信徒世帯は 30 世帯に急減する（褥崎 128 年 278-279 頁）。

現在の教会（新教会）は、1948（昭和 23）年に建て替えられた旧教会の老朽化、また教会土地が借地であったこと、さらに駐車スペースが小さく自動車利用に対応していなかったため、1991 年に加勢に建設されたものである。この建設の費用は、長崎教区・佐世保地区の各教会・褥崎教会および出身者の資金援助と寄付による。この時の信徒世帯は約 50 世帯であった（褥崎 128 年 218-228 頁）。

④ 大加勢における宗教コミュニティ形成の社会的特徴

大加勢におけるコミュニティ形成の特徴は、炭坑の開坑の 5 年後に大加勢教会が設立されたという期間の短さに顕れている。すなわち社会資源（炭鉱事業所による援助）の存在と鉱員同志という、強い類縁（同業）関係がその要因になったといえよう。さらに主教会の褥崎教会との地理的距離に加えて、主教会と大加勢教会の信徒の間の職業相違があったことも巡回教会が派生した一因といえよう。

第 7 章　佐世保市の都市展開と宗教コミュニティの派生と変容

潜竜教会

① 佐世保市江迎町

　潜竜教会が立地する旧江迎町は、2010 年、佐世保市に編入合併している。旧江迎町は北松浦半島中央の谷あいから江迎湾に延びる領域で、1889（明治 22）年に内陸の旧猪調村と海側の旧長坂村の合併で、その前身である江迎村が誕生する。炭鉱の開坑によって人口が急増した 1920（大正 9）年の第 1 回国勢調査の人口は 4,706 人で、その後、1933（昭和 8）年の住友鉱業の潜龍鉱山、1934（昭和 9）年の日窒江迎鉱業所の開坑で大規模な人口流入が生じ、1939（昭和 14）年に人口は 1 万人を超える。大規模な炭鉱が立地した猪調地区には、1955（昭和 30）年の旧江迎町の人口の約 18,000 人のうち 11,000 人が居住していた（江迎町郷土史 461 頁；江迎町郷土誌 156 頁）。また猪調地区に隣接する旧吉井町（2005 年に佐世保市に編入合併）に日鉄北松炭鉱御橋鉱・福井炭鉱が開坑し、さらに佐々町皆瀬で神田炭鉱が操業している（ふるさとの歴史・吉井町 139-149 頁）。

② 潜竜教会

　潜竜教会は、旧江迎町の猪調に所在し、旧吉井町と旧江迎町の志戸・猪調・田ノ元等が管轄である。潜竜の炭鉱の就労者に信徒が含まれていたため、まず住友鉱業の炭鉱住宅が教会堂（民家御堂）として使用されることになった。その後の 1953（昭和 28）年に潜竜教会が建築されている（江迎町郷土誌 713 頁）。一方、『カトリック教報』388 号（1957 年 3 月）によれば、1945（昭和 20）年に炭鉱会社が炭鉱住宅 1 棟を貸与し、それを仮教会にしている。その後、西木場教会の主任司祭が巡回することになった。司祭は「荒廃し、雨風の度は聖務に支障を来す程」の状況に直面して、私財を投じて新教会の建築に着手したという。

　『カトリック教報』364 号（1955 年 1

潜竜教会

161

月）によれば、潜竜教会は 1954（昭和 29）年に潜竜ヶ滝駅付近に建設されている。併設の幼稚園が 1955（昭和 30）年 4 月に開園している。

　一時期、潜竜教会は、潜龍・神田・江迎・御橋・江里の各炭坑の就業員世帯が所属し、小教区として独立するほどの信徒数に達していた。しかし、その後、相次ぐ炭鉱の閉山によって信徒が減少した。1970（昭和 45）年に平戸口教会の巡回教会に位置づけられた。『よきおとずれ』994 号（2012 年 4 月号）によれば、現在の教会は 2008 年に新築され、イエスのカリタス修道女会の運営する幼稚園が隣接している。

　以上、都市化・工業化に伴う佐世保市の宗教コミュニティの展開の多様な側面が明らかになった。

　まず、宗教コミュニティの展開に、脱埋め込みの社会資源と信徒の主導という 2 つの動因が関与していた点である。そのうち脱埋め込みの社会資源に関して、さらに三者の関与が区分できよう。第 1 は、外国修道会の関与である。中心部北側の信徒の主導によって松山教会が設立され、独立しているが、その費用の一部は外国人神父が購入した土地の売却費であったこと、第二次世界大戦後に佐世保市北部を管轄した外国修道会の主導によって皆瀬教会・大野教会、烏帽子教会・牟田ノ原教会等が設立されたことである。第 2 は、教区の主導である。1980 年代、急激な都市化が進んだ崎辺半島に長崎教区や三浦町教会の援助を得て、天神教会が設立されたことである。第 3 は、産炭地における炭鉱事業者の支援である。一方、佐世保市の半島地区の船越や相浦地区では、宗教コミュニティの展開が信徒の主導であったことが判明した。

　次に、工業化・都市化に伴う信徒の来住や職業的多様性によって、教会内・教会間の関係が変容したことである。船越では、船越教会の信徒数の増加と職業的多様性によって鹿子前教会が派生し、さらに主教会と巡回教会が転換している。北部でも同様に、皆瀬教会の後に大野教会が設立され、その際、大野教会が主教会に昇格し、皆瀬教会が巡回教会に転じている。また相浦地区の場合は、浅子教会から大崎教会が派生し、さらに大崎教会から相浦教会が派生している。すなわち周辺から中心に信徒の居住が遡上していった

第 7 章　佐世保市の都市展開と宗教コミュニティの派生と変容

状況に教会の設立が対応しているのが特徴的である。

　注
　　1 ）天神教会への聞き取りは、2016 年 11 月に、主任司祭の平本義和神父に実施した。
　　2 ）大野教会・皆瀬教会の聞き取りは、2015 年 12 月に大野教会主任司祭の中野健一
　　　　郎神父に実施した。
　　3 ）大野地区の世帯数は柚木の他出世帯をのぞいたものと推測される。
　　4 ）相浦カトリック教会献堂 25 年誌には、大崎に 1930（昭和 5 ）年、説教所（教会）
　　　　が設立されたと記されている。
　　5 ）浅子教会に改名したと推測されるものの、その時期や背景は不明である。

第8章
条件不利地における
宗教コミュニティの形成と解体

　長崎県の山間や海辺の思いがけない場所で、小さな教会を見かけることがある。長崎では、深山の頂や中腹、半島の海岸や小離島に数多くの教会が建てられてきた。その中には、大正・昭和初期から第二次世界大戦後に信徒が開拓移住した地に立地している教会もある。

　こうした教会の場合も、脱埋め込みの社会資源が設立に関与していることが多い。山間の教会の中には、外国修道会・外国人神父の関与が見られる教会があり、また大正・昭和初期や第二次世界大戦後の国の制度である開墾助成法や自作農創設特別措置法に基づく開拓地に立地する教会が見られるからである。

　しかし、山間や半島・小離島の教会の中には、ひっそりと廃堂となったものも多い。

　第1節で、長崎市の山間に立地する大山教会と善長谷教会の設立の経緯とその宗教コミュニティの展開を明らかにする。第2節で、平戸島の半島や山間に建てられた教会の設立の経緯やその後の状況にふれる。第3節で、第二次世界大戦後に自作農創設特別措置法に基づく開拓地に設立された教会を紹介する。さらに第4節で、過疎対策緊急措置法に伴う集団移住で廃堂になった上五島の半島・小離島の折島教会・樽見教会・熊高教会と信徒の生活状況、その後、3集落の信徒の信仰の受け皿として中心地に新設された青方教会の設立の経緯と教会組織を概略する。

第 1 節　長崎市内の山間の教会 ── 大山教会・善長谷教会 ──

　長崎市小ヶ倉・深堀は中心部から南方向、長崎湾の東岸（長崎外港）に位置する（図 8-1）。小ヶ倉・深堀は野母崎半島に延びる山地が海岸に飛び出た地形であるため、長崎市中心部との交通が制限され、長い間、山間部を経由するか交通船に依存していた。20 世紀に入り海岸線に県道が開通している。

　2 地区はいずれも旧佐賀藩領で、深堀に陣屋が置かれていた。1889（明治 22）年、旧小ヶ倉村は周辺の旧村と戸町村を形成し、その後独立して小ヶ倉村となる（小ヶ倉のあゆみ 21 頁）。同年、旧深堀村は周辺の旧村と深堀村を形成する（新長崎市史第 4 巻 91 頁）。小ヶ倉村は 1938（昭和 13）年、深堀村は 1955（昭和 30）年に長崎市に編入されている。両地区ともに第 1 次産業人口が多数であったものの、高度経済成長期、長崎市の外港計画によって臨海工業地帯が形成され、小ヶ倉に石油備蓄基地、深堀に三菱長崎造船所香焼工場が設立されている（小ヶ倉のあゆみ 22-61 頁；新長崎市史第 4 巻 92-93 頁）。

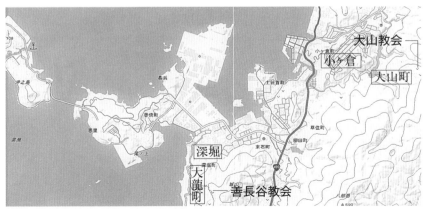

図 8-1　長崎市内（小ヶ倉・深堀）
＊この地図は国土地理院地図に関連する名称を加筆したものである。

第 8 章　条件不利地における宗教コミュニティの形成と解体

大山・善長谷における宗教コミュニティの形成と展開

　長崎市南部の山間に位置する小ヶ倉地区大山・深堀地区善長谷に開拓移住があったのは江戸後期以降で、外海地区の樫山・永田からであった。明治以降、分家の創出や五島等からの移住で世帯が増加する。明治初期、表 8-1 のように、仮教会が設立されている。長崎市内で生じた教会設立の波が山間地に押し寄せたと見ることもできよう。2 教会には、以下に見るように外国人神父の関与を含め設立の経緯に相違があるものの、小規模の信徒世帯が経済的負担や労働奉仕をして宗教コミュニティを設立・維持してきた点は共通している。

① 大山教会

　明治初期、大山の信徒は浦上教会・神ノ島教会・伊王島（馬込）教会が次々と設立されていく様子に接して、教会を建てたいという思いにかられる。初代の大山教会は 1880〜1882（明治 13〜15）年頃、大浦教会主任司祭のエミール・ラゲ神父の主導によって設立されたといわれる。しかし確かな資料はなく、長老の話では 14〜15 坪数の小さな洋館は、実際は、信徒集会

表 8-1　長崎市の山間地における宗教コミュニティの形成

教会	民家御堂・仮教会	設立年	教会	設立年	教会・修繕等	設立年
	主導者等				主導者等	
大山教会	仮教会	1880 年頃	教会 1	1895 年	教会 2	1952 年
	ラゲ神父		デュラン神父・土地は信徒寄贈		信徒	
善長谷教会	仮教会	明治初期	民家御堂	戦後	教会 1	1952 年
	信徒		信徒		信徒	

教会	教会・修繕等	設立年	教会・修繕等	設立年	付設の施設等
	主導者等		主導者等		
大山教会	小教区	1978 年	教会 3	1990 年	昭和初期に女子修道院　昭和期に保育園開設
			信徒		
善長谷教会	—		—		（西）中町教会・香焼教会の巡回教会から深堀教会の巡回教会に変更する。

所として建てられたものであったという（大山小教区史150年の歩み 18頁）。また大山教会主任司祭の三村誠一神父によれば、最初の施設は、信徒が自分の家を寄付した民家御堂であったという[1]。こうした情報から判断すれば、この時期を仮教会の段階に位置づけるのが妥当であろう。

　当時の信仰生活の一端が、三村神父の話からうかがえる。大山では、子どもが誕生すると大浦教会で受洗させていた。神父が洗礼台帳を調べたところ、当時の子どもの半数以上が誕生日と洗礼日が同一日であった。乳児死亡率が高かったという事情があったものの、親族が子どもを連れて6km離れた大浦教会まで歩き、受洗させていたという。

　1895（明治28）年にデュラン神父の主導で教会が建設された。教会の土地は、仮教会横の土地を整地・石組みしたものであった。瓦屋根で窓はステンドグラスであり、現在の教会の上の広仁田に建設されていた。仮教会は新たに和室2間が増築され、司祭館として使用されることになる（大山小教区史150年の歩み 18頁）。三村神父によれば、この教会の土地は信徒が寄付したものであった。教会らしい教会という点で、最初の教会と呼ばれていたといわれる。

　この教会は、明治・大正・昭和と長い間、使用された。しかし第二次世界大戦後、信徒の急増と老朽化のために建て替えが必要になった。また急増する信徒数を初代の教会の敷地では収容できなくなったため、当時の教会顧問が自分の所有地を提供することになった。終戦から6年目の物不足の時代に、資材は教会が所有していた山の木材を使用し、1世帯1人、日曜日は中学生以上の総出の労働奉仕によって、敷地300坪、建坪60坪の2代目教会が完成する（大山小教区史150年の歩み 18-19頁）。三村神父によれば、この2代目教会の敷地は、畑と傾斜地を削って整地したものという。

大山教会

第8章　条件不利地における宗教コミュニティの形成と解体

『カトリック教報』336号（1952年7月）には、大山教会が「全国でも珍しい近代建築様式の聖堂として注目されていた……。文部省文化保護委員で、国宝建造物の補修や保存に従事していられる文部技官……の設計である」と紹介され、さらに「大山は45戸300人の信者部落ですがよろこんで180萬圓の工費を負擔し、更に勞力奉仕に出動するなど……まことに感激すべきものでした」という大浦教会の主任司祭であった岩永六郎神父の話が掲載されている。

　岩永神父の話から、2代目教会が大山教会の信徒による経済的負担で建設されたことが判明する。また初代教会の敷地は、2代目教会の敷地を提供した教会顧問の信徒に寄贈されている（大山小教区史150年の歩み 19-20頁）。

　1978（昭和53）年に大山教会は、大浦教会から小教区として独立する。2代目教会を建設して40年後、部分的な修理では十分対応できず建物の亀裂が目立つようになり、信徒世帯に教会建設のアンケートを実施し、その上で1990年に3代目教会が総工費6,500万円で建設されている。

　お告げのマリア修道会大山修道院は、1928（昭和3）年、長崎司教の意向を受けた大浦教会主任司祭の西田神父の指導により、2人の会員をもって発足する。教会での奉仕活動と会員の生活のために農耕や行商を行い、会員も増加していった。1953（昭和28）年に精米所を開業し、1961（昭和36）年には西田神父の尽力で大山に長崎市立僻地保育所が開設され、運営を担当することになった。

② 善長谷教会

　明治初期、外国人神父が善長谷に入り、宣教のため1軒1軒を回っている。当時、善長谷は八幡神社の氏子であったものの神父の宣教の結果、八幡神社との関係に苦慮しながらも1人を除き全員が受洗することになった。最後の1人も親族の説得で受洗したという。禁教令の高札の取り下げ後、

善長谷教会

169

古い民家を改造して教会が設立される。これは、民家御堂あるいは仮教会（仮聖堂）と推測されよう。この当時、集会のための寄せ鐘の代用にほら貝を用いていたという（善長谷教会献堂 60 周年 3 頁・15 頁・19 頁）。

第二次世界大戦後、建物の老朽化がひどくなり、長谷川又助宅が民家御堂とされた。この民家に、中町教会の古川神父がミサのために訪問するようになる。当時、古川神父は善長谷に馬を持ち、信徒がその世話をしていたという（善長谷教会献堂 60 周年 18 頁）。

教会の新築が必要になり、信徒の金銭的負担と労働奉仕で建築を開始することになる。男性信徒が山から石を担ぎ下ろし、1 世帯当たり 4 斗樽分の砂利を海岸から運搬している（善長谷教会献堂 60 周年 25 頁）。

『カトリック教報』335 号（1952 年 6 月）によれば、総工費 171 万円で、母組の信徒は「祭壇だけなりと私たちの手で捧げよう」と草履造りやツワの販売で 5 万円以上を寄付し、集落外の信徒からの寄付もあったという。1952（昭和 27）年に建坪 45 坪、鉄筋コンクリート造りの善長谷教会が設立される。当時、善長谷は西中町教会（現在の中町教会）の管轄で、西中町教会主任司祭が「50 世帯足らずの信者たちがよくもこの立派な教会を建て上げてくれました」と語っている。

現在、善長谷教会は深堀教会の巡回教会であり、日曜日の早朝に深堀教会の主任司祭が訪問して、主日のミサが行われている。

長崎市の山間地における宗教コミュニティの形成の社会的特徴

次に、長崎市の山間地（大山・善長谷）における宗教コミュニティの形成と展開の特徴を明らかにしたい。

第 1 に、宗教コミュニティ形成における信徒の役割、負担の大きさである。まず信徒による土地提供等が設立の前提であった。また教会の建設（大山の場合、2 代目教会）や教会の修理・増築は、信徒の主導であった。しかも山間地の集落は信徒世帯数が少なく、各世帯の経済的・労働的負担は相当なものであったため、善長谷では、仮教会から新教会の設立の間に一時的に民家御堂に後退している。

第 2 は、山間地とはいえ、大浦教会の巡回地であった大山の場合、教会

第 8 章　条件不利地における宗教コミュニティの形成と解体

の設立が脱埋め込みの社会資源（外国人神父）の主導による点である。一方、主教会と離れていた善長谷の場合は、信徒による民家御堂あるいは仮教会の設立の後、教会設立まで相当の年数がかかっている。その点で、善長谷は、江戸後期以後の北松浦半島の開拓移住と同様に、信徒の主導で宗教コミュニティの展開を図った地といえよう。

第 2 節　平戸島の半島・山間の教会
―― 古江教会・獅子教会・木ヶ津教会 ――

　平戸島の周辺地の小規模集落にも、図 8-2 のように、教会が設立されている。平戸島西側の山深い半島に位置する中野（古江）には明治期に教会が設立されている。中南部の山間地の獅子と東海岸の丘陵地の木ヶ津（坊主畑）には、昭和期に設立されている。

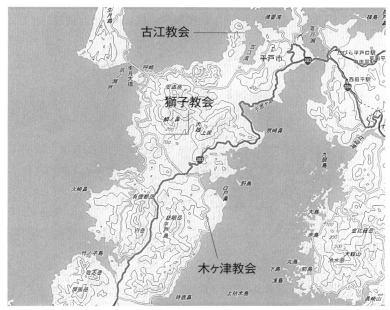

図 8-2　平戸島
＊この地図は国土地理院地図に関連する名称を加筆したものである。

171

古江教会

古江の半島の先端には小富士山がそびえ、大瀬はその周辺に位置する集落である。大瀬は五島、とりわけ上五島からの移住世帯によって形成された集落と推測される。薄香湾を挟んだ対岸が大久保半島で、第3章第1節でふれた潮の浦（上神崎）教会が建設され

古江教会

てから、古江の信徒は船で薄香湾を渡り、この教会に通っていたという。古江に教会が建設されたのは、草分けの移住の約20年後（1899年）である（赤波江メモ）[2]。古江教会は木造瓦葺・単層の建物で、祭壇両脇上部のステンドグラスが美しい教会であった（長崎県のカトリック教会 85頁）。古老の話では、この教会は佐賀県の呼子の民家を譲り受けて建てたものという（赤波江メモ）。

昭和期に入ると、上神崎の白岳愛苦会の会員が古江教会に出張して公教要理等を担当するようになる（上神崎100年史 48頁）。1990年に現在の教会が新築されている。

獅子教会

平戸島中南部、紐差から西海岸に向かう山間の旧獅子村に獅子教会が設立されたのは、1952（昭和27）年である。木造

獅子教会跡（萩原隆夫氏提供）

116 m²の教会で、建設費は60万円であった。信徒7世帯と地区の信徒以外の住民、地区外の信徒の奉仕で完成している（カトリック教報1952年2月）。しかし1970年代には廃堂になったようである（長崎のカトリック教会 79-80頁）。昭和30年代の獅子の信徒数は5世帯（山頭 12頁）、1980年代の紐差小教区の獅子地区の信徒数は6世帯24人である。

第8章　条件不利地における宗教コミュニティの形成と解体

木ヶ津教会

　平戸島中南部の木ヶ津（坊主畑）は、紐差から東南に5 kmの東海岸の丘陵に位置する。丘陵地のため水利が悪く江戸期は広大な原野であった。明治初年に五島・黒島等から信徒が開拓移住し（紐差小教区100年の歩み 36頁）、1887（明治20）年に出津教会主任司祭のド・ロ神父が購入した土地に18世帯97人が移住している（外海町史 596-597頁）。

① 木ヶ津教会の設立

　木ヶ津（坊主畑）の住民はすべてが信徒世帯であったものの、移住後は教会が設立されないままであった。しかし昭和初期に信徒の主導でけいこ（稽古）部屋を設立し、仮聖堂として月に1回ミサを行っている（山頭 8頁）。戦後、紐差教会の助任司祭であったグリーン神父から教会建設の提案があったものの、うまく進まなかったという。その後、けいこ（稽古）部屋が倒壊しかけたのを契機に少しいい家を作らなければならないという話が持ち上がり、さらに病人や、もう紐差教会まで行けない年寄りたちの、月に1回でもいいからミサにあずかりたいという願いを何とかしたいという思いが沸き起こるようになる（紐差小教区100年の歩み 36頁）。

　平戸市の高校の古い体育館解体の資材を購入して、ようやく新教会の建設を計画したものの、建設費用等をめぐり集落の集会は紛糾し、殺気立った雰囲気になったという。不足額は発起人が佐世保市等の信徒世帯を回って寄付を募ったり、信徒の労働奉仕などで補い、1962（昭和37）年に木ヶ津教会が完成する。

　しかし、木ヶ津の信徒のうち11世帯が紐差教会に残留を希望したため、62世帯での設立になった（山頭 14-15頁）。教会設立の後に、長崎教区から30万円の援助があった。当時、教会は木ヶ津僻地託児所を併設していた（山頭 30-35頁）。

　教会設立によって紐差教会の司

木ヶ津教会

173

表8-2　ド・ロ神父主導の開拓移住地

地区	田平地区 旧南田平村（平戸市）	竹松地区 旧竹松村（大村市）
移住年	1886（明治19）年	1887（明治20）年
移住世帯	黒島3世帯・外海15世帯	20～25世帯
外国人司祭の役割	黒島教会と出津教会の2人の主任司祭による土地の購入	職業（農業）教育のための児童救護院を設立
外国人司祭の購入面積	ラゲ神父1町歩	10町歩
	ド・ロ神父4町歩以上	土地の提供・小作・施設での農作業
移住地の展開	平戸口地区・西木場地区に居住の展開と新規の移住	西大村への居住の展開丘陵地への新たな移住世帯
	明治～昭和初期の移住世帯は110世帯。昭和初期の信徒数は2,518人	大正期に60世帯。昭和初期に150世帯
連鎖的移動	分家の創出に私費での移住や小作の世帯が加わる。	分家と新規の移住。第二次世界大戦後、払い下げ地や開拓地に移住世帯。
宗教共同体の形成	周辺地で教会を設立する。	施設内に教会設立後、2度移転する。
	田平・平戸口・西木場の3つの小教区。	植松と水主町の2つの小教区。

祭が月3回巡回するようになり、ミサは信徒であふれるほどであったという。かつての坊主畑の「正直言って、その頃ここの人は、人並みでなかったと言うか、……。坊主畑のもんと言われるのが非常に好かんでした」という状況が、教会設立後には住民が誇りをいだくようになり、さらに「自分たちの力で神父様ば（を＝引用者）養うても、養いきらん（きれない＝引用者）ことはなかばい」と自信にあふれたという（紐差小教区100年の歩み 36-38頁）。

　② ド・ロ神父の移住地の教会

　ところで、外海地区出津教会のド・ロ神父の主導による移住地は、3地区である。いずれも表8-2のように、明治中期の移住時期と20世帯前後とい

第8章　条件不利地における宗教コミュニティの形成と解体

木ヶ津（坊主畑） 旧紐差村（平戸市）
1887（明治20）年
18世帯97人
出津教会主任司祭による土地購入
7町歩
－
昭和20年代に50世帯。30年代に62世帯
－
紐差小教区の地区の1つ。
木ヶ津教会は1962年に設立の巡回教会

う規模の点で共通する。さらに20前後の世帯の間には、同郷・同じ信仰に加えて同業（農業）関係が存在していた。こうした強固な社会関係にある20程度の世帯が、ド・ロ神父にとって宗教コミュニティを形成する最小単位であったと推測される。その一方、信徒の移住前の地域状況に関して、3地区間に相違が見られる。すなわち田平と竹松が非信徒の居住する場所であったのに対して、坊主畑は20年前に信徒が移住していたこと、また信徒が居住する地区・集落の周辺（約5km）であった点である。こうした状況の差異は、独自の宗教コミュニティの形成の時期や展開に関係が大きいと推測される。

第3節　第二次世界大戦後の開拓地の教会
―― 烏帽子教会・牟田ノ原教会・横浦教会・松尾教会・築城教会 ――

　第二次世界大戦後、自作農創設特別措置法に基づく開拓地が各地に用意され、多くの信徒世帯が入植する。こうした入植地の中には、高度経済成長期以降に集会所や教会を設立した集落が存在する。

佐世保市烏帽子教会
　第二次世界大戦後、佐世保市の烏帽子岳の開拓移住地に平戸島の信徒世帯が入植し、その後、教会を設立する（図8-3）。
　① 烏帽子開拓地
　佐世保市中心部の背後にそびえる烏帽子岳の中腹（340 m）が、第二次世界大戦後、自作農創設特別措置法に基づく開拓地に指定される。1946（昭和21）年の20世帯の入植後、1953（昭和28）年までに入植は31世帯に達す

図8-3　平戸島
＊この地図は国土地理院地図に関連する名称を加筆したものである。

第 8 章　条件不利地における宗教コミュニティの形成と解体

る（佐世保市史産業経済篇 345 頁）。カトリック信徒の烏帽子岳への開拓入植は後発（1954 年）で、最初に平戸島の紐差教会の紐差地区の宿老であった糸永栄三郎と子ども世帯の 1 家 2 世帯が移住し、その後、紐差地区の糸永家の親戚や信徒の移住が続き、9 家（10 世帯）の規模であった（俵町小教区 50 年誌 71 頁）。

② 民家御堂

　烏帽子岳中腹の開拓地まですでにバス路線が開通していたものの、信徒は節約のために 300 m を越える標高差の山道 7 km を往復して、毎週、俵町教会のミサに参加していた。しかし徒歩の移動が大きな負担であったため、1956（昭和 31）年、草分けの糸永家の一室を民家御堂（仮聖堂）として、月に 1 回ミサが行われるようになった。当時は 10 世帯 100 人程度の参加であった（俵町小教区 50 年誌 73 頁）。

③ 烏帽子教会の設立

　このミサ後の会合で、教会建築の話が持ち上がる（俵町小教区 50 年誌 35 頁・72 頁）。建設資金の積み立てが開始され、スカボロ外国宣教会の司祭からも準備金 50 万円が提供されることになる。教会の敷地（510 m^2）は糸永家が寄贈して、入植の 9 年後

烏帽子教会

（1963 年）、総工費 230 万円で教会が完成する。烏帽子教会は俵町の巡回教会に位置づけられ、ミサと善きサマリア人修道会のシスター等による日曜学校が毎週行われるようになる。1997 年に現在の教会が完成している（俵町小教区 50 年誌 72-73 頁）。

佐世保市・佐々町牟田ノ原教会

　佐世保市と北松浦郡佐々町の境界である丘陵は、現在、良質の茶の産地として有名である。第二次世界大戦後、この丘陵が開拓地に指定され、上五島の信徒世帯が入植する。

177

① 牟田ノ原開拓地と高峰開拓団

佐世保市皆瀬の北西に位置する牟田ノ原は、佐世保市と佐々町の境界であり、自作農創設特別措置法に基づく開拓地である（ふるさと皆瀬の郷土誌 1 頁）。『カトリック教報』386 号（1957 年 1 月）によれば、牟田ノ原の信徒は、上五島の青砂ヶ浦出身の信徒 12 世帯であった。

皆瀬の北方に位置し、自作農創設特別措置法に基づく旧吉井町高峰開拓団（吉井第一開拓団と乙石尾共栄開拓団）は、牟田ノ原開拓地と比較的近い。この高峰開拓団に五島から佐世保市船越を経由して入植したと推測される信徒がいる。その手記には「私たちは、昭和 31 年 10 月に佐世保の船越町から移住してきて皆瀬教会にお世話になっています。……牟田ノ原教会にもきていただきました」（カトリック皆瀬教会創設 50 周年記念誌 25 頁）とあり、牟田ノ原とのつながりが確認できよう。

② 牟田ノ原教会

1956 年、戦後開拓地である牟田ノ原に皆瀬教会のスカボロ外国宣教会の主任司祭によって巡回教会が建設される（俵町小教区 50 年誌 77 頁）[3]。『カトリック教報』386 号（1957 年 1 月）によれば、この巡回教会の設立は俵町教会のガイヤー神父・マクドナルド神父の主導であった。

高峰の開拓地に居住していた前出の信徒の手記によれば、当時の牟田ノ原には車道がなかったため、スカボロ外国宣教会の司祭は近くの峠（「峠」は地名）までバイクで行き、バイクを置いて教会まで徒歩で登ってきたという（カトリック皆瀬教会創設 50 周年記念誌 25 頁）。牟田ノ原教会のミサに参加していたこの信徒の話から、牟田ノ原教会の管轄が牟田ノ原と高峰（さらに乙石尾）だったことが判明する。なお教会の所在地は、『長崎県のカトリック教会』（1976 年）では佐々町牟田ノ原とされている。

1969〜1970 年に大野教会の助任司祭（皆瀬教会の別世帯助

牟田ノ原教会全景

第8章　条件不利地における宗教コミュニティの形成と解体

任）が、何度か牟田ノ原教会を訪問している。しかし 1971（昭和 46）年に
大野教会の信徒が牟田ノ原を訪問した時は、すでに朽ちかけていて利用され
ていなかったという（俵町小教区 50 年誌 77 頁）。

佐世保市横浦教会

　第二次世界大戦後の自作農創設特別措置法に基づく小佐々（長崎山）の開
拓地は図 8-3 のように半島の山地に位置する旧海軍用地であった。35 世帯
が入植し、各世帯は割当てである 3 町歩を開墾している（小佐々郷土誌 427
頁）。『よきおとずれ』995 号（2012 年 5 月）によれば、開拓団の信徒は周辺
の旧小佐々町神崎・相浦地区浅子の出身である。

　佐々町（長崎山）の開拓地では、信徒は入植後も出身の神崎教会や浅子教
会のミサに船で通っていた（よきおとずれ 995 号）。1955（昭和 30）年頃か
ら信徒の家を民家御堂として、浅子教会の神父によるミサが月に 1 回行わ
れるようになる。信徒の一人が土地を提供して、信徒主導で横浦教会が完成
する。1989 年、浅子教会の巡回教会に位置づけられ、毎土曜日にミサが行
われるようになった。2002 年頃に増改築が行われている（よきおとずれ 995
号）。現在の横浦教会は 2014 年に新設された佐々教会の巡回教会となり、
信徒数は 35 世帯である。

　なお『長崎県を中心とした教会堂建築の発展過程に関する研究』では、こ
の教会は「長崎山教会」と記されている（川上 36 頁）。

大村市松尾教会

　大村市の山間地にも自作農創設特別措置法による開拓地が存在する。その
松尾・大多武等に上五島から信徒世帯が入植し、その後、教会が設立され
る。

　1958（昭和 33）年の『カトリック教報』404 号（1958 年 8 月）には「数
年前、上五島から入植した松尾開拓地（小聖堂が建てられている）」とあり、
1955 年前後の移動と、早々に教会が設立されたことが判明する。大山教会
主任司祭の三村誠一神父によれば、教会を建てると神父が来てくれる、とい
う期待から、松尾開拓地の信徒が 10 畳程度の小さな教会を設立したとい

179

う[4]。実際、神言修道会の外国人神父が松尾教会でミサをあげるためにオートバイに乗って訪れるようになる。

松尾教会は、1958年に植松教会から水主町小教区が独立した時に、水主町教会の巡回教会に転じている。1960（昭和35）年頃、三村誠一神父は外国人神父が運転する自動車で、松尾教会を訪問している。その当時は10世帯程度の信徒が定住し、すべて五島出身であったという。なお50周年記念誌に地区（班）別の信徒の家族写真があり、東大村班として7世帯が掲載されている。その内訳は松尾4世帯・大多武3世帯と推測される。

福岡県行橋市築城教会

第9章第1節で後述する新田原では、その後の信徒の来住等で居住地が拡大し、福岡県行橋市の新田原小教区内、新田原教会から約2km南の丘陵に、1960（昭和35）年、築城教会（福岡県築城町）が巡回教会として設立される。築城の当時の信徒数は40世帯であった。築城の信徒は自分たちの教会の設立を望み、何度も話し合いを重ねている。一方、新田原教会主任司祭のレオ・グロジャン神父も築城から新田原教会のミサや要理に通う高齢者や子どもに同情していたという。その結果、外国人神父の資金援助、信徒に

表8-3　長崎県中央部・北部における戦後開拓地の教会の設立

教会名	設立時期	設立・援助の外国修道会	教会設立前	現在の状況
牟田ノ原教会	1956年	スカボロ外国宣教会	―	廃止（建物は存続）
烏帽子教会	1963年	スカボロ外国宣教会	民家御堂	巡回教会（俵町教会）
横浦教会	1989年	―	民家御堂	巡回教会（浅子教会）
松尾教会	1957年	信徒主導・神言会の協力	―	廃止
築城教会	1960年	外国人神父の援助	新田原教会	集会所

注）自作農創設特別措置法に基づく開拓地における教会の設立を示したものである。
　　横浦教会を管轄する浅子教会は、第二次世界大戦後の一時期、神言会の管轄になっている。

第8章　条件不利地における宗教コミュニティの形成と解体

よる労働奉仕（敷地の整地）、黒崎修道院の廃材の利用、信徒の経済的負担によって新教会が設立されたのである。現在は、この教会は集会所になっている。

開拓移住地における宗教コミュニティの形成の特徴

　第二次世界大戦後の開拓地や条件不利地の宗教コミュニティ形成の特徴は、第1に、表8-3のように、外国修道会・外国人神父の援助で多くの教会が設立されたことである。佐世保市では、1950年代に牟田ノ原教会、1960年代に烏帽子教会が設立され、大村市でも1950年代に松尾教会が設立されている。福岡県の築城町における教会の設立は1960年代である。

　第2に、外国修道会・外国人神父が関与しない場合は、横浦教会のように民家御堂の設立後、かなりの年数がたって教会が設立されている。

　第3に、こうした条件不利地の教会の多くが、その後、廃教会や集会所になっていることである。山間の開拓地の人口（信徒）状況を物語っているといえよう。

第4節　上五島の半島・小離島の教会の廃堂と教会の新設
―― 折島教会・樽見教会・熊高教会と青方教会 ――

　長崎県の上五島は、長崎県西彼杵半島から野母崎の沖（60〜90 km）に130の島が列島をなす五島の北部に位置し、主な島嶼は中通島・若松島・小値賀島・宇久島である。新上五島町の旧折島集落・旧樽見集落・旧熊高集落は、中通島北部の旧新魚目町・旧上五島町の条件不利地の半島および小離島で、過疎地域対策緊急措置法に伴う集落移転によって住民は中心地の青方に転居している（図8-4）。

折島教会

　折島は、中通島の西側の青方湾沖に位置する周囲4 km、0.32 km^2 の小島である。現在、隣接する柏島とともに洋上石油備蓄基地になっている。

181

図 8-4　上五島地図
＊この地図は国土地理院地図に関連する名称を加筆したものである。

① 折島集落

　折島への信徒の移住は江戸末期で、五島藩の政策（開拓政策）に応じた長崎市外海のキリシタンが五島に移住後、さらに五島内で何度か移住した後に定住した地である。1965（昭和 40）年、折島には 34 戸 38 世帯 89 人が居住し、男性は漁業、女性は農業に従事していた（大曽カトリック教会創立 100 年　76 頁）。

② 折島教会の設立

　明治以降の折島では、トマノウチの上方に教会が建つまで折島で最も大きかった白浜福松の家が民家御堂となる。その後、1930（昭和 5）年に最初の教会が設立されている。当時、旧上五島は鯛ノ浦小教区に含まれ、その神父の一人であった大崎八重神父の主導で、青砂ヶ浦修道院のけいこ（稽古）部屋を買い受けて折島教会を建設する。さらに 1963（昭和 38）年、2 代目の教会が新築されている（大曽カトリック教会創立 100 年　75 頁）。

　折島団地の住民（母娘）への聞き取りでは、小学校の授業の終了後、午後

4時から教会で教え方によるけいこ（稽古）があったという[5]。母親は学校卒業後に青砂ヶ浦の伝道学校で学び20年ほどけいこ（稽古・公教要理）の教え方を担当していた。弟が神父になり、6人の子どものうち4人が修道院・神学校に行っている。折島出身のシスターが語る生活史に「子供時代は、折島にあった巡回教会に通っていた。巡回教会に母親の従姉妹がシスターとして来ていて、小学校2年生の時からシスターにあこがれていた。かつて母親もシスターにあこがれていた」（叶堂隆三 251頁）とあり、信仰が折島の住民の生活に根づき、子ども世代の人生目標の一つになっていたことが分かる。

樽見教会・熊高教会

旧樽見集落と旧熊高集落は、中通島の北西部に位置する。旧上五島町の中心の青方と冷水を結ぶ県道の西に広がる半島（山地）の西海岸の集落であった。青方と道路で結ばれ、大曽教会が立地する大曽集落に近い集落が旧樽見集落で、青方からは8kmの距離である。さらに1.5kmほど奥まったところに位置し、冷水教会の立地する冷水に近いのが旧熊高集落であった[6]。

『大曽カトリック教会創立100年』には、樽見集落と熊高集落は1920年代末〜1930年代に分離したとある（84頁）。その時期に、樽見教会と熊高教会が設立されている。

① 樽見教会

樽見への信徒の移住は、江戸末期・明治初期以後に上五島内から生じたと見て間違いない。樽見団地の住民への聞き取りによれば、中通島の津和崎半島、その後は榎津から移住した世帯があったという。

戦前は12〜13世帯あり、多い世帯で10人程度の子どもがいたという。第二次世界大戦後、多くの他出者が集落に戻って来たため、集落の世帯数は最多で二十数世帯に及んだという。樽見集落の農地のほとんどは畑で、野菜作であった。集落の男性は漁労に従事し、捕鯨船に乗っていた人もいたという。

樽見集落では、畑上茂市の家が民家御堂であった。その後1936（昭和11）年に樽見教会が設立されている。その時の宿老は、畑上茂一の弟であった

（大曽カトリック教会創立 100 年 84 頁）。

　樽見教会でのミサは 2ヶ月に 1 回程度で、日曜日は通常、相当距離のある鯛ノ浦教会までミサに通っていた。当時の大曽教会も鯛ノ浦教会の巡回教会で、司祭は不在であった。1951（昭和 26）年に大曽小教区が設立されてから、信者は日曜日のミサのために大曽教会に通っている。ミサに行く時は、よほどでないと船には乗らなかった。買い物は、大曽教会のミサの帰りか船崎で、また子どもの学校の参観日の帰りにまとめて買うこともあった。

　黙想会等の教会行事は、熊高教会と樽見教会の合同であった。開催場所は 2 集落の交替であった。住民の葬儀は集落の住民全員で執り行い、住民が亡くなると大工の担当が棺桶を作り、集落の人でお祈りをして棺に入れていた。住民の墓は樽見のはずれ、熊高の近くにあったという。畑上茂一の孫が、修道会の神父となっている。また教会法の規定に従っていたため、集落外から樽見に婚入した人が多いという。

　② 熊高教会

　熊高への移住は、江戸末期・明治初期以降に上五島内から、さらに一部は下五島からである。熊高集落の草分けの家は、「熊高」姓の信徒であったが、聞き取りをした熊高団地の住民の初代（3 代前）が熊高集落に来た時期には、中通島内の別の開拓地に移住していたという。多くが津和崎半島や周辺の地区からの移住である。一方、下五島の福江島から熊高の山に伐採に来て集落の女性と結婚し、定住した人もいたという（大曽カトリック教会創立 100 年 83 頁）。

　聞き取りでは、昭和 30 年代、熊高集落には 17～18 世帯あったという。熊高集落には棚田があり、水と土がいいのでよく米がとれたという。しかし多くの男性は、漁業（底引き網・あぐり漁）に従事していた。

　熊高教会は、1937（昭和 12）年に設立されている（大曽カトリック教会創立 100 年 84 頁）。聞き取りをした一人によれば、1956（昭和 31）年に熊高集落に婚入した当時、巡回教会の熊高教会に神父が 1 年に何回か来ていたという。通常の日曜日のミサは、集落から徒歩で大曽教会に通っていた。船で行くのはミサ後に買い物などをする時で、何もない時は歩いてミサに行ったという。またミサを仕事で休む場合には、日労金が課せられたという。

第8章　条件不利地における宗教コミュニティの形成と解体

黙想会は熊高教会と樽見教会の合同であった。教会の役員は宿老で、子ども
もの公教要理を担当する教え方もいた。教え方は4年ごとに選挙で選ばれ、
鯛之浦の伝道学校で学んだ後に担当したという。当時、中学卒業者は金の卵
と呼ばれていたものの、教え方に選ばれると就職することができず、4年間
集落にとどまり担当していたという。

③　3集落の宗教コミュニティの社会的特徴

旧折島集落・旧樽見集落・旧熊高集落の社会的特徴の第1は、いずれの
集落も宗教コミュニティ類型の意図的コミュニティの典型であった点であ
る。すなわち集落住民が同業関係（男性が漁業、女性が農業に従事）にあ
り、また集落に設立された巡回教会および住民（信徒）による宗教教育が行
われて、信仰が生活の中に根づいた集落であったといえよう。

第2は、いずれの集落も教会の設立までの期間が長期に及ぶ点である。
半島・小離島の集落であるために集落外の社会資源の関与がない中で、一定
規模の信徒世帯に達し、教会建設の資金のめどがたった段階での宗教コミュ
ニティの形成という状況が顕れたといえよう。

上五島青方教会の新設

1970（昭和45）年に制定された過疎対策緊急措置法の集落移転事業に
よって、上五島町の条件不利地の小離島（折島集落）、半島地区（樽見集
落・熊高集落）の住民は、青方に建設された折島団地・樽見団地・熊高団地
に移住する。この移住を契機に、中心地の青方に青方教会が設立される。

①　上五島内の人口移動

旧上五島町内の小教区は、1951（昭和26）年、旧有川町の鯛ノ浦小教区
から独立した大曽小教区であった。この当時の大曽小教区には、折島教会・
樽見教会・熊高教会・猪ノ浦教会が含まれていた。青方教会は、1975（昭和
50）年、折島教会・樽見教会・熊高教会が廃止となった後、青方に新設され
た教会（小教区）である。

青方教会の新設の背景の一つに、上五島内の人口移動がある。1960年代
以後、上五島の半島・小離島等の条件不利地の集落（青砂ヶ浦・土井の浦・
浜串・曽根・仲知・中野・桐等）から、上五島地区の中心の一つである青方

185

への移住が始まっている（大曽カトリック教会創立100年 88頁）。実際、旧新魚目町の津和崎半島・曽根地区での聞き取りで、若い世代が結婚や就職を機に中心地に移住する傾向が語られている[7]。

② 青方教会の設立

1960年代後半から周辺の信徒の青方への移住が目立つようになり、青方教会の設立が準備される。1971（昭和46）年、大曽教会の信徒のうち青方に住む信徒が大曽教会の司祭の指導の下で、上五島町総合福祉センターにおいて会合を開催する。役職に選任された信徒が青方を回り信徒名簿を作成したところ、青方に居住する信徒239人、青方で働く信徒30人であることが判明した。その結果、青方の上五島町総合福祉センターで月に2回、ミサが行われ、1973（昭和48）年以後は、上五島北部の小値賀島（小値賀町）を撤退したマリアの宣教者フランシスコ修道会が青方に建設した修道院でミサが行われるようになる。

この間、青方の信徒が教会用地の取得に奔走し、1972（昭和47）年末に青方永田免の郷有地の田（423坪）を購入し、1975（昭和50）年、青方教会が完成する。教会の建坪72坪、土地代550万円、建設費1,200万円であった。この4年後（1979年）の大曽小教区の各教会の信徒数は、大曽教会79世帯424人・跡次教会40世帯243人・青方教会98世帯501人で、小教区内で最多の信徒数になっている（大曽カトリック教会創立100年 30-33頁・74頁・88頁）。

③ 青方教会の独立 —— 小教区の形成

2000年になると、青方教会は上五島のセンター機能を担う教会として建て替えられる。新上五島町教育委員会職員への聞き取りでは、センター教会としての青方教会の建設にあたって、上五島の29教会の全信徒が建設費を負担したという[8]。青方教会は小教区として独立後、地区のセンター教会として上五島の各教会の信徒の初聖体や堅信の秘蹟を執り行うようになる。

3団地の住民や教育委員会職員への聞き取りによれば、青方教会の信徒組織（6班）のうち熊高団地・折島団地・樽見団地は3つの班を構成し、信徒世帯数に占める比率に相当している。青方教会では、各班に班長がいて教会の連絡を担当し、班単位で掃除当番・維持費の集金を行っている。

第 8 章　条件不利地における宗教コミュニティの形成と解体

しかし、青方に集団移住して以来、信仰が薄れてきたという。お祝い日の
ミサや黙想会、出不足金がある教会の掃除に参加し、葬式や結婚式は教会で
行っているものの、ミサに行かない人も多くなっている。子ども世代では信
徒同士の結婚が少なくなり 5 件に 1 件程度という。かつて青方教会を担当
した神父は折島・熊高・樽見団地の人はなかなか教会になじめないと話して
いたという。3 団地の信徒の一人は、小さな集落から都市的状況の地区に移
住したことに信徒の生活変化の原因があるのではないかと見ている。

青方における宗教コミュニティ形成の社会的特徴

青方教会の形成と展開の社会的特徴の第 1 は、青方教会が新上五島町の
中心地である青方に設立され、信徒の居住が分散している点である。こうし
た中で青方教会設立の契機となった折島教会・樽見教会・熊高教会の信徒
は、小集落の小教会から規模の大きな青方教会の信徒組織の下部単位（班）
の一つを構成することになったのである。

かつての小規模の集落教会と大曽教会でのミサというサイクルの宗教生活
から、上五島の多様な地区・集落の出身者・就業者から構成される一定規模
の教会の一部に転化したことで信仰生活に変化が生じたといえよう。すなわ
ち、自ら運営していた組織から大きな組織の一部に転じ、従来の小規模集落
組織における教会・信徒組織との関わり方が激変したと推測される。

加えて、上五島の周辺から中心に移住した世帯も半数を占め、信徒間に多
様な職業・居住状況が生じたため、青方教会は五島では稀な信仰コミュニ
ティの様相を帯びる小教区といえるかもしれない。

第 2 に、その一方で、青方教会は、3 集落の各教会の廃止後にいわば小教
区の統廃合によって形成された教会という面を合わせもっている。そのた
め、過疎対策緊急措置法の集落移転事業において移住先（集住地）が設定さ
れず個別移動となった新上五島町の他地区・集落の信徒世帯と比べれば、信
仰コミュニティの様相を持つ青方教会といえども、3 団地の信徒世帯の間に
統合的あるいは意図的コミュニティ的な側面も見出せるのである。

以上、条件不利地における宗教コミュニティの形成に関して、第 1 に、

187

条件不利地においても、脱埋め込みの社会資源が何らかの形で関与した地区が多いことが明らかになった。一つには、外国修道会・外国人神父の関与である。例としてあげられるのは、明治期の大山教会、第二次世界大戦後の佐世保市の教会や大村市の教会である。しかし外国修道会の関与があったとはいえ、少数の信徒世帯が担う役割や負担は相当なものであり、教会設立の合意に至るまで相当の話し合いが必要であった。もう一つは、国の政策の関与である。すなわち、新たに宗教コミュニティを形成した信徒の移住地が、大正・昭和初期の開墾助成法や第二次世界大戦後の自作農創設特別措置法に基づく開拓地であったことである。佐世保市や大村市の開拓地の多くのように、外国修道会・外国人神父の関与が重なっている場合、入植から比較的短い年数で教会が設立されている。その一方、外国修道会・外国人神父の関与が不在の場合、教会設立まで長い年数がかかっている。

　第2は、かなりの教会が、その後、廃教会になったことである。条件不利地では第1次産業の不振のために生産基盤が不安定になり、信徒の流出が生じたことで、宗教コミュニティの解体につながったと推測される。多くのコミュニティで自然発生的な信徒の流出が生じているが、とりわけ戦後の開拓地では数多く生じている。その一方、五島の条件不利地のように、過疎対策緊急措置法の適応を受けたために集団移転となって、コミュニティが解体したところも多く存在する。同法の適応の対象地のうちで受け皿となる団地が形成されたのは、旧上五島町の3集落のみであった。信徒の移住を契機に中心地区に新たな教会が形成されたことは、コミュニティが解体から再生された希少な事例といえよう。

　注
　1）大山教会主任司祭の三村誠一神父への聞き取り調査は、2016年7月に実施した。
　2）2015年8月に赤波江誠氏に聞き取り調査を実施した。「赤波江メモ」は、赤波江氏が『よきおとずれ』（長崎教区本部発行）の巡回教会めぐりに執筆した内容に基づいて氏自身が作成したものである。
　3）『祝落成 大野カトリック教会』には、牟田ノ原の施設はオラトリオ（祈りの部屋）と記されている（13頁）。
　4）大山教会主任司祭三村誠一神父への聞き取り調査は、2016年7月に実施した。
　5）旧折島集落に関する聞き取りは、2012年8月に白浜キヨ氏・瀬戸和代氏母娘に実

第 8 章　条件不利地における宗教コミュニティの形成と解体

　　施した。その際、新上五島町役場の近藤聡氏にコーディネートを依頼した。

6) 旧樽見集落・旧熊高集落に関する聞き取りは、2012 年 8 月に浦越和一氏・ヒサ氏
　　夫妻、野下普理衛氏夫妻、杉本ふみ氏、吉田すがこ氏に実施した。その際、新上五
　　島町役場の近藤聡氏にコーディネートを依頼した。

7) 新上五島町に関して、2010 年 8 月・9 月に曽根教会・曽根地区の状況に関して長
　　谷功神父と複数の信徒に聞き取り調査を実施し、また 2010 年 9 月・2011 年 8 月に
　　新上五島町役場の世界遺産推進室で聞き取りを実施した。加えて、2010 年 9 月に新
　　上五島町立北魚目中学校・長崎県立上五島高等学校で聞き取り調査を実施した。

8) 新上五島町の状況に関して、2012 年 8 月に新上五島町教育委員会青山氏と郷土史
　　家森下正光氏に聞き取り調査を実施した。

第 9 章

長崎県外における信仰の「飛び地」

　長崎県の半島・離島の信徒の開拓移住先は、第 4 章第 3 節・第 8 章第 3 節でふれたように長崎県外にも及んでいる。長崎県外に移住した信徒は、いわば信仰の「飛び地」を形成し、意図的コミュニティ時代の信仰と生活の継続をめざした。こうした長崎県外の宗教コミュニティの形成においても脱埋め込みの社会資源の関与が見られた。外国修道会の進出が信徒の集住の契機になった福岡県行橋市の新田原教会、国の新農村建設政策を利用して設立した宮崎市の田野教会である。一方、五島系譜の信徒の主導によって、主教会から巡回教会を派生させ、その後に小教区として独立したのが、福岡市城南区の茶山教会である。

　まず第 1 節では、外国修道会（分院）の開設を契機として、五島出身の信徒が新田原に来住した状況と宗教コミュニティ形成の慌しい展開を明らかにする。次に第 2 節で、国の開墾政策（開墾助成法）に応募して宮崎市に開拓移住した長崎の信徒が、南九州の山間地で信仰と生活の維持をめざした状況にふれる。さらに第 3 節で、福岡市南西部の都市化・郊外化の中で、五島系譜の信徒が資金調達に工夫をこらしながら新たな宗教コミュニティの形成をめざした状況とその後の展開を明らかにする。

第 1 節　教区主導の外国修道会の誘致と宗教コミュニティの形成
—— 福岡県行橋市新田原教会 ——

福岡県行橋市は福岡県の東部に位置し、周防灘（瀬戸内海）に面した福岡県京築地区の中心都市である。北九州市から 25 km の距離にあり、北九州市の郊外化・通勤圏化とともに人口が増加してきた。2014 年現在の人口は

191

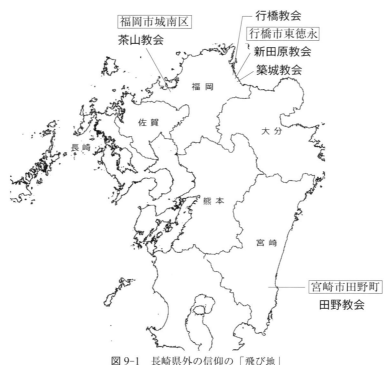

図 9-1　長崎県外の信仰の「飛び地」
＊この地図は国土地理院地図に関連する名称を加筆したものである。

7万人である。「新田原」は行橋市の南部から築上町築城に及ぶ洪積台地の総称・通称で、この新田原台地のうち国道 10 号線および日豊本線に近接する標高 20〜40 m の斜面地に九州有数の果樹園地帯が広がっている（福岡県の農業 33 頁）[1)]。

トラピスト修道院の進出と五島からの移住

　1926（大正 15）年、いくつかの果樹園が原野に点在し始めた新田原に、トラピスト修道院（分院）が開設される。トラピスト修道会（フランスに本部のある厳律シトー会）は観想修道会で、明治中期、北海道当別に修道院を設立している。『新田原カトリック教会 45 年のあゆみ』によれば、新田原に設立されたトラピスト修道院は、当別のトラピスト修道院の分院と思われてきた。しかし、実際は、トラピスト修道院の正式の分院でなく、当別修道

院の付属施設であったという（新田原カトリック教会45年のあゆみ　34頁)[2]。

　福岡教区を担当したパリ外国宣教会の熱心な要請で、新田原に修道院分院を開設したトラピスト修道院の目的は、九州における観想生活の実現と修道者募集の拠点づくりであった。

　この進出目的と、長崎の信徒の新田原への移住は、以下の理由で合致するものであった。第1に、修道院の周囲に信徒世帯が居住することは、観想修道会（院）に適した社会環境（地域環境・信仰環境）の維持につながること、第2に、信徒世帯の子どもが修道者の募集・育成の対象になったことである。実際、『新田原カトリック教会45年のあゆみ』には「分院として当地に進出してきた理由は、九州方面（特に長崎地方）から修道院志願者募集にあった」とされている。信徒の多い長崎県内のあちこちに赴いて、当別の修道院の志願者を探し回る手間が省け、修道院にとっては、俗にいう「鴨が葱を背負って来る」状態にあった。このことに気付いた志願者の母親は「北海道（の当別＝引用者）にやられることがわかっていたら、うちの息子はトラピストにやるでなかった」と嘆いたという（新田原カトリック教会45年のあゆみ　34頁）。

　一般に、新田原へのカトリック信徒の居住は、1926（大正15）年に修道院が新田原に設立された後とされているが、実際は、1920（大正9）年、北九州市八幡区の山谷末吉が新田原に入植したのが草分けである。こうした誤解は、修道院の設立後の新田原にカトリック信徒が大きなうねりのように来住したからであろう。

新田原小教区の形成

　新田原小教区の形成後すでに1世紀近く経っていること、また外国修道会等が関係するために、1975年発行の『新田原カトリック教会45年のあゆみ』と2006年発行の『75周年記念誌』の間には、不明点や記述の相違点が散見される。こうした両誌の記述や年表を整理・分析したものが表9-1で、教会（聖堂）の設立を中心に展開を推定したものが図9-2である。

　① 修道院の祭壇と仮教会

まず、草分けの信徒世帯が入植した当時、新田原の宗教施設は、観想修道

表 9-1　教会の設立と展開

	事項	信徒数
1927（昭和 2）年	トラピストに布教所設置	－
	トラピスト内に最初の聖堂建設	80〜100 人。別に 10 家族・20 戸程の記述。
1930（昭和 5）年	新田原小教区設立	150 人
	新田原教会建つ（トラピストから移転）	－
1931（昭和 6）年	新田原教会できる（旧幼稚園ステージ側）	－
1932（昭和 7）年	教会拡張	24 世帯
	旧聖堂完成	
	初ミサ行われる（12 月 24 日）	
1933（昭和 8）年	献堂式行われる（3 月）	400 人。45 年（29 頁）には 350 人と記載。
	旧聖堂建設	
	築城地区が巡回地となり民家でミサを行う	
1935（昭和 10）年	新田原診療所開設	471 人

会のトラピスト修道院のみであった。そのため修道院の応接間に仮祭壇が設けられた。次に 1927（昭和 2）年、修道院内に 3.6 m × 5 m の広さの聖堂（仮教会とも記載）が設立される。聖堂の設立については、「トラピストの横に谷上（梅吉）神父の世話によって……教会堂が建てられた」（新田原カトリック教会 45 年のあゆみ 25 頁）とある一方、「パリ外国宣教会のベルトラン神父が、急速に増え始めた信者のために……聖堂を修道院内に建設し献堂された」（新田原カトリック教会 75 周年記念誌 39 頁）とも記されている。なお、この時期の信徒数の記録もさまざまで 8 戸、10 戸、20 戸あるいは 80〜100人とされる。

194

第 9 章　長崎県外における信仰の「飛び地」

関連事項・同年の事項	記載誌
入植者の為修道院応接間に仮祭壇を設ける（45 年 28 頁）。	45・75 周年年表
パリ外国宣教会ベルトラン神父が建設。なお、45 年（25 頁）には谷上（梅吉）神父の世話によって、二間巾の全長三間の教会が建てられたという記載。45 年（28 頁）には、仮教会を建てるとある。	75 周年 39 頁
チリー司教、現在地に土地を買い聖堂と司祭館を建築、主任司祭を任命。その後は、幼稚園として利用する。45 年（28 頁）には、移された仮教会堂はその後賄部屋になると記載。	75 周年 39 頁
	45・75 周年年表
45 年（28 頁）には、信徒増加の為ブルトン司教の計らいで昭和 5 年聖堂（旧幼稚園）を建設という記載。教会拡張・新田原青年会発足。	45・75 周年年表
	45・75 周年年表
	45・75 周年年表
	45・75 周年年表
聖母訪問会新田原修道院開設・託児所開設。	45・75 周年年表
ラグレル神父時に木造聖堂完成。なお、75 周年 37 頁には「聖堂が建て替えられた年」とある。建設は鉄川与助。	45・75 周年年表
	75 周年 40 頁
－	75 周年 40 頁

② 2 つの聖堂建設

　この聖堂（仮教会）は、1930（昭和 5）年、福岡司教（パリ外国宣教会）が購入した土地に移築された。しかし同年（1930 年）あるいは翌年（1931 年）のうちに同地に聖堂（聖堂 1 とする）が建設され、さらにその 1、2 年後（1932 年）にも聖堂（聖堂 2 とする）が新設される。すなわち、1930〜1932 年のわずか 3 年間に、3 教会が移築・建設されたのである。この慌しい展開は、信徒数が 1930 年 150 人、1932（昭和 7）年 350 人あるいは 400 人と猛烈に増加したことを反映していよう。

195

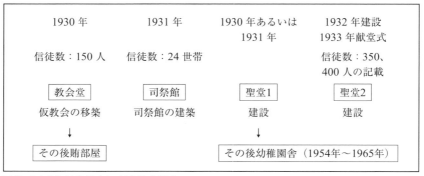

図 9-2　新田原教会の設立と展開

幼稚園の開設

新田原教会は、1954（昭和29）年に信徒が中心になって行政から幼稚園設立の許可を得て、旧聖堂（聖堂2）で「聖テレジア幼稚園」を開園する（1965年に閉園）。1975（昭和50）年に現在の聖堂、1998年に信徒会館（テレジア館）が建設される。信徒会館は、大ホール・多機能ホールに加えて、教会学校の子どものために学年別の学習室が6室あるなど多数の信徒数に対応した施設である。また小教区創立75周年を記念して、2005年に五島各地の教会や殉教地を巡礼している。

第 9 章　長崎県外における信仰の「飛び地」

トラピストの撤退と病院経営

① トラピスト修道院の撤退と女子部の進出

　一方、トラピスト修道院は、1953（昭和 28）年に新田原から撤退した。「新田原の修道院を女子に譲るところとなり……土地、建物、家畜、家具一切をのこして北海道に引きあげた」（新田原カトリック教会 75 周年記念誌 35頁）という。その後、トラピスト修道会の女子部（トラピスチヌ女子修道院）が新田原の修道院を引き継ぐことになった。しかし航空自衛隊基地の騒音のために、1961（昭和 36）年に佐賀県伊万里市に移転している。

② 聖母訪問会による病院の経営

　創設者の福岡司教の要請で、1933（昭和 8）年に訪問童貞会（1942 年、聖母訪問会に改称）が新田原に派遣された。この会は戦前期に託児施設や診療所を運営し、戦中期（1940 年）には病院（新田原病院）を設立する。病院は、1949 年から新田原サナトリウム、その後の 1964（昭和 39）年からはカトリック新田原病院等を経て、1983（昭和 58）年に新田原聖母病院と名称を変更した。その後、1994 年に聖母病院は敬愛会に経営を委譲している（聖母訪問会新田原聖母病院 12-13 頁）。

　聖母訪問会から新田原教会の幼稚園を引き継いだのは、宮崎カリタス修道会（現在、イエスのカリタス修道会と改称）で、1982（昭和 57）年に修道院を開設し、幼稚園の聖マリアの園を開園している。その後、この幼稚園は2005 年に閉園した。

③ 宗教コミュニティの展開

　新田原小教区内には、その後、1955（昭和 30）年に行橋駅近くの中心部に行橋教会が建設され、さらに 1960（昭和 35）年に第 8 章第 3 節でふれた築城教会が巡回教会として設立されている（新田原カトリック教会 45年のあゆみ 51 頁・59 頁）。こうした教会の設立を宗教関係の制度化と見れば、長崎の信徒の新田原居住を契機に 3 つの宗教コミュニティが京築地区に形成されたことになり、この地における信仰の展開が裏づけられよう。

新田原における宗教コミュニティの形成の社会的特徴

　次に、新田原における宗教コミュニティの特徴を明らかにしたい。

　第1は、入植以来、信徒数の増加に対応して教会（聖堂）の移築・新築・改築が短期間に繰り返された点である。1930～1932年のわずか3年間に3つの教会が移築・建設された状況は、新田原に夥しい数の信徒世帯が来住したことを物語るものである。しかし移住信徒の主導では、とうてい実現できない教会の設立展開といえる。すなわち、この展開は長崎教区から福岡教区の管轄に移行したパリ外国宣教会という社会資源が存在したことで可能になったといえよう。

　第2に、第二次世界大戦前の新田原で宗教および生活サービスが数多く設立されたことである。これも第1の特徴と同様で、新田原に進出した外国修道会と、福岡教区を担当する外国修道会の北部九州における信仰拠点づくりの一環と見ることができる。実際、こうした環境が長崎の半島・離島出身の信徒の移住を促進したようで、新田原への移住を検討中の五島の信徒が「新田原には広い土地があり、修道院があって、神に祈りができる」（新田原カトリック教会45年のあゆみ 25頁）と語っていたという。さらに新田原の宗教コミュニティは、行橋市中心部・築城町に展開していく。

　第3に、新田原の宗教コミュニティの類型である。入植直後の意図的コミュニティから、地域状況の変化に伴い（経年化した）意図的コミュニティに移行したと見ることができよう。

第2節　開墾助成法による教会の設立と外国修道会の訪問
—— 宮崎市田野教会 ——

　宮崎市田野（旧宮崎郡田野町）は図9-1のように宮崎市の西部に位置し、2006年に宮崎市に編入合併している。法光坊集落は、田野の北西部に位置する鷺瀬原台地（海抜140m）にある畑作中心の農業集落である。田野教会の信徒名簿によれば、信徒世帯数45世帯のうち法光坊集落在住世帯は35世帯である。草分けの世帯が長崎県のカトリック集落から開拓移住したのは、1927（昭和2）年である。

第 9 章　長崎県外における信仰の「飛び地」

田野教会の設立

① 民家御堂とサレジオ会

法光坊集落では、開拓移住した当初は、日曜日、尾下櫂平宅でミサを行っていたという。開拓集落の信徒宅でミサを行うことができたのは、宮崎がイタリアのサレジ

田野教会

オ会の司牧地であり、日豊本線を利用して宮崎教会からチマッティ神父、カヴォリ神父、リビアベラ神父が交代で来訪したことによる（70年のあゆみ 7頁）。いわば、脱埋め込みの社会資源（外国修道会）が宮崎の開拓地に関与したことで、移住地においても信仰の維持が可能になったといえよう。

② 教会の設立　—— 開拓地移住奨励規程の共同建造物

長崎出身の信徒の希望は、移住地での宗教コミュニティの形成であった。民家御堂で満足せず、「このような状態をいつまでも続けておくこともできず信徒達は聖堂を自分達の手で建てたいと申し合わせ、1928年（昭和3年）12月に建設工事に着手し、1929年（昭和4年）6月に立派な聖堂が完成しました」（70年のあゆみ 7頁）とある。

この教会建設は、新農村の建設を目的とする農林省の開墾地移住奨励制度に対応する宮崎県開墾地移住者誘致計画の共同的施設経営と、自治的活動の促進指導・援助に関する宮崎県開墾地移住奨励規程・宮崎県開墾地移住奨励規程の共同建造物（公会堂、共同作業場、病院、神社、仏閣、飲料水設備）に対する奨励金を利用したものであった。

その建設の経緯および献堂式の様子を記した手書き資料が田野教会にあり、その一部を引用すれば、以下のようである。

　　我々移住民は皆カトリック教、即ちキリスト教なので最大の精神的慰安なる教会が無いのを感じ、宮崎市内の天主公教会をたづね、当時の神父、チマツチ管区長を始め其の他各神父様方も同情同意、理かい下されぜひ共教会建設の必要となり、村・県・教会当局の熱意なる御援助を得まして土地4反歩を買い入れ昭和3年12月から教会建設に我々6家族

は、元クワ畑を地ならしし、建設中にも大工、左官たちの小使をし、約半ヶ年かかつて待ぼうの教会が出来上がり、昭和4年6月15日には、教会当局は勿論県知事代理・田野村長・学校長・その他有志多数ご臨席の許に献堂式を盛大に挙げ、教会を幼きテレジア教会と名付けたのであります。主任司祭ルチオ二神父　この時の代表者、教会がわチマッチ神父　宮崎教会信者代表　都成仲二、田野村長津田茂、田野教会代表　里脇善吉

　前出の宮崎県開墾地移住奨励規程には土地の購入に対する補助金は記されていないものの、手書きの資料には、約 4,000 m^{2}の土地の購入に関して、「村・県・教会当局の熱意なる御援助を得まして土地……を買い入れし」とある。この土地の購入が公費によるかどうかは文面から判別できないものの、『70年のあゆみ』の写真から20坪（66 m^2）以上の建坪が確認できる教会であることから、宮崎県開墾地移住奨励規程の「共同建造物（公会堂、共同作業場、病院、神社、仏閣、飲料水設備）については建坪20坪以上、工事費 1,000 円以上のものについては 400 円以内」に該当する施設である。この教会の建設作業には、6世帯の信徒が従事している[3]。

女子修道院の設立

　法光坊では、1940（昭和15）年、サレジオ会の指導下にある宮崎カリタス修道女会の最初の支部として田野修道院が設立されている。設立の経緯に関して、「田野教会の側に5反ぐらいの畑ブドー園1町を管理していた農家が急に郷里に帰ることになり、その土地を教会に譲って去って行った」（あしたに咲く 182 頁）とある。その土地の利用をサレジオ会の神父が修道女会に提案し、修道女会が教会横の伝道場を仮修道院として、この土地で農業に従事することになった。さらに、開墾をあきらめた1軒の農家の家屋を購入して修道院にしている[4]。戦時中（1941年）、宮崎市のカリタスの園の分院（乳児の収容）が設立され、田野修道院は分院に統合されている（1947年に分院は閉鎖）。

第9章　長崎県外における信仰の「飛び地」

法光坊集落における宗教コミュニティの形成の社会的特徴

　宮崎市田野町の法光坊集落は、1927（昭和2）年の長崎県の半島・島嶼出身のカトリック信徒の開拓移住後、移住した家族の多くが集落内・外にとどまり、さらに第2世代以降の世帯（分家）が増加した集落である。

　ここでは、法光坊集落における宗教コミュニティの形成と信仰の維持の特徴を指摘したい。

　第1の特徴は、法光坊集落に立地する田野カトリック教会の存在自体である。開拓移住してきた家族にとって、類縁（宗教）的凝集のシンボルといえる教会が移住後わずか2年目の開拓村に設立されたことは、特筆される出来事である。教会の設立を可能にした背景には、前述のように宮崎がイタリアの修道会の司牧地であり鉄道を利用して宣教師（神父）が来住できたこと、新農村の建設を目的とする農林省の開墾地移住奨励制度の共同建造物に対する奨励金を利用できたことがあろう。すなわち宮崎の山間地において、いずれも脱埋め込みの社会資源である外国修道会と日本の国策が縦糸と横糸となり、それらを紡ぐ形で教会が誕生し、法光坊集落が長崎のカトリック信仰の南九州における数少ない飛地（enclave）という様相を帯びたといえる[5]。

　第2に、類縁関係のシンボルでもある田野教会の存在が、集落の家族・世帯の間の婚姻（親族関係の形成）を促進し、またこの集落が南九州に数少ないカトリック・コミュニティであることが、非相続者の流出阻止や流出した家族員の還流につながった点である。

　もっとも分家等の多くが農業外である。そのため集落内外に分家が創出された背景には、法光坊集落が宮崎市中心部および清武の郊外・通勤圏となっていることも関係しよう。その一方で、移動前の社会関係の経年的弱化や離農傾向による同業（農業）関係の弱化が生じている。とはいえ田野教会・法光坊集落は、宗教関係をはじめとする複数の関係の重複の上に維持されているといえよう。

201

第3節　団地の造成・分譲による教会の設立
―― 福岡市城南区茶山教会 ――

　福岡市城南区茶山は、福岡市西部の台地に位置する。かつては農村地帯で、高度経済成長期以降、公団住宅等の集合住宅や宅地の造成が進んだ地区である。この茶山の中で五島出身の信徒世帯がとりわけ集住しているのは、茶山1丁目・2丁目である。

教会設立の経緯
① 移住信徒の葬儀

茶山教会

　茶山に五島出身世帯が増えはじめた時期、茶山に住む地行教会の信徒の一人の葬儀があった。遺体を遠く離れた地行教会まで運搬する負担が大きかったため、信徒たちは茶山の住民宅で葬儀ミサが行えるように主任司祭に要望し、その後、世話役の松下義七宅で葬儀ミサが行われるようになった。この出来事をきっかけに、茶山の信徒の間で、集会場を求める気持ちが広がっていく。集会場建設のために、草分けの信徒であった竹山倉松は農地改革で自作地になった畑（100坪）、同じく初期に移住した椎山初五郎も畑の北東側の土地の提供を申し出る[6]。

② 教会建設費用の捻出

　集会場の用地が準備できた頃、地行教会の神父から、教会設立の提案があった。茶山教会の信徒の話によれば、それは1950〜1960年代、福岡市の郊外に新しい教会が次々に設立されていった時期であった。しかし茶山の信徒は、教会の建設費用を用意することができなかった。

　この当時、茶山の女性信徒の多くは、博多人形師の人形作りの手伝いを内職にしていた。博多人形師は、現在の教会の北側にあたる土地を粘土採掘地

第 9 章　長崎県外における信仰の「飛び地」

としていたものの、当時、粘土は堀り尽くされていた。この人形師から廃地
となっている自分の土地を買って、分譲地として売り出してはどうかと助言
され、信徒たちは別の教会の信徒から借金をして荒地を購入することにし
た。

　この地を茶山の信徒で整地し、分譲地として 15 区画を販売する。そのう
ち 3 区画は信徒が購入している。この分譲地を販売した金で教会建設代金
の一部を用意して、不足分は大名教会・地行教会の信徒からの寄付金や、大
工の信徒を中心にした労働奉仕で補うこととして、教会の建設工事が開始さ
れる。教会は 1955 年に完成して、地行教会の巡回教会になっている（カト
リック茶山教会 50 周年記念誌 25-27 頁）。

　3 年後の 1958（昭和 33）年、司祭が着任して茶山小教区が誕生する。高
度経済成長期の茶山は、農地が次々に宅地や団地へと開発され、急激に人口
が増加する時期であった。

　③　幼稚園の開園と教会の増築

　城南区茶山の人口の急増に対応して、1964（昭和 39）年、福岡教区が茶
山教会に幼稚園を設立している。さらに 1976（昭和 51）年、茶山教会の信
徒の増加（413 人）によって教会が手狭になったため、教会の増改築が行わ
れ、信徒会館が新築されている。

茶山教会の信徒組織

　2010 年末の茶山教会の信徒数は 427 人である。信徒組織に関して、教会
委員長・信徒会長、そして、信徒会長の下に、財務・事務管理委員・広報委
員・行事委員・婦人会・エンジェル会・信徒協議会・納骨堂委員会・地区婦
人会・記録係からなる信徒委員会が組織されている。なお以前は、教会委員
長と信徒会長は同一職であった。信徒組織には、地区割りの下部単位が 5
班ある。1 班から 4 班が茶山教会の近辺、5 班は遠方の信徒をまとめた班で
ある。茶山教会の信徒の主な墓地・納骨堂は、南区和田にある福岡教区の和
田墓地納骨（51 室）に加えて、茶山にある福岡市の管理墓地（35 基）で
ある。

203

都市集住地における宗教コミュニティ形成の社会的特徴

　福岡市城南区茶山では、五島出身者の継続的な移住を基盤にした集住と、高度経済成長期に設立した教会を中心にした宗教コミュニティが維持されている。次に、この茶山地区の宗教コミュニティの社会的特徴を指摘したい。

　第1に、来住信徒の主導によって類縁関係が制度化され、その後、来住世帯の増加に対応して教会を増築するなどしながら、増加する来住信徒を包摂してきたことである。

　第2に、都市地域であるにもかかわらず、類縁関係の維持と生活の共同が存在する状況である。例えば、幼稚園の設立は宣教・経営戦略とともに、生活の共同（教育サービス）という意図的コミュニティの特徴の一つである。日曜日のミサの後にもすぐに教会を去ることなく、外庭に置かれたテーブルを中心に茶のみ話をしている信徒たちの光景が目に入るのである。

　第3に、茶山は五島、主に上五島の出身集落の信徒が多い宗教コミュニティであるものの、1970年代までに進行した地域人口の急増や五島からの移住世帯の流出等のため、五島出身者（同郷関係）が「埋没化」する傾向が見られることである。さらにこうした状況が第3世代・第4世代で進行し、茶山の宗教のコミュニティが縮小や弱体化している傾向が指摘されよう。

　第4に、茶山の宗教コミュニティの類型である。第二次世界大戦前の意図的コミュニティから戦後は、同業関係にある信徒の減少および非信徒の増加が起こり、一見、信仰コミュニティに移行したように見られる。しかし、子ども世代等の他出先の多くが近隣であり、茶山は（経年化した）意図的コミュニティの様相が残存していると見ることもできよう。

　以上、信徒の移住が長崎県外にも及び、集住地にいわば信仰の「飛び地」といえる宗教コミュニティが形成されたこと、その後、都市化・郊外化の進行に伴い信徒の居住状況は変わりつつも、長崎出身の信徒のコミュニティが存続していることが判明した。こうした長崎県外における宗教コミュニティの形成の特徴を3点あげることにしたい。

　第1は、脱埋め込みの社会資源が、開拓移住地の宗教コミュニティの形成に長崎県内と同等かそれ以上に関与したことである。新田原の場合、トラ

第 9 章　長崎県外における信仰の「飛び地」

ピスト修道会の進出が呼び水になったこと、さらに五島からの来住世帯の急増に対してトラピスト修道会とパリ外国宣教会が次々に教会を建設したように、外国修道会の関与はとりわけ大きいものであった。一方、田野の場合、宮崎を司牧地とするイタリアの修道会であるサレジオ会が存在し、信徒の県外での信仰の維持に果たした役割が大きい。また移住の 2 年目に 6 世帯の開拓地に教会が設立できたのは、国の開墾地移住奨励制度を利用できたためである。国の制度を利用した教会の設立は、希少な事例であろう。

　第 2 に、信徒の同郷関係によって、教会の派生的展開が促進されたことである。茶山教会の設立は、多大な経済的負担と工夫をこらした信徒主導によるものであった。そのため、大名町教会・地行教会から茶山教会の分節化は、主教会から遠隔地であったという事情以上に、五島出身者、とくにその多くを占める上五島出身者が主教会から分離を志向し、同郷者の宗教コミュニティの形成をめざした強い志向性が背景にあったものと推測できるのである。

　第 3 は、信徒の移住地の都市化・郊外化が進行したものの、いずれの宗教コミュニティも存続・展開していることである。とりわけ新田原では、2つの宗教コミュニティが新たに派生することになる。また田野では、非農業の信徒世帯が増加し、信徒の居住地が法光坊集落外に広がっているものの、教会を中心にした信徒世帯の田野地区への居住と教会の成員性が持続されている。さらに茶山では、城南区内・福岡市内に信徒の居住地が広がっているものの、教会の成員性が継続されている。そのためやはり同郷者の系譜者が多数を占める宗教コミュニティが維持されているといえよう。

注
　1）新田原での聞き取りは、2006 年 8 月に実施した。聞き取りの対象者は、新田原教会の杉原寛信神父と新田原教会信徒の北川与五郎氏、切江敏夫氏、小島武夫氏、大水茂市氏、葛島弘氏、谷口清氏である。
　2）本研究では、通称の「修道院」および「分院」と呼称する。
　3）田野教会代表の里脇善吉は、第 7 章第 1 節でふれた里脇浅次郎枢機卿の実兄である。
　4）こうした記述からも、法光坊集落での生活を断念した家族が存在していたことが窺えよう。聞き取りによれば、流出していった家族の中には、ブラジルに移民した

家族もいたという。法光坊集落では、2014 年 8 月および 11 月に聞き取りおよび信徒世帯に対する調査票を用いた面接調査を実施した。また宮崎市のイエスのカリタス修道女会（旧宮崎カリタス修道女会）のシスター村岡雪枝氏に聞き取りを実施した。

5）「カトリック信仰の飛地」という特徴づけは、R. N. ベラーの「ライフスタイルの飛地」（ベラー 81-88 頁）とは形成の背景を異にしているものの、ベラーの用語に触発された表現である。

6）福岡市城南区茶山に関して、2010 年 8 月・11 月、2011 年 5 月に茶山・茶山教会の状況を山田成章神父と複数の信徒に聞き取り調査を実施した。

第 10 章
結　論
── カトリック・コミュニティの形成と展開の社会的特徴 ──

　本書では、長崎の半島・離島出身者が形成したカトリック・コミュニティ
を事例にして、社会学の視点から、半島・島嶼・山間地における宗教コミュ
ニティの形成と展開の実状を把握し、その社会的背景と特徴の解明をめざし
た。結論である本章では、まず第 1 節で本書の基本的観点および分析視点
を確認し、次に第 2 節で、こうした分析視点に立って各事例の検証を行う
ことにする。さらに第 3 節で、類縁関係に基づくカトリック・コミュニ
ティの今後の展開および社会関係の制度化における類縁関係の関与について
検討していく。

第 1 節　カトリック・コミュニティ形成に関する基本的観点と
　　　　　　分析視点

　まず第 1 章で、本書の基本的観点である、長崎の半島・離島出身の信徒
が保持する宗教コミュニティ形成の志向性を提示した。この志向性は信仰お
よび同業関係を基盤とした生活全般の共同を特徴とする意図的コミュニティ
の経験に由来し、その経験者に共有されるものであると想定した。
　本書では、この基本的観点の上に、次の 4 つの分析視点を設定した。
　第 1 は、宗教コミュニティ形成の過程の把握である。教会（堂）の設立
を宗教コミュニティ形成の指標として位置づけ、開拓移住から教会設立まで
の段階を設定し、その把握および比較をめざした。
　第 2 は、宗教コミュニティ形成における当該の地域住民以外の関与への
着目である。それは、宗教関係等が系列的関係で結ばれていることが多く、
地区・集落外の社会関係・社会資源が関与しうると想定したためである。

第3に、宗教コミュニティの変容の把握である。この変容が、意図的コミュニティから他の宗教コミュニティの類型への移行という形で把握できるように類型化をめざした。

　第4は、教会内の信徒の間の関係、さらに教会と教会の関係への着目である。教会内の信徒間の社会関係（同郷関係・同業関係等）の変化に着目することで、信徒層の変容に伴う分節化や新たな教会の派生を含む宗教コミュニティの展開が説明できると想定した。また宗教コミュニティの派生や展開の状況から、拠点教会と周辺の教会の間の関係性や主教会と巡回教会等の間の関係性の変容が説明できると想定した。

　本書では、こうした分析視点に立って、長崎の半島・離島出身者が形成した宗教コミュニティの事例調査を実施した。すなわち、第1に宗教コミュニティ形成の経緯と過程、第2に宗教コミュニティ形成における信徒と外部の社会組織・社会資源との関係性、第3に移住地に形成した意図的コミュニティの変容と展開、第4に信徒間および教会間の関係の解明をめざした。

第2節　カトリック・コミュニティの形成と変容
―― その社会的特徴 ――

宗教コミュニティの形成

　第1の目的である宗教コミュニティ形成の経緯と過程の解明に関して、以下の点が明らかになった。

　まず、信徒主導の宗教コミュニティの形成を民家御堂（集会所）―仮教会（仮聖堂）―教会（教会堂・聖堂）の3段階に区分した結果、民家御堂の段階から始まった地区・集落が多数であったことが判明した。民家御堂の明確な記録のない宗教コミュニティも、「けいこ（稽古）部屋」等の名称の施設を民家御堂に含めれば、その数はさらに増加する。なお一定の信徒規模の移住地の場合、出身地や居住地によって分節化された民家御堂が所在した地区・集落もかなり見られた。

　こうした状況は、大半の移住地で宗教コミュニティ形成の端緒が信徒の主

第10章　結　論

導であったことを物語るものである。この点で、本書の基本的観点である長崎の半島・離島出身信徒の宗教コミュニティ形成への志向性が立証されたといえよう。さらに段階別に詳述したい。

① 民家御堂・集会所

多くの信徒の移住地で民家御堂が設立されたものの、移住から民家御堂の設立までの期間は明確に把握できなかった。とはいえ、江戸期の移住地の多くは、民家御堂の設立が明治初期であったことが判明した。明治期の移住地の場合、多くで移住直後に民家御堂が設立されていたことが分かった。

民家御堂には、移住のリーダー宅や大きな家といった個人宅あるいは既存の施設（移住後に他出した世帯の空き家など）が利用されていた。また集会所も、空き家などの既存の施設の利用が多かった。一方、早期に設立された主教会の周辺に位置する地区・集落の場合、主教会の施設利用が可能なこともあって、けいこ（稽古）場を兼ねる民家御堂の新設に移住後5年以上の年数がかかっているところも見られた。

② 仮教会・仮聖堂

民家御堂の次の段階として、多くの移住地で仮教会・仮聖堂の設立が見られた。民家御堂の設立から仮教会設立までの期間は、平戸島中南部や佐世保市の地区・集落の場合は、おおよそ10年以内であった。一方、山間地・小半島・小離島の集落や開拓地の中には、民家御堂の段階が非常に長くつづいたところもあった。

一方、集落の宗教コミュニティの形成の過程が、明治初期の仮教会の設立から開始された移住地も見られた。民家御堂の記録の不在という可能性もあるものの、古い開拓移住地の多くが民家御堂を設立した時期に仮教会を設立しているため、民家御堂の記録が不在と見るには、時期的に無理があろう。こうした仮教会の事例をあげれば、第2章第1節の平戸島中南部の石原田の場合、信徒の寄付教会として設立されたものともされる。また第2章第2節および第8章第1節でふれた長崎の半島・山間地・島嶼の移住地の多くは、仮教会から出発している。そのうち善長谷教会は仮教会の老朽化の後に民家御堂への逆行が見られる。

209

③ 教会（教会堂・聖堂）

本書で宗教コミュニティの形成の指標とした教会の設立は、多くの場合、民家御堂—仮教会—教会あるいは仮教会—教会という形成段階を経ていることが明らかになった。さらに第2章第1節の宝亀教会のように2つの仮教会の統合で教会が設立された事例も見られた。なお半島や山間の多くの移住地では、民家御堂から長い年月を経て教会が設立された状況が明らかになった。

その一方、民家御堂や仮教会の段階を経ず、すぐに教会が設立された移住地や場所も存在している。明治初期、信徒の移住地に設立された拠点教会である平戸島中南部の紐差教会や伊王島の大明寺教会（第2章第2節）、昭和初期に設立された諫早市の諫早教会（第5章第3節）がその例である。さらに宮崎市の田野教会のように国の開拓制度を利用して信徒の移住直後に設立された教会も見られる（第9章第2節）。

④ 教会堂・聖堂の建て替え・移転

多くの移住地で、最初に建設した教会（初代教会）の設立の後に、建て替えや補修あるいは教会堂の移転が生じていることが判明した。その理由は、自然災害や建物の老朽化、あるいは信徒の増加であり、ほとんどの宗教コミュニティでは、2代目教会以後の教会の設立や補修は、信徒主導によって取り組まれていた。その多くでは、信徒組織内に教会建設に関する委員会を設置し、建築・補修計画の立案とともに改築・補修の経費および労働奉仕等の分担を決定している。

なお、宗教コミュニティの中には、短期間のうちに教会堂の建て替えや移転が繰り返されるという状況を経験したケースも見られる。第6章第2節の佐世保市神崎では、民家御堂—仮聖堂の長い年月を経て信徒主導で教会堂を設立した3年後に、新教会が設立されている。また第9章第1節の行橋市新田原では、五島の信徒の移住から数年後のわずか3年間で、3教会が移築・建築されている。さらに第3章第2節の大村市では最初の教会の設立後3度、立地が移転し、教会の名称も変更している。

第10章　結　論

外部の社会組織・社会資源との関係性

　第2の目的である集落外の社会関係や外部組織の関与の解明に関して、開拓移住地における宗教コミュニティの形成に地区・集落の信徒以外の脱埋め込みの社会資源がさまざまに関係する状況が判明した。

① 長崎教区・外国修道会・外国人神父

　宗教関係は、信徒にとって最も主要な社会関係の一つである。この関係のうち地区・集落をとり巻くものとして、小教区が存在している。明治期、信徒の開拓移住地は、広域の小教区の巡回地に位置づけられた。明治・大正期の日本の管轄はパリ外国宣教会が担当し、長崎県は南緯代牧地、その後長崎教区に位置づけられている。九州を管轄する長崎教区は、長崎県内を8地区（その後9地区）に区分し、主任司祭を中心に複数の外国人神父を駐在・巡回させている。こうした外国人神父との関係性および長崎教区の長崎県内の管轄方針が、信徒の移住地における宗教コミュニティ形成に大きく影響していることが、事例調査から判明した。

　すなわち、外国人神父の駐在地となった移住地では、外国人神父の主導・資金提供によっていち早く教会が設立されたことである。このような教会の例としては、第2章第1節の平戸市中南部の田崎教会、第2章第2節の長崎市伊王島の大明寺教会、第3節の佐世保市黒島の黒島教会等があげられる。さらに多くの巡回地でも、外国人神父の主導や援助で教会が設立されている。もっともこうした巡回地における教会の設立においても、教会用地の提供や労働奉仕等を信徒が担当していることが確認できた。

　一方、外国人神父との関係性がうすかった小半島や離島等では、外国人神父の支援が得られず、教会の設立までに相当の年数がかかった地区・集落が多く存在していた。

　なお、外国人神父の中で最も著名なマルコ・マリー・ド・ロ神父の場合、明治20年前後に20世帯規模の開拓移住事業を計画し、信徒世帯に土地（農地）を提供し、さらに第4章第1節の平戸市田平地区田平では信仰教育を担当する信徒を外海地区出津から送り出している。しかし移住地における教会堂の設立には直接関与していない。こうした事情のため、田平や平戸島中南部の木ヶ津（坊主畑）では、宗教コミュニティ形成は大正期、昭和期の

高度経済成長期まで待つことになった。ド・ロ神父は、自分の役割は信徒の生活基盤づくりであり、宗教コミュニティの形成は信徒自身が担当の神父とともに取り組むべき事業であると判断していたと推測されよう。

第二次世界大戦後には、長崎県内の複数の小教区を管轄した外国修道会によって、佐世保市・大村市に多くの教会が設立されている。第8章第3節でふれたように、戦後開拓地等の条件不利地における教会設立に果たした外国修道会の役割は大きいものであった。

② 邦人司教

昭和初期、長崎教区はパリ外国宣教会から邦人司教区に変更された。新しい長崎司教は、とりわけ新教会や教会の新築に積極的に取り組んだ。すなわち長崎県内の宗教コミュニティ空白地区における教会設立、教会の立地変更や宗教コミュニティの可視化の推進である。新司教が主導したのは、例えば、第5章第1節の平戸市平戸ザビエル記念教会、第2節の佐世保市三浦町教会、第3節の諫早市諫早教会等の新築や移転、また司祭館の設立であった。これらの教会は、実際、海上・鉄道交通の利便性に優れ、時代が下るにつれて、都市や地区のランドマーク、主要な観光資源になっていく。後の展開から判断すれば、邦人司教の優れた企画力・宣教戦略として評価できよう。

その一方で、邦人司教の意向は、信徒主導による教会の建て替えや建設の最中に提示されるというものであった。実際、教会用地の確保後や整地作業の見学中、時として教会設立後に司教の意向で立地の変更や新教会の建築が求められるケースも見られた。また信徒規模が小さく教会設立に至らない段階や信徒の居住地から離れた場所に、長崎司教の主導で教会が建設されることもあった。信徒の立場から見れば、自分たちの意思や信仰の制度化の取り組みが司教の宣教戦略に翻弄された状況といえよう。

③ 国の政策と企業

大正・昭和期の信徒の開拓移住地では、宗教コミュニティの形成に行政の施策が関係したことが判明した。大正期の農林省の開拓政策（開墾助成法）に関連する新農村の建設支援制度の対象施設に、神社・仏閣・教会堂が含まれていたためである。実際、第9章第2節の宮崎市田野教会は信徒の入植

後の数年で設立されている。その一方で、第4章第3節の福岡市西区能古島では住民の間に対立が生じ、教会の建築にこの制度を利用することができず、後に信徒の寄付で教会が設立されている。

第二次世界大戦前・中の軍事政策が一部の教会の設立や移転に影響したことも明らかになった。第3章第2節の大村市竹松教会の移転や第7章第1節の佐世保市船越の集会所の移転、相浦教会の設立申請の却下である。また空襲による被害を受けた教会も多い。

さらに、第8章第4節の上五島の半島・小離島では、高度経済成長期、過疎対策緊急措置法によって宗教コミュニティが解体・再編を余儀なくされている。

企業の関与に関して、産炭地における宗教コミュニティの形成に企業の援助があったことが判明した。第7章第4節の佐世保市の大加勢教会（初代教会）の設立の場合、企業による教会用地（借地）の提供や資金援助があったことが判明した。なお2代目教会も企業あるいは鹿町町が設立して、信徒に提供されたことが明らかになった。同じく第7章第4節でみた佐世保市潜竜の仮教会も企業の貸与施設を利用したものである。他にも多くの企業の関与があったと推測されるものの、第6章第5節の表6-4のように、すでに詳細が不明となっている場合が多い。

宗教コミュニティの変容 ―― 意図的コミュニティからの移行 ――

第3の目的である宗教コミュニティの変容の把握に関して、本書では、開拓移住地における信徒と非信徒の居住状況および信徒間の同業関係の2軸によって、第1章第4節の図1-1に示した4つのタイプの宗教コミュニティ類型を設定した。各章で検討した事例調査から、以下のコミュニティ状況およびコミュニティの変容が明らかになった。

① 意図的コミュニティ

長崎の半島・離島出身者の開拓移住地の当初の状況は、ほとんどが意図的コミュニティに分類できるものであった。大多数の移住地で民家御堂が設立されているのは、意図的コミュニティの特徴である生活の共同の一例にあたり、この類型の位置づけが妥当性であることを裏づけるものである。

213

しかし、信徒および非信徒の居住状況に関して、開拓移住地の規模や先住世帯の存在によって、多様性が見られることが判明した。すなわち小規模であるために既存の集落の一部に組み込まれた移住地や移住が後発であるために先住世帯との宗教の相違が顕在した移住地が存在したことである。とはいえ、第2章第2節の表2-3で提示した平戸島中南部の現況から推測されるように、いずれの開拓移住地でも信徒比率が一定以上であったことは明らかである。

　また、意図的コミュニティにおける生活の共同は、昭和初期、第6章第1節の平戸口社会館の設立や保育事業等の共助型サービスとして制度化され、北松浦半島の宗教コミュニティに普及していく。

　②（非農業型）意図的コミュニティ

　第6章第4節および第5節の産炭地の調査事例から、従業員に占める信徒比率は低いものの、同業および宗教関係の二重の関係性で結ばれた一定数の信徒の存在と宗教コミュニティ形成の志向性を確認することができた。とりわけ共同性に関して、従業員（労働組合）の中で、信徒の間の絆を基盤としてリーダーシップを確立したことや、幼児教育施設が設立されたことが明らかになった。

　一方、第6章第2節・第3節で述べた北松浦半島の小半島に位置する神崎・褥崎等では、定住後の明治中期以後、生産基盤が農業から水産業に大きく転換する。さらに移住地の狭小性および就業転換に伴い農地が不要になったため、信徒の居住範囲が一挙に拡大している。当初の移住地に関しては、農業の兼業が残存するため意図的コミュニティが存続していたと見ることができるものの、周辺に拡大した信徒の居住範囲を含める場合は、この類型に含める方が妥当かもしれない。なお、水産業に転換しても信徒間の強い信頼関係は持続する。それが、神崎における社会館での総合サービスの提供とともに、生産活動の基盤にもなっていたことが明らかになった。

　③（経年化した）意図的コミュニティ

　開拓移住地が都市の一部に組み込まれたり、交通の発達によって近郊化するにつれて、しだいに信徒状況が変化するケースが現れる。第2章第2節の長崎市小榊、第3章第2節の大村市竹松・植松、第7章の佐世保市等で

は、定住世帯から派生した分家等の農業外就労や、非農業の来住信徒世帯の増加等によって多様な職業に従事する信徒世帯が増加する。とりわけ大規模な就業所の進出や社宅等が立地する場合、教会内に就業者組織が形成されることもあった。

その一方で、第6章第4節の共助組合の設立が多くの教会で見られた。それは生活の共同の新たな制度化といえ、意図的コミュニティの一面が残存したものと見ることもできよう。

④ 信仰コミュニティ

信徒の移住地や教会が都市中心部に立地し広域の範囲を管轄する小教区では、都市化・工業化の進展とともに地域状況が大きく変容した。その結果、都市化に伴う職業の多様化に加えて、集住地や小教区の範囲に占める信徒の比率が大幅に低下してくる。第5章の各教会の信徒状況が典型的である。しかし第9章第3節の福岡市城南区の茶山教会のように、信徒比率は大きく低下するものの、一定数の集住と信徒の居住が周辺の団地等にとどまったことで、移住時のコミュニティ状況の残存がうかがえるところもある。とはいえ、都市および郊外の移住地の多くでは、宗教コミュニティが信仰コミュニティ型に移行する傾向にあるといえよう。

宗教コミュニティの派生的展開

さらに、第4の目的である信徒間および教会間関係の解明に関して、開拓移住地に形成された意図的コミュニティの多くでは、地域状況等の変化の影響によってコミュニティ状況が変化したことで、周辺の教会との関係の変更や新たな教会の誕生等の展開があったことが判明した。教会間の関係性の変容の背景を2点ほど指摘することができよう。

まず、新しい教会の誕生の背景にふれたい。狭小規模の開拓移住地の周辺に新たな開拓地や農地・小作地が存在する場合、最初の開拓地の周辺に新たな居住が展開している。この時、何らかの社会的属性に相違がある場合、信徒間の分節化や新教会の誕生につながることが判明した。第2章第2節の長崎市小榊では、神ノ島の狭小な移住地から対岸の小瀬戸に居住が展開し、さらに中心部に近い木鉢で世帯が増加する。その結果、新たに2教会が小

瀬戸・木鉢に誕生することになった。2地区のうち明治後半以後に来住した非農業世帯の多い木鉢に主教会が設立されることになる。なお神ノ島で初代の教会堂が存続したのは、新教会の派生によって信徒規模が維持されたことが関係したものと推測されよう。第4章第2節の北松浦半島の諸教会の誕生の場合、田平地区田平の主教会との物理的距離が関係するものの、周辺・近接地に後発の五島・平戸出身の移住世帯が多いことから、同郷関係に基づく教会の設立が希求されたことによるとも見られよう。

次に、主教会と巡回教会の教会間関係が転換した要因である。第2章第1節の平戸島中南部の田崎教会と紐差教会、第2節の長崎市伊王島の大明寺教会と馬込教会の場合、当初、長崎教区（パリ外国宣教会）が前者の教会を拠点教会として設立するものの、数年後、後者の教会を新設している。拠点教会設立の要件が、当初の信徒世帯数から立地（中心性・海上交通の利便性）に変更したためと推測される。その一方で、第7章の佐世保市で主教会と巡回教会の間の教会間関係の転換が多く生じるのは、教会間の信徒世帯数が逆転したことを反映したものと見られる。

第3節　宗教コミュニティと地域コミュニティの今後

最後に、長崎の信徒の宗教コミュニティの今後の趨勢について言及し、人口規模が規定の要件とされる社会関係の制度化理論について再検討したい。

長崎の信徒のコミュニティにおける今後の展開

宗教コミュニティの成員性に関して、前節でみたように、長崎の信徒の宗教コミュニティの多くは、地区・集落の大多数の成員の信仰と職業が一致する意図的コミュニティから地区・集落人口に占める信徒数が比較的少数で信徒間の職業に多様性が見られる信仰コミュニティに転じる趨勢にある。

かつての意図的コミュニティでは、信徒間に地縁関係・同業関係および一部は親族関係が重複する強い関係性があり、そのため信仰は多重な関係性に裏づけられ、強固で主要な社会関係といえるものであった。こうした多重の

216

第 10 章　結　論

社会関係によって信徒の間に高度の共通性が存在し、生活の幅広い領域において信徒の間に生活の共同性が形成されたのである。しかし、その後、第 1 次産業への就業率が大幅に低下する中、信徒間の多重の関係性の一つであった同業関係の結びつきが低下し、さらに都市化による非信徒世帯の増加や信徒の居住地の広域化によって地区・集落に占める信徒比率も低下する傾向が生じ、信仰コミュニティに転化する宗教コミュニティが増加している。

　柳川啓一によれば、世俗化とはキリスト教をめぐる問題として提起された議論である。柳川は、世俗化を①非宗教化の傾向、②宗教と非宗教の社会領域との分化、③宗教の概念や存在様式の変容という 3 つに区分している（柳川 3-4 頁）。この柳川の区分に従うなら、長崎の信徒のカトリック・コミュニティの変容は、②の宗教と社会領域の分化に相当すると位置づけられよう。柳川によれば、②の世俗化は、非宗教化ではなく宗教独自の領域を確定するという特徴があるという（柳川 3 頁）。しかしこうした宗教領域の純化は、長く続いた長崎の半島・離島出身の信徒の信仰形態における大きな転化であり、宗教と生活の一体的状況に由来する信仰の強度を低下させる可能性がある。こうした趨勢は、さらに都市地域以外でも職業の分化・多様化等を背景に進行していくともものと想定される。

　そのため信徒間で多重的関係であった社会関係が単一化 —— バウマンのいうペグ化 —— する傾向と信徒の信仰の純化が進む宗教コミュニティの変容の中で、カトリック信仰の特徴といえるコミュニティをどのように維持・再構築していくか、難しい状況に直面しているといえよう[1]。

類縁関係の制度化

　次に、類縁関係者が比較的少数であるにもかかわらず、社会関係の制度化が実現した長崎の宗教コミュニティの状況について検討したい。

　長崎の信徒の宗教コミュニティ形成の社会的特徴は、信徒規模（世帯数）がわずかな状況で、教会が設立されてきた点にある。フィッシャーによれば、社会関係の制度化の主な要因は関係する人口規模である。すなわち一定数の人口数（臨界量）によって、それぞれの下位文化が制度化（組織・施設）するという（フィッシャー 134-146 頁）。しかし、長崎の信徒の事例か

ら、当該地域の類縁関係者のリーダー層のイニシアティブや成員の労働奉仕
等とともに、長崎教区や外国修道会・外国人神父、行政等の政策が関係して
いたことが判明した。つまり信徒の類縁関係の制度化は、当該地の類縁関係
者をとりまく外部社会の社会資源の関与によって実現したものといえよう。

　こうした社会関係の制度化の事例がフィッシャーの仮説の反証になるとす
れば、類縁関係の制度化が人口規模のみで規定されるものでないという点で
ある。すなわち類縁関係は、当該地域の成員の間とともに地域外の関係者と
の間にも構築され、とりわけ当該地域と地域外の関係者が系列的な関係にあ
る場合、フィッシャーのいう臨界量に達する前でも類縁関係が制度化する可
能性が高まることである。こうした地域外との間の類縁関係性は、A. ギデ
ンズの用語を利用すれば、脱埋め込み（disembedding）の社会資源と呼ぶ
ことができるものである。

　日本のカトリック教会は、ローマ教皇およびローマ教皇庁の系列下にあ
り、長い間、司牧宣教地として外国修道会による宣教と支援を受けてきた。
この点で、各地区の類縁関係の制度化に外部の社会資源の関与が大きかった
ことは明らかである。しかし近年の日本は司牧対象地からはずれ、むしろ諸
外国への支援を求められる状況にある。今後の類縁関係の制度化は非常に厳
しい状況にあるといえよう。

　とはいえ、地域社会に所在する多くの類縁関係には、脱埋め込みの社会資
源が内包されている。とりわけ条件不利地の場合、こうした類縁関係を基盤
にした制度化といえる各種施設の設立や地域外との関係性の存在が、地域社
会の維持・存続に関係すると思われる。

　注
　1）こうした状況に対して、長崎教区は 2011 年に 20 歳以上の全信徒を対象にアン
　　ケート調査を実施した上で、2014 年に教区代表者会議（教区シノドス）を開催し
　　た。教区シノドスの第 1 会期～第 4 会期を通して教区の課題が検討され、信徒発見
　　150 年目にあたる 2015 年に長崎大司教によって公式提言が発表されている。

文献一覧

愛野カトリック教会、『愛野カトリック教会創立40周年記念誌』、愛野カトリック
　教会、1991年。

相浦カトリック教会、『相浦カトリック教会献堂25年誌』、相浦カトリック教会、
　1985年。

相浦郷土史編纂委員会、『相浦郷土史』、佐世保市合併50周年記念事業実行委員
　会、1993年。

バウマン、Z., 『コミュニティ』（奥井智之訳）、筑摩書房、2008年。

ベック、W., ギデンズ、A., ラッシュ、S. 『再帰的近代化—近現代における政治、
　伝統、美的原理』（松尾精文・小幡正敏・叶堂隆三訳）、而立書房、1994年。

ベラー、R. N., 『心の習慣』（島薗進・中村圭志訳）、みすず書房、1991年。

カトリック深堀教会広報員会、『善長谷教会献堂60年—先人達の想いを胸に—』、
　深堀小教区、2012年。

カトリック紐差教会マタラ師資料収集委員会、『マタラ師を偲ぶ』、カトリック紐
　差教会マタラ師資料収集委員会、2016年。

カトリック諫早教会、『カトリック諫早教会創立75周年記念誌—天満の丘—』、カ
　トリック諫早教会、2008年。

カトリック皆瀬教会、『カトリック皆瀬教会創立50周年記念誌』、カトリック皆瀬
　教会、2005年。

カトリック長崎大司教区、『長崎・天草の教会と巡礼完全ガイド』、長崎文献社
　2005年。

カトリック大野教会、『カトリック大野教会創設25周年記念誌』、カトリック大野
　教会、1986年。

――、『カトリック大野教会創設50周年記念誌』、カトリック大野教会、2011年。

カトリック俵町教会、『俵町小教区50年誌—カトリック俵町教会1952〜2002　輪
　—』、カトリック俵町教会、2003年。

カトリック茶山教会50周年記念誌編集委員会、『一粒のたね—カトリック茶山教
　会創立50周年記念誌』、カトリック茶山教会、2008年。

クラーク、C., 『教会"再生"の社会学—刷新のためのヒント』（高浜武則訳）、教
　友社、2015年。

江口源一、『カトリック馬込小教区100年のあゆみ』、カトリック馬込小教区100
　年のあゆみ実行委員会、1981年。

江迎町郷土誌編纂委員会、『江迎町郷土誌』、江迎町教育委員会、2000年。

江迎町教育委員会、『江迎町郷土史』、江迎町役場、1968年。

フィッシャー、C. F., 『アーバニズムの下位文化理論に向けて、都市の理論のため
　に—現代都市社会学の再検討—』（奥田道大・広田康生編訳）、多賀出版、1983

219

年。

福岡県園芸組合連合会、『福岡県の園芸』、福岡県園芸組合連合会、1930 年。

船越 5 ヶ町郷土史編纂会、『船越郷土のあゆみ』、船越 5 ヶ町連合会、2014 年。

古巣馨、『殉教者の道をゆく―島原半島殉教地めぐり―』、島原カトリック教会、2014 年。

ギデンズ、A.,『近代とはいかなる時代か?―モダニティの帰結―』(松尾精文・小幡正敏訳)、而立書房、1993 年。

50 周年準備委員会広報、『カトリック水主町教会設立 50 周年記念誌―きずな―』、カトリック水主町教会、2008 年。

50 年史編集委員会、彦島カトリック教会 50 年史、彦島カトリック教会、1987 年。

50 周年記念誌編さん委員会、『創立 50 周年記念誌』、純心女子学園、1985 年。

50 周年記念誌編集委員会、『木鉢教会創設 50 周年記念誌』、木鉢カトリック教会、1988 年。

浜崎勇、『瀬戸の十字架―田平のキリシタン 100 年の歩み―』、私家版、1975 年。

濱本清利、『小ヶ倉のあゆみ―小ヶ倉小学校創設百周年記念誌』、創立百周年記念事業実行委員会、1978 年。

長谷功、平戸口教会史カトリック、平戸口教会、2002 年。

百周年記念誌編纂委員会、『大村植松教会創設百周年』、植松カトリック教会、1988 年。

100 周年記念誌編集委員会、『永遠の潮騒―田平カトリック教会創設 100 周年―』、田平カトリック教会、1986 年。

100 周年誌編集委員会、『宝亀小教区 100 年の歩み』、宝亀カトリック教会、1985 年。

市山了三・前田市太郎・松永金次郎・岩崎保司編、『紐差小教区 100 年の歩み』、1982 年。

諫早カトリック教会、『諫早小教区史・教会創立 44 周年記念』、諫早カトリック教会、1976 年。

諫早史談会、『写真集　明治・大正・昭和　諫早―ふるさとの思い出―』、国書刊行会、1981 年。

岩永静夫、『出津教会誌』、出津教会、1983 年。

上神崎小教区 100 年誌委員会、『上神崎 100 年史 1880-1980』、上神崎カトリック教会。

叶堂隆三、『五島地域の高齢化と地域社会の戦略』、九州大学出版会、2004 年。

鹿子前小教区企画広報委員会、『鹿子前小教区設立 25 周年記念誌』、鹿子前カトリック教会、1987 年。

片岡弥吉、『ある明治の福祉像―ド・ロ神父の生涯―』、日本放送出版協会、1977 年。

――、『長崎のキリシタン』、聖母の騎士社、1989 年。

川上秀人、『長崎県を中心とした教会堂建築の発達過程に関する研究』(報告書)、1985 年。

『川南開拓史』、川南町、2001 年。

文献一覧

記念誌編集委員会、『四十五年のあゆみ』、新田原カトリック教会、1975 年。

――、『75 周年記念誌』、カトリック新田原教会、2006 年。

『北松浦郡江迎村郷土誌』、1928 年。

神戸大学経済経営研究所、『黒島―出稼ぎと移住の島―』〔移民母村実態調査報告〕
　　中南米叢書Ⅳ、神戸大学経済経営研究所、1961 年。

小島明世他編、『楠のある道から―第 21 海軍航空廠の記録―』、活き活きおおむら
　　推進会議、2003 年。

小佐々町郷土誌編纂委員会、『小佐々町郷土誌』、小佐々町教育委員会、1996 年。

黒島カトリック教会記念誌編集委員会、『信仰告白 125 周年黒島教会の歩み』、黒
　　島カトリック教会、1990 年。

マクガイア、M. B.,『宗教社会学』（山中弘・伊藤雅之・岡本亮輔訳）、明石書店、
　　2008 年。

丸山孝一、『カトリック土着―キリシタンの末裔たち―』、日本放送協会、1980
　　年。

松元春男・天神カトリック教会記念誌編集委員会、『天神教会 10 周年の歩み』、天
　　神カトリック教会、1997 年。

松村菅和・女子カルメル修道会、『パリ外国宣教会年次報告 1 （1846-1893)』、聖
　　母の騎士社、1996 年。

――、『パリ外国宣教会年次報告 2 （1894-1901)』、聖母の騎士社、1997 年。

――、『パリ外国宣教会年次報告 3 （1902-1911)』、聖母の騎士社、1998 年。

――、『パリ外国宣教会年次報告 4 （1912-1925)』、聖母の騎士社、1999 年。

村岡正晴、『神ノ島小教区史　300 年の歩み―神ノ島教会建立 100 周年記念―』、
　　神ノ島カトリック教会、1995 年。

三浦町カトリック教会、『三浦町カトリック教会献堂 50 年誌』、三浦町カトリック
　　教会、1981 年。

水浦久之、『新神父発見』、聖母の騎士社、1999 年。

長崎県知事公室世界遺産担当、『長崎県世界遺産「構成資産等基礎調査」地域・地
　　区調査報告書 平戸地域』、2008 年。

――、『長崎県世界遺産「構成資産等基礎調査」地域・地区調査報告書 黒島地
　　域』、2008 年。

長崎県教育委員会、『長崎県のカトリック教会』（長崎県文化財調査報告書第 29
　　集)、1976 年。

長崎南山学園、『南山 30 年記念誌』、長崎南山学園、1982 年。

長崎市編入 50 周年記念行事実行委員会、『小榊』、小榊連合自治会、1988 年。

長崎市史編さん委員会、『新長崎市史』第 3 巻近代篇、長崎市、2014 年。

――、『新長崎市史』第 4 現代編、長崎市、2013 年。

中田武次郎、『神崎教会献堂 50 年記念』、神崎教会献堂 50 周年記念祭実行委員、
　　1980 年。

70 年のあゆみ編集委員会、『70 年のあゆみ―1927-2000―』、田野カトリック教
　　会、2000 年。

日本共助組合連合会宗教者委員会（RECCUD)、『キリスト教と共助組合―'82. 7
　　研修会記録―』、日本共助組合連合会宗教者委員会、1982 年。

大村市史編纂委員会、『大村市史』、大村市役所、1961 年。

大曽小教区 100 周年誌委員会、『大曽カトリック教会創立 100 年（1879〜1979)』、大曽カトリック教会、1980 年。

お告げのマリア修道会、『黒島修道院 100 年の歩み』、お告げのマリア修道会、1980 年。

──、『紐差修道院 100 年の歩み─愛苦会からお告げのマリア会まで』、お告げのマリア修道会、1980 年。

パーク、R. E.,『実験室としての都市』（好井祐明・町村敬志訳）、御茶ノ水書房、1986 年。

Park, R. E. & Miller, H. A., Old World Traits Transplanted, Arno Press（originally published in 1921）. なお本書は事情があって、主著者のトーマスの名前が記載されていない。

佐世保市皆瀬小学校同窓会・ふるさと皆瀬の郷土誌編さん委員会、『ふるさと皆瀬の郷土誌』、佐世保市立皆瀬小学校・同窓会、1982 年。

佐世保市教育委員会、『ふるさと歴史めぐり』、佐世保市教育委員会、2014 年。

佐世保市南地区郷土誌調査研究会、『烏帽子は見ていた─佐世保と南地区・21 世紀への記録─』、佐世保市南地区町内連絡協議会、1997 年。

佐世保市総務部庶務課、『佐世保市史 産業経済篇』、国書刊行会、1956 年。

聖ベネディクト神崎教会記念誌編集委員会、『聖ベネディクト神崎教会』、聖ベネディクト神崎教会、2005 年。

神言修道会来日百周年記念誌編集委員会、『神言修道会来日百周年記念誌』、神言修道会日本管区長、2015 年。

褥崎カトリック教会編集委員会、『褥崎 128 年─褥崎小教区沿革史─』、褥崎カトリック教会、1992 年。

下山盛朗、『大山小教区史 150 年の歩み（1844-1994)』、大山カトリック教会、1994 年。

外海町役場、『外海町史』、1974 年、外海町役場。

社会福祉法人聖母訪問会新田原聖母病院、『ユーカリのある病院─新田原聖母病院の 50 年─』、社会福祉法人聖母訪問会新田原聖母病院、1985 年。

瀧山三馬、『御厨今昔』、御厨今昔刊行会、1972 年。

谷口菊代、『あしたに咲く─シスターマリア長船の生涯─』、宮崎カリタス修道女会、2002 年。

田代菊雄、『日本カトリック事業史研究』、法律文化社、1989 年。

植松英次、『祝落成 大野カトリック教会』、大野カトリック教会、1961 年。

浦川和三郎、『切支丹の復活 後篇』、日本カトリック刊行会・帝国書院、1928 年。

山頭亀一、『きりしたんの村─木ヶ津教会─』、私家版、1978 年。

山梨淳、「二十世紀初頭における転換期の日本カトリック教会：パリ外国宣教会と日本人カトリック者の関係を通して」、『日本研究』44、国際日本文化研究センター、2011 年。

柳川啓一、「世俗化論を超えて」、『東洋学術研究』第 112 号、東洋哲学研究所、1987 年。

米田綾子、「明治期の社会事業の一考察」、『紀要』第 21 集、純心女子短期大学、

文献一覧

1984 年。

吉井町郷土誌編纂委員会、『ふるさとの歴史・吉井町』、吉井町教育委員会、2001 年。

あとがき

　本書は、主に 2012 年度〜2016 年度科学研究費助成事業である「移動と
定住における類縁関係の発動と制度化に関する研究」（研究代表者叶堂隆三、
課題番号 24530641）の一環として、筆者と山口大学人文学部の横田尚俊が実
施した調査に基づくものです。いくつかの調査では、下関市立大学の加来和
典氏に協力をお願いしました。

　本研究の聞き取り調査や資料収集には、多くの方々や組織・機関に協力し
ていただきました。また本書の出版は、下関市立大学出版助成によるもので
す。みなさまに感謝しています。

　本書の引用資料のうち教会誌・市町村史・郷土史等は、引用資料が明確に
なるように編著者・執筆者名でなく資料名を本文中に掲載しました。

　本書は、以下の論文・報告書を下敷きにして、新たな構成案に基づいて加
筆・修正したものです。

　叶堂隆三、「上五島カトリック集落の選択的移動と地域社会の維持—送り出し集
　　落と定住地を結ぶ類縁関係・地縁関係・親族関係」、『下関市立大学論集』 140
　　号、2011 年。
　叶堂隆三、「新しいマチの現在—都市におけるカトリック・コミュニティの形成
　　とその後」、『西日本社会学会年報』 10 号、2012 年。
　叶堂隆三、「開拓集落の形成と信仰の移築—長崎のカトリック信徒の宮崎法光坊
　　地区への移住とコミュニティ形成」、『下関市立大学論集』 147 号、2014 年。
　叶堂隆三、「長崎県のカトリック信徒の移住と宗教コミュニティ形成—家族戦略
　　から生成された地域戦略と外国人神父の宣教戦略」、『下関市立大学論集』 148
　　号、2014 年。
　叶堂隆三、「行橋市新田原と上五島青方への移住とコミュニティ形成—長崎市外
　　海地区からの第 4 次移住地の状況」、『下関市立大学論集』 149 号、2014 年。
　叶堂隆三、「第 2 次移住地への移住とコミュニティの形成—長崎県北松地域褥崎
　　地区」、『下関市立大学論集』 150 号、2015 年。
　叶堂隆三、「長崎県佐世保市神崎地区におけるコミュニティ形成—第 2 次移住地

への移住とコミュニティの形成」、『やまぐち地域社会研究』12 号、山口地域
社会学会、2015 年。

叶堂隆三・横田尚俊、「南九州における宗教コミュニティの形成―長崎県からの
移住と宮崎市田野教会・鹿児島県奄美地域からの移住と鹿児島市鴨池教会」
（研究報告書）、下関市立大学 叶堂研究室、2015 年。

叶堂隆三、「平戸市田平地区における宗教コミュニティの形成と展開」、『下関市
立大学論集』151 号、2015 年。

叶堂隆三、「平戸市北部への移住と宗教コミュニティの形成」、『下関市立大学論
集』152 号、2015 年。

叶堂隆三、「産炭地における宗教コミュニティの形成―長崎県北松地区への移住
と平戸小教区の形成―」、『やまぐち地域社会学会』13 号、2015 年。

叶堂隆三、「佐世保市への移住と宗教コミュニティの形成」、『下関市立大学論
集』153 号、2016 年。

叶堂隆三、「大村市への移住と宗教コミュニティの形成」、『下関市立大学論集』
154 号、2016 年。

叶堂隆三、「平戸島中南部における宗教コミュニティの形成」、『下関市立大学論
集』155 号、2016 年。

叶堂隆三、「長崎市周辺地への移住と宗教コミュニティの形成」、『下関市立大学
論集』156 号、2017 年。

索　引

あ行

相浦教会　134, 137, 143, 147, 154-158, 213

青方教会　182, 185-187

飽の浦教会　106, 134

浅子教会　128, 129, 141-143, 147, 154-158, 162, 179, 180

イエズス会　14, 132, 139

イエスのカリタス修道会（宮崎カリタス修道会）　69, 162, 197

育英会（奨学金制度）　80, 82

諫早教会　91, 101-108, 115, 116, 210, 212

移住から教会設立までの形成過程　8

意図的コミュニティ　ii, iv, 5, 6, 16-21, 71, 85, 90, 108, 117, 126, 138, 185, 187, 191, 198, 204, 207, 213-215

意図的コミュニティの変容過程　iv, 115, 213, 216

祈りの間・祈りの家・祈りの場　47, 96, 142, 146-149, 188

植松教会　62-71, 101, 103, 110-113, 180

浦上カトリック共助組合　134

烏帽子教会　19, 142, 143, 146-149, 162, 176-181, 188

江迎教会　74, 85, 87

大加勢教会　118, 135, 136, 158, 160, 213

大崎教会　18, 141, 143, 147, 154-158, 162

大佐志（古田）教会　25, 32, 40

大曽教会　182-187

大野教会　134-137, 141, 143, 147, 150-154, 162

大野教会共助組合　135, 153

大山教会　165-169, 188

納める苦しみ・集める苦しみ　94

か行

外国修道会　iii, 13, 14, 54, 57, 66, 71-73, 91, 129, 138, 162, 165, 180, 188, 191, 198, 199, 205, 211, 212, 218

外国人神父主導　20, 54, 57, 131, 135, 165, 171, 187, 188, 211, 218

開墾助成法　14, 18, 89, 188, 191, 198, 212

皆瀬教会　19, 134-137, 143, 147, 150-154, 162, 178

開拓移住　ii-iv, 1-4, 13-15, 20, 21, 73-76, 80, 87-90, 165, 167, 171-176, 181, 191, 198-214

外部の社会資源の関与　72, 131, 218

水主町教会　71, 91, 108-116

梶ノ浦教会　97, 128, 141, 142, 156-158

鹿子前教会　141, 143, 147-150, 154, 162

過剰人口による他出　5, 165, 185, 187, 213

過疎対策緊急措置法　15

カトリック・アクション　69

株式会社金子組　95

上神崎教会　38, 57-62, 72, 93-95, 116

上神崎修道院（白岳愛苦会・光の園修道会）　60, 61

神ノ島教会　21, 41, 44-52

仮教会・仮聖堂　iii, 9, 24, 28, 31-36, 40, 44, 47, 51-55, 93, 95, 97, 136, 137, 144, 151, 156, 157, 161, 167-170,

193-196, 208-213

木ヶ津教会　25, 40, 171-175, 211

寄付教会　11, 89, 209, 213

旧軍用地　15, 67

教育委員　19, 83, 84, 104, 114

教会（神父）の行政・文化的役割　84

教会維持費　10, 11, 111, 114

教会移転　15, 29, 39, 56, 57, 100-111

教会間の関係性　1, 7, 8, 11, 215

教会建設趣意書　76

（教会内の）信徒間の関係性　iv, 1, 4, 7, 11, 12, 16-18, 130, 187, 208, 213-217

教会のある炭鉱　136, 137, 159

教会の生活サービス提供　20, 61, 120, 124, 126, 130, 138, 198

教会の建て替え・改築・増築　9, 11, 31-34, 37, 46, 48-61, 72, 75, 76, 88, 187, 208, 213-217, 146, 160, 168, 170, 179, 195, 203, 204, 210, 212

教会の定義　7

教区主導　101, 104, 108-111, 115, 125, 149, 151

共助型事業・活動　120, 214

共助組合（クレジット・ユニオン）　131-135, 145, 153, 156, 215

行政の教会建設許可　76, 155

共同建造物奨励金　15, 199-201

共同墓地　51, 82

教友会　144, 145, 159

漁業経営の失敗　129

拠点教会　20-24, 39, 41, 51-57, 71, 72, 94, 101, 108, 115, 123, 208, 210, 216

拠点教会の変更　20, 44, 146, 212, 216

禁教令の高札の取り下げ　23, 24, 169

均分相続慣行　2

熊高教会　165, 181-187

黒島愛苦会　37, 54, 80

軍による接収・立ち退き　57, 60, 71, 145

けいこ（稽古）部屋　9, 10, 29, 34, 66, 95, 146, 147, 151, 173, 182, 183, 208,

209

（経年化した）意図的コミュニティ　17, 71, 115, 198, 204, 214

建設委員会　10, 45, 79, 125

坑員集会所の仮教会　136, 137, 156

工業団地事務所のミサ　106, 137

公教要理　9, 10, 31-34, 48, 65, 71, 80, 93, 95, 104, 113, 128, 135, 146, 147, 151, 183, 185

神崎教会　19, 38, 90, 117, 120-126, 138, 179

神崎社会館　90, 117, 121, 125

公民館ミサ　135

子教会・孫教会　21, 141, 142, 150

コロンバン会　36, 120

さ行

サレジアンシスターズ（扶助者聖母会）　113

サレジオ会　199, 200, 205

潮の浦教会　58, 59

司教（教区）主導・司教の意向　20, 50, 52, 60, 91, 94-97, 144, 145, 169, 212

地行教会　202-205

司教の宣教戦略　14, 20, 91, 108, 115, 212

自作農創設特別措置法　15, 165, 176-180, 188

獅子教会　41, 171, 172

児童福祉施設　62, 137

使徒信徒評議会・教会委員会　9, 10

褥崎教会　117, 118, 127-130, 158, 160

島原教会　105, 115

下寺教会　74, 85, 88, 136, 137

社会館　72, 82-90, 117-126, 138, 214

宗教コミュニティ空白地区の解消　14, 108, 212

宗教コミュニティ形成の志向性　ii, 1, 2, 5, 6

宗教コミュニティの可視化　14, 212

索　引

宗教コミュニティの類型化　15-18, 208
集団的移動・連鎖的移動　6, 62, 174
修道院による生活サービスの提供　11, 125, 126, 198
集落移転（事業）　181
集落内の宗教対立　iv, 36
主教会・巡回教会の転換・位置づけの逆転　23, 24, 41, 43, 54, 62, 210
主教会の変更　44, 51, 87, 141, 154, 162, 208, 216
宿老　9, 10, 31-37, 50, 55, 59, 77-81, 93, 94, 122, 124, 130, 155, 177, 183, 185
巡回教会・集会所　iv, 8-12, 17, 19, 24, 32, 35, 40, 45, 46, 51, 85, 88, 89, 93, 111, 114, 117, 119, 135-137, 141, 142, 149-162, 167, 170, 175, 178-185, 191, 197, 203, 208, 216
純心聖母会　57, 63, 108, 125, 130, 131
純心聖母会小聖堂　67, 70
小教区　8, 10, 211, 212, 215
小教区の統廃合　12, 187
小教区の分離・独立　12, 39, 50, 77, 86, 91, 99, 104, 105, 111, 115, 119-123, 128-130, 141, 144, 148-158, 162, 169, 180, 183, 186, 191
小教区の返還　69, 152
条件不利地　ii, 1, 2, 4, 13, 20, 21, 41, 54, 72, 120, 126, 137, 138, 165, 181, 185-188, 212, 218
条件不利地域に不可欠の活動・サービス　120, 126
「白ッパ」の家聖堂　122
新教会の設立　11, 39, 95, 170
神言修道会　66-71, 145, 180
人口規模による制度化　7, 96, 217, 218
信仰コミュニティ　17, 108, 115, 117, 199, 204, 215-217
信仰の制度化・社会関係の制度化　6, 7, 15, 28, 75, 96, 129, 197, 204, 207, 212, 216-218

信仰の飛び地　iv, 191, 192, 204
新田原教会　18, 180, 191-197
新田原サナトリウム（カトリック新田原病院）　197
信徒主導　23, 40, 51, 54, 72, 179, 180, 205, 208, 210
信徒組織内の同業団体　ii, 12, 20, 117, 121-126, 130, 138, 160, 175, 185, 204, 207, 208, 213-217
信徒の居住地の広域化　17, 73, 85, 93, 109, 217
信徒の重層性　24, 32
信徒の職業的多様化　12, 17, 18, 41, 105, 108, 117, 141, 150, 162, 187, 215-217
信徒の分節化　11, 12, 73, 88, 90, 144, 146, 150, 205, 208, 215
信徒の編入移籍　111, 113
信友会（カトリック勤労者の会）　149
水産業への転換　126, 138, 214
スカボロ外国宣教会　132-135, 145, 151-154, 177-180
聖母訪問会（訪問童貞会）　195, 197
聖母の騎士園　67, 72
世俗化　16, 217
宣教戦略　14, 20, 39, 54, 108, 115, 212
善長谷教会　166-170, 209
潜竜教会　87, 118, 141, 158-162
葬儀ミサ　10, 201
操業安全祭・ミサ　126, 130
外海地区・外海地区出津　i, 1, 2, 16, 24, 37, 47, 54, 55, 62, 65, 73-92, 99, 107, 118, 159, 167, 182, 211

た行

鯛ノ浦教会　159, 167, 182, 184
大明寺教会　23, 41-46, 51, 52, 122, 127, 182, 184, 210, 211
岳崎教会　85, 88
竹松教会　63-66, 70, 71, 101-104, 111,

116

田崎愛苦会　24-29, 37, 38, 60, 80, 82, 95

田崎教会　23-25, 29, 211, 216

脱埋め込みの社会資源　20, 23, 40, 55, 57, 71-73, 91, 146, 149, 154, 162, 165, 171, 188, 199, 201, 204

棚方仮教会　136, 137, 143, 156

谷郷教会　96-101, 128, 142, 144, 146

田野教会　18, 19, 191, 192, 198-201, 210, 212

田ノ平教会　63, 66, 68, 70, 110, 111

田平教会　38, 73, 74, 80, 83-90, 95, 119, 137

田平教会の信徒組織　77

樽見教会　181-187

俵町教会（松山教会）　19, 131-135, 141-147, 150-154, 180

炭鉱事業所による援助　53, 136, 137, 162

炭住の仮教会　136, 151, 161

地域における信徒比率の低下　16, 17, 215, 217

築城教会　180, 192, 196, 197

茶山教会　192, 202-205, 215

積立金（均等割・等級割・自己申告制）　31, 94, 114, 129, 148

天神教会　141-148, 162

伝道館　33, 35, 95

ド・ロ神父主導の開拓移住地　ii, 3, 14, 62, 64, 73, 75, 80, 173-175, 211, 212

同業関係　ii, 6, 16, 17, 20, 61, 84, 117, 120, 130, 185, 204, 207, 208, 213, 216, 217

同郷関係の埋没化　204

同業者グループ　123, 124, 138, 141

特別養護老人ホーム・養護老人ホーム　61

トラピスト修道院　192-197, 205

な行

永久保教会　85, 88, 119

長崎教区　2, 13, 14, 18, 20, 41, 50, 62, 64, 67-71, 82, 91, 114

長崎大神学校　67

中野教会　25-28, 32, 35-37, 40, 41

西木場教会　74, 85-88, 161, 174

日労（献）金　76, 77, 94, 95, 184

農村間移動　6

能古島教会　88-90

Not for profit, not for charity but service 132

は行

廃堂・教会・集会所　18-21, 33, 41, 165, 172, 181, 188

パリ外国宣教会　3, 13, 14, 23-30, 47, 57, 63, 71, 91, 97, 193-198, 205, 211, 212, 216

彦島カトリック共助組合　133

（非農業型）意図的コミュニティ　17, 214

紐差教会　19, 24-33, 38-40, 76, 78, 122, 128, 172, 173, 177, 210, 216

冷水教会　182, 183

平戸口教会　14, 79, 88, 117-120, 138, 174

平戸口社会館　82, 86, 90, 117-120, 214

平戸口社会館方式のサービス提供　119, 124, 126, 214

平戸ザビエル記念教会　91-95, 115, 212

平戸修道院（聖ヨセフ修道院）　95

福崎教会　14, 85-88, 136, 138

淵小学校神ノ島分校　46

復活祭　43, 122, 128

船越教会　141-150, 154, 162, 213

古江教会　58, 95, 171, 172

分家　iii, iv, 2, 3, 12, 17, 75, 76, 85, 101, 110, 119, 167, 174, 201, 215

ペグ・コミュニティ　5, 217

索　引

別世帯助任　　152, 178
宝亀教会　　25-28, 32-40, 210
邦人司教　　14, 20, 32, 91, 94, 96, 108,
　115, 116, 138, 212

ま行
まき網は三代続けるな　　129
馬渡島教会　　29, 31, 38
松尾教会　　19, 111, 176, 179-181
マリアの宣教者フランシスコ修道会　　180
三浦町教会　　19, 91, 96-100, 115, 141-
　148, 152-155, 162
御厨教会　　74, 86, 87
ミサ　　4, 10, 17, 31-36, 47, 50, 51, 65,
　86-89, 93, 101-106, 111, 117, 120, 122,
　128-130, 135-137, 147, 151, 155, 159,
　170, 173-187, 194, 199, 202
民家御堂・家御堂　　iii, 8, 9, 25-28, 33-
　36, 40, 53, 54, 58, 61, 65, 72, 75, 89-104,
　117, 122, 128, 136, 142, 147, 155-158,
　161, 167-171, 177-183, 199, 208-210,
　213

牟田ノ原教会　　143, 154, 162, 176-180,
　188
メリノール宣教会　　132
黙想会　　128, 155, 184-187

や行
山野教会　　25-28, 32-35
山野布教所　　35
遊休施設を利用した教会　　135
幼稚園・保育所・託児所の設立　　135,
　137
善きサマリア人修道会　　177
横浦教会　　143, 176-181

ら行
陸の孤島　　20, 49, 121, 126, 130, 138
類縁関係　　i, iii, v, 5, 7, 16, 17, 60,
　201, 204, 207, 217, 218
類縁関係の分節化　　12
労働奉仕　　33, 35, 38, 77, 87, 106, 120,
　167-173, 181, 203, 210, 211
ローマ教皇庁　　13, 23, 116, 218

著者紹介

叶 堂 隆 三（かなどう りゅうぞう）

1957 年　広島県生まれ
1990 年　早稲田大学文学研究科博士課程後期単位取
　　　　得退学
現在　下関市立大学教授　博士（学術）
著書　『五島列島の高齢者と地域社会の戦略』（九州大
　　　学出版会，2004 年）

「山の教会」・「海の教会」の誕生
──長崎カトリック信徒の移住とコミュニティ形成──

2018 年 3 月 20 日　初版発行

著　者　叶　堂　隆　三

発行者　五十川　直　行

発行所　一般財団法人　九州大学出版会
　　　　〒 814-0001　福岡市早良区百道浜 3-8-34
　　　　九州大学産学官連携イノベーションプラザ 305
　　　　電話　092-833-9150
　　　　URL　http://kup.or.jp/

印刷・製本／大同印刷㈱

Ⓒ Ryuzo KANADO 2018　　　　ISBN978-4-7985-0232-8